_____ 님의 소중한 미래를 위해
이 책을 드립니다.

무극선생 이승조의
주식투자의 기본

언제 진입해 언제 매도할 것인가

무극선생 이승조의
주식투자의기본

무극선생
이승조 지음

메이트북스

메이트북스 우리는 책이 독자를 위한 것임을 잊지 않는다.
우리는 독자의 꿈을 사랑하고,
그 꿈이 실현될 수 있는 도구를 세상에 내놓는다.

무극선생 이승조의 주식투자의 기본

초판 1쇄 발행 2022년 3월 10일 | **초판 2쇄 발행** 2022년 3월 15일 | **지은이** 이승조
펴낸곳 ㈜원앤원콘텐츠그룹 | **펴낸이** 강현규 · 정영훈
책임편집 오희라 | **편집** 안정연 | **디자인** 최정아
마케팅 김형진 · 서정윤 · 차승환 | **경영지원** 최향숙 | **홍보** 이선미 · 정채훈
등록번호 제301-2006-001호 | **등록일자** 2013년 5월 24일
주소 04607 서울시 중구 다산로 139 랜더스빌딩 5층 | **전화** (02)2234-7117
팩스 (02)2234-1086 | **홈페이지** matebooks.co.kr | **이메일** khg0109@hanmail.net
값 19,800원 | **ISBN** 979-11-6002-368-8 03320

성공적인 투자에는
지식과 노력이 절대적으로 중요하다.
이것은 평생 학습이고 비결 따위는 없다.

• 찰리 티안(가치투자 웹사이트 구루포커스닷컴 CEO) •

투자의 기본기가
반드시 필요하다

　요즘처럼 바쁜 적도 없는 것 같다. 출판사로부터 초보투자자용 기술적 분석에 대한 책을 요청받은 지 1년이 넘어가는데 원고를 하나도 못 쓰고 있으니 말이다.

　그래서 2021년 8~9월, 그나마 연속 휴일이 있는 달을 이용해 기술적 분석에 대한 거창한 책보다 개인적으로 38년 동안 시장과 싸워오면서 느꼈던 점과 네이버 카페 '다인경제' 활동을 하는 중에 수많은 초보투자자들의 질문을 받으면서 '이런 부분은 정리를 좀 해야겠다'고 생각한 부분을 간추려서 '투자의 기본'에 대한 것을 썼다.

　정말 많이 느낀 것이지만 초보투자자들, 즉 주린이들 중에는 무모할 정도로 기본기가 되지 않은 상황에서 돈을 벌겠다는 목표로 주식시장을 무대포 정신으로 뛰어드는 분들이 많은 것 같다. 머니게임의 속성은 '내가 주린이라고 해도 블러핑을 하고, 상대방이 나의 패를 읽지 못하게 하고, 자금 베팅을 조절해가면서 해야 한다'는 것이다.

그런데 대부분의 주린이들은 누군가가 이 종목이 좋다고 하면 아무 점검과정도 없이 믿음이 간다고 해서 매수하고, 생각대로 되지 않았을 때 우왕좌왕하거나 빈번한 손절매로 멘탈이 흔들리는 경험을 하게 된다. 즉 시장이라는 전쟁터에서 너무 순진한 생각을 갖고 뛰어드는 주린이들이 너무 많다는 것이다.

적합한 비유가 될지 모르겠지만 '6·25전쟁에서 상황이 하도 급박해 신병훈련소에서 소총 다루는 법 등 간단한 훈련을 받고 실전에 투입하는 경우, 1주일 안에 사망할 확률이 제일 높았다'는 내용의 논문을 장교훈련 받을 때 읽었던 적이 있다. 그런데 그 시간대를 견디고 나면 나름대로 지형지물을 이용하는 방법과 실전에 대한 경험치가 생긴다. 그에 따라 위기상황이 되면 어떻게 몸을 피하고 조절하는지 나름대로 전투력이 생기고 이로써 생존할 확률이 높아진다는 것이다.

실전투자도 비슷하다고 생각된다. 투자의 기본 실력을 키워야 괴물 같은 시장에서 생존할 확률이 높아지고, 그런 가운데 매매하는 대상을 효과적으로 찾아내는 선구안과 매매 종목이 만들어내는 상승에너지를 온전하게 내 것으로 만드는 능력이 커지는 것이다.

그런데도 기본기가 되지 않고 그 대상종목에 대한 정보가 없는 상황에서 누가 추천해서, 혹은 아는 선배나 지인이 말해줘서 매수하는 주린이들이 많다는 것은 정말 안타까운 일이다.

하지만 실전투자에서 가장 무서운 적이 '아는 선배나 지인'이다. 일단 내가 모르는 무언가를 알려주는 누군가를 실력자로 인정하는 신뢰를 바탕으로 하기 때문이다. 그런데 실제 시장에서 그 대상종목이 반대로 가는 경우도 허다한데, 그럴 경우 중심이 '기본'이 아닌 '그것을 나에게 준 선배나 지인'이 되기 때문에 그에게 자꾸 물어보게 되고, 결국 스스로 판단해서 의사결정을 해야 하는 중요한 구간을 방치하는 실수를 하게 되는 것이다.

투자에서는 아무리 내가 실력이 없다고 하더라도 중심은 나 자신이 되어야 한다. 남에게 의존하지 마라. 총알이 쏟아지는 전쟁터에서 전쟁의 양상과 흐름을 스스로 판단하고 쏟아지는 총알을 피해서 전진할 수 있는 은폐물과 엄폐물을 찾아야 하는데, 그런 상황에서 남에게 의존해 "이것 어떻게 해요?" 한다면 시장이라는 괴물에 잡혀 먹히는 양상이 된다는 것을 명심하기 바란다.

그렇게 되지 않기 위해서 전투력을 스스로 키워 나가는 정신력과 투자호흡이 반드시 필요하며, 내가 싸우는 대상에 대한 정보와 싸우는 환경을 판단할 수 있는 능력이 반드시 필요하다. 즉 투자의 기본기가 필요하다는 것이다. 그런 의미에서 이 책의 기본 시각은, 투자의 기본기를 어떻게 키우는지에 대한 생각을 나누는 것에 초점을 맞추었다.

38년 동안 시장이라는 괴물과 싸워서 아직은 생존해 있는 사람의 시각이고 이것이 나에게만 맞는 것일 수도 있지만, 각자 경험치를 본인의 것으로 만들어서 더 파워풀한 투자자가 되기 바란다.

여의도 서재에서
무극선생 이승조

차례

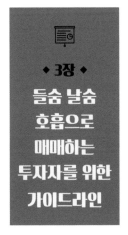

◆ 6장 ◆
**파생시장을
읽어야
주식시장이
보인다**

무극선생의 동영상 강의 차례

각 장의 핵심내용을 쉽게 풀어주는 저자의 동영상 강의를 장마다 수록했습니다.
독자들의 이해를 돕기 위한 무극선생의 보너스 강의도 놓치지 마세요!

1장
시장은
에너지다

2장
각도는 비율을
내포하고 있다

3장
들숨 날숨 호흡으로
매매하는 투자자를 위한 가이드라인

4장
실전투자에서
가장 중요한 기준인 4등분법칙

5장
이동평균선을
매매에 활용하는 방법

6장
파생시장을 읽어야
주식시장이 보인다

◆ ◆ ◆

시장은 에너지다. 모든 정보는 사람들로 하여금 투자
판단을 하게 하는데, 그 과정에서 뇌를 사용하게 하고
투자행위를 하게 한다. 여기서 매수와 매도 및 보유의
투자행위에서 시장에 영향을 미치고 그것이 변동성과
방향을 나타낸다. 노출된 정보와 노출되지 않은 정보
가 정보의 비대칭성을 만들고, 시장이라는 시스템에
영향을 미친다. 그것을 각도로 구조화시키고 에너지
의 변화를 데이터로 측정하면서 투자기준을 세워
본다.

시장은
에너지다

1장

◆ ◆ ◆

저자직강 동영상 강의로 이해 쑥쑥!

1장의 핵심 내용을 이해하기 쉽게 풀어낸

저자의 동영상 강의입니다

개인적으로 필자는 시장을 에너지로 접근한다. 에너지라는 용어는 일상적으로 많이 사용되지만, 그 개념은 매우 추상적이다. 우리는 에너지를 직접 인지하지는 못하고, 에너지의 이동 또는 변환에 의해 에너지의 존재를 인지한다. 흔히 언급되는 역학적 에너지, 빛에너지, 열에너지, 소리에너지, 전기에너지, 화학에너지, 핵에너지, 중력에너지, 탄성에너지, 생물에너지 등 모든 에너지는 근본적으로 포텐셜과 운동에너지, 그리고 정지에너지(rest energy)로 나타낼 수 있다. 이런 사고를 투자의 세상에 연결시켜서 실전에 사용해보는 것이다. 주가의 변화를 위치에너지와 방향에너지로 전환시켜서 기업의 가격과 가치의 변화를 찾아내고, 그 흐름을 추적해서 매수와 매도의 의사결정을 시도해보는 것이다.

필자는 주식시장이라는 괴물을 '에너지의 총량'이라고 생각한다.

즉 2,000개 이상의 종목이 각자 만들어내는 에너지의 총량의 합이 주식시장이라고 보는데, 그렇다면 여기에도 물리법칙이 작용한다고 생각한다.

물리법칙에서 가장 중요한 것은 '에너지 보존의 법칙'이다. 마찬가지로 주식시장도 상장된 2,000개 이상의 종목이 만들어내는 위치에너지와 운동에너지가 시간에 따라 변화되지만 그 에너지의 총량은 어느 시점을 기준으로는 변화가 없다는 생각이 든다.

문제는 여기에 투자하는 사람의 생각의 에너지가 투입되고 같은 재료라도 시간이 변화되는 과정에서 투자자의 생각에 따라 매수에너지와 매도에너지로 전환되고 그것이 시장의 시가총액의 변화를 초래하게 한다는 것이다. 여기서 에너지의 총량의 변화가 변동성과 방향성을 나타낸다고 생각된다.

그렇다면 가장 중요한 물리법칙인 에너지 보존의 법칙부터 이해해보자.

에너지 보존의 법칙

에너지 보존의 법칙은 '닫힌 물리계에 작용하는 알짜힘이 0이면, 그 물리계의 총에너지는 시간에 따라 변하지 않고 일정하다'는 법칙을 말한다. 이 법칙은 '고립계의 총에너지는 시간에 따라 변하지 않고 일정하다'고 표현되기도 한다.

물리계의 총에너지는 빛에너지, 열에너지, 소리에너지, 전기에너

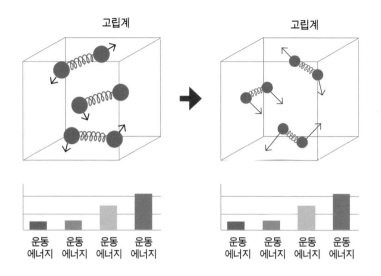

지, 화학에너지, 핵에너지, 중력에너지, 탄성에너지, 생물에너지 등 모든 형태의 에너지를 포함하는 것으로 근본적으로는 포텐셜에너지 (또는 위치에너지), 운동에너지, 정지에너지(또는 질량에너지)로 나타낼 수 있다. 핵분열이나 핵융합으로 방출되는 에너지는 정지에너지가 운동에너지로 변환된 것일 뿐이다.

　수평면에서 움직이는 자동차가 브레이크 작동으로 멈추는 경우, 자동차의 포텐셜에너지는 변함없는데 운동에너지는 감소했으므로 자동차와 수평면을 포함하는 지구로 이루어진 계의 역학적에너지는 감소한 셈이다. 하지만 마찰에 의한 열에너지 등 다른 형태의 에너지를 모두 고려하면 총 에너지는 변하지 않는다.

에너지 보존의 법칙은 아직까지 그에 위배되는 실험 결과는 없으며, 자연현상을 이해하는 데 아주 유용한 법칙 중 하나이다. 근본적으로는 '물리법칙은 시간에 따라 달라지지 않는다'는 시간의 균일성 (homogeneity of time)과 연관이 있다.

문제는 주식시장은 닫힌계 세상이 아닌 투자하는 사람의 생각의 에너지와 투자하는 사람의 money size가 만들어내는 에너지가 투입되면서 시간에 따라 변화되는 열린계 세상으로 판단된다는 점이다. 그렇기 때문에 일정한 시점에서 나타난 에너지 총량과 시간이 지난 다음에 변화되는 에너지 총량의 크기를 비교해가면서 어느 종목이 커졌고 어느 종목이 작아졌는지를 주가와 발행주식수가 만들어낸 시가총액의 변화를 갖고 판단해보는 것이다.

시간의 균일성보다 시간의 변동성에 더 집중하면서 시장에 영향을 주는 변수와 그 대상종목의 시가총액의 변화를 읽어내는 것이 필요하다. 종목의 위치에너지와 운동에너지를 체크하고 정지에너지는 질량 시가총액으로 접근해서, 위치에너지는 주가의 위치로 파악하고 운동에너지는 주가의 방향성으로 파악하면서 시간이 지나가는 동안의 시가총액의 변화를 읽어내는 것이다.

이 말이 어렵다는 분은 어느 기준일 기준으로 코스피200종목의 상승-하락의 변화에 어떤 특성이 있는지를 조사해서 그 흐름에 영향을 미치는 변수가 무엇이고 매매주체자인 외국인, 개인, 금융투자, 투신 등의 투자행위가 어떻게 나타나는지 동태적으로 추적해보기 바란다.

아래의 데이터는 2021년 1월 4일 기준 시가총액 상위 20개 종목의 주가다.

◆ 2021년 1월 4일 시가총액 상위 20개 종목의 주가 ◆

시총	종목명 2021-01-04	현재가(원) (A)	대비(원)	대비(%)	52주최고대비 등락률(%)
1	삼성전자	83,000	2,000	2.47	-1.66
2	SK하이닉스	126,000	7,500	6.33	-1.56
3	LG화학	889,000	65,000	7.89	-1.22
4	삼성바이오로직스	829,000	3,000	0.36	-5.8
5	NAVER	293,000	500	0.17	-15.56
6	셀트리온	347,500	-11,500	-3.2	-12.3
7	삼성SDI	671,000	43,000	6.85	-1.61
8	현대차	207,500	15,500	8.07	-1.66
9	카카오	396,000	6,500	1.67	-5.83
10	현대모비스	287,000	31,500	12.33	-6.97
11	삼성물산	144,000	6,000	4.35	-0.69
12	기아차	64,000	1,600	2.56	-3.9
13	LG생활건강	1,612,000	-8,000	-0.49	-2.24
14	POSCO	273,000	1,000	0.37	-4.21
15	LG전자	142,000	7,000	5.19	-1.39
16	엔씨소프트	978,000	47,000	5.05	-1.91
17	SK이노베이션	231,000	41,000	21.58	-2.74
18	SK텔레콤	237,000	-1,000	-0.42	-5.77
19	KB금융	42,450	-950	-2.19	-12.83
20	SK	249,500	9,000	3.74	-24.85

2021년 1월의 시장은 종합지수 3000p를 돌파하면서 대세상승의 에너지가 그 어느 때보다 강력했고, 반도체 슈퍼랠리의 모멘텀이 시장을 강타하면서 그 전의 저점-위치에너지인 2020년 10월 30일 2266p에서 2021년 1월 11일 3266p까지 상승에너지 44.1%의 흐름을 보이면서 대세상승의 기대감을 그 어느 때보다 강력하게 보였던 때였다.

종합지수의 고점이 형성된 1월 11일의 데이터는 아래와 같다.

◆ 2021년 1월 11일 시가총액 상위 20개 종목의 주가 ◆

시총	종목명 2021-01-11	현재가(원) (A)	대비(원)	대비(%)	52주최고대비 등락률(%)
1	삼성전자	91,000	2,200	2.48	-5.99
2	SK하이닉스	133,000	-5,000	-3.62	-5
3	LG화학	998,000	-1,000	-0.10	-4.5
4	현대차	267,500	21,500	8.74	-7.44
5	삼성바이오로직스	846,000	9,000	1.08	-4.19
6	NAVER	309,000	-3,000	-0.96	-10.95
7	셀트리온	374,000	7,000	1.91	-5.61
8	삼성SDI	730,000	-9,000	-1.22	-5.56
9	카카오	453,000	19,000	4.38	-2.16
10	현대모비스	352,500	-7,000	-1.95	-12.96
11	기아차	70,100	1,800	2.64	-6.53
12	삼성물산	150,500	-500	-0.33	-5.94
13	SK이노베이션	294,000	11,000	3.89	-7.69
14	LG생활건강	1,602,000	-36,000	-2.2	-2.85
15	POSCO	284,000	-10,500	-3.57	-3.89
16	LG전자	142,000	-5,500	-3.73	-8.39
17	엔씨소프트	978,000	-17,000	-1.71	-2.78
18	SK텔레콤	257,500	-7,500	-2.83	-6.19
19	SK	290,000	-2,500	-0.85	-12.65
20	KB금융	45,900	-600	-1.29	-5.75

1월 4일 종합지수 2944p로 2021년 시작을 해서 3000p를 돌파한 날이 1월 6일로 장중 3027p까지 상승하다가 종가는 2968p로 마감했고, 실제로 3000p이상 종가로 마감한 날은 1월 7일로 3031p를 보였다. 그리고 1월 11일 종합지수 3266p를 형성하면서 하락으로 전환했는데, 그 모멘텀은 모 경제신문에 특종으로 발표된 '현대차, 애플카 생산에 참여한다'는 내용이 보도되면서 시장을 흥분시켰으나 그 이후 실현가능성에 대한 불확실성과 차익매물이 쏟아지면서 현대차 1월 11일 289,000원과 현대모비스 1월 11일 405,000원의 고점을 형

성한 후 조정양상을 보이고 있는 것이다.

그렇다면 이것을 수치적 감각으로 조사해보면 다음과 같다. 이것은 마치 시간이 지난 후 같은 종목의 가격변화를 위치에너지와 방향성에너지가 변화된 것으로 생각해보는 것이다.

1월 4일 종합지수 2944p에서 1월 11일 3266p까지 10.9% 상승하는 동안에 시가총액 상위 1등인 삼성전자는 종가기준으로 9.6%, SK하이닉스 5.5%, LG화학 12.2%, 현대차 28.9%, 현대모비스 22.6%의 상승을 했고, 삼성바이오로직스는 2.0%, 셀트리온 7.7%, 삼성물산 4.1%로 각 종목마다 더 강하게 상승한 것과 종합지수 상승률보다 못한 종목도 있다는 것을 확인할 수 있다.

이런 기준으로 어느 구간에 인덱스 상승률보다 1-2-3배 상승하는 종목과 섹터가 무엇이고, 반대로 인덱스보다 못한 것은 무엇인지를 구분하는 것이 시장의 흐름-에너지의 흐름을 파악하는 데 중요하다고 생각하고, 이 흐름의 변화를 체크하는 것을 '매트릭스기법'이라고 이름을 갖다 붙이기로 하자.

2021년 1월 11일 데이터에서도 보듯이 '애플카 모멘텀'으로 자동차종목의 상승률이 강하게 나타났었고, 상대적으로 바이오종목의 상승률이 1월 4일~1월 11일 구간에는 약했던 것을 체크할 수 있었다. 그 당시 'JP모간컨퍼런스'라는 강력한 끌개가 있었으며 2020년부터 바이오와 반도체 부품주의 상승이 2021년을 주도할 것이라는 장밋빛 전망과 보고서가 홍수를 이루는 상황에서, 개인적으로 빅데이터를 조사한 결과 실제 시가총액 상위인 바이오 대장주의 에너지가 이상징후를 보였다. 그 결과를 갖고 모 경제방송TV에서 IT 대장주 삼성전자·SK하이닉스 매도전략과 바이오 대장주 셀트리온·씨젠을 100% 매도하고 1년 동안 쳐다보지 말자는 전략으로 수정해드렸다.

수치데이터상으로 네이버 4.3%, 카카오 14.3%가 상승하고 엔씨소프트 0.0%, SK텔레콤 11.1%, KB금융 8.2%의 상승을 보였는데 게임주의 대장주인 엔씨소프트의 에너지가 제일 작았다는 점도 그 이후의 흐름을 결정하는 데 아주 중요한 직관을 주는 수치인 것이다.

개인적으로 시장이란 에너지로 파악하는 것이자 수많은 이해당사자들의 공포와 탐욕이 내포되어 있으면서 그것이 미래의 방향성과 변동성을 만들어내는 것으로 생각하는데, 인덱스보다 강하게 움직이는 섹터와 종목이 그 에너지-각도가 유지되지 않고 변화가 생기면 새로운 변수가 작동해 미래의 에너지의 변화를 가져오게 한다. 여기서 미세한 변화를 동태적으로 추적해가면서 시장대비 초과수익율을 주는 종목-섹터를 찾아내는 것이다. 이 시점에 바이오 관련주와 소부장 주도주가 대세를 이루는데, 실제 데이터를 조사해보고 매매주체별 동향의 흐름을 follow the money, follow the man 방식으로 추적해보면서 매수에너지보다 매도에너지가 체크되어 대부분 시장참여자들이 예측하고 판단하는 바이오/소부장 주도주 흐름이 180도 반대로 나타날 것으로 판단해 모 경제방송TV에서 과감히 매도전략을 수립해드린 것이다.

시장이 보편적으로 지배하는 논리보다 시장의 빅데이터가 말해주는 에너지의 흐름이 정답인 것이다. 다시 말해 시장이 정답인 것이다.

여기서 기준을 종합지수라는 인덱스의 상승률-하락률을 기본으로 삼고, 인덱스보다 못한 움직임을 보이는 섹터와 종목이 무엇인지 조사하고, 거기서 새로운 각도와 변화가 나오는지 동태적으로 추적하면서 실전에서 무엇을 버리고 무엇을 살지를 결정해가는 것이다.

여기서 인덱스의 의미 있는 고점과 의미 있는 저점의 위치와 그 기간 동안 구성종목의 변화를 체크해가면서 시장에서 일반적으로 회자되고 있는 전망이나 분석보다 실제로 현장에서 종목의 움직임-에너지-각도를 더 중요하게 보면서 포트를 조절해가는 작업이 실전투자가에게는 제일 필요한 부분이라고 생각된다.

23쪽과 24쪽의 두 데이터는 상승추세 속에 2021년 1월 4일 개장부터 종합지수가 최고점을 형성한 1월 11일 시가총액 상위 20개 종목의 변화를 체크하는 매트릭스 분석인데, 이처럼 상장되어 있는 코스피-코스닥의 2,000개 이상 되는 종목의 위치에너지의 변화를 통계적 데이터로 조사하는 작업이 실전투자가에게는 제일 먼저 해야 할 일이라고 생각된다. 시장이라는 전쟁터에서 각 종목이 만들어낸 에너지의 위치가 어떤 모습을 보이고 있는지 파악하는 작업이 중요한 것이다.

과거에는 이것을 통계화하는 작업이 엄청난 시간과 노력이 필요한 노가다 작업과 같았지만, 현재는 퀀트시장의 발전과 다양한 통계적 알고리즘의 도움으로 과거보다 쉽게 파악할 수가 있다. 이렇게 시간별로 구획을 나눠서 구성종목의 변화를 동태적으로 추적하는 작업을 개인적으로 '시장판세분석'이라고 한다.

현재 데이터와 2021년 1월 11일 고점 데이터 종합지수를 2021년 3월 9일 저점, 5월 13일 저점의 데이터와 비교해보는 작업도 해보고, 2021년 6월 25일 3316p의 데이터 등 의미 있는 고점-저점의 시점에서 데이터의 변화를 추적해가는 작업이 우선되어야 한다.

누가 추천하는 종목으로 바로 들어가기보다는, 내가 싸우는 시장이라는 전쟁터의 현재 양상과 과거부터 어떻게 변화가 형성되고 있는지 시장의 기상상황을 체크해서 미래의 날씨를 파악해보려는 작업부터 해야 한다고 본다. 그렇게 해야 내가 싸우는 시장의 바람의 세기와 온도를 감지해내 어느 것은 피하고 어느 것은 취해야 할 것인지를 판단하는 기준이 성립되기 때문이다.

여기서 기준이 되는 것이 인덱스-종합지수다. 코스닥시장은 코스닥업종지수로 기준을 설정하면 된다. 먼저 코스피시장-종합지수 궤적과 데이터의 변화를 점검해보기 바란다.

2021년 1월 4일 시작부터 분석의 기준일을 표시해서 선을 그어놓은 것이 아래 그림이다. (2021년 8월까지 종합지수 데이터 갖고 변곡점 찾기).

◆ 분석의 기준일을 표시해서 세로선을 긋기 ◆

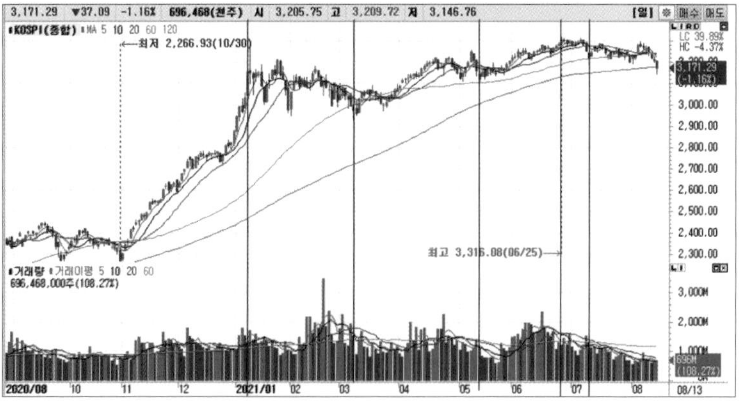

참고할 데이터를 날짜별로 소개하면 다음과 같다. (1월 4일 데이터와 1월 11일 데이터는 앞에서 이미 소개했으니 생략한다.)

◆ 2020년 10월 30일 시가총액 상위 20개 종목의 주가 ◆

시총	종목명 2020-10-30	현재가(원) (A)	대비(원)	대비(%)	52주최고대비 등락률(%)
1	삼성전자	56,600	-1,500	-2.58	-9.87
2	SK하이닉스	79,900	-1,800	-2.20	-24.62
3	NAVER	290,000	-8,500	-2.85	-16.43
4	삼성바이오로직스	682,000	-15,000	-2.15	-20.97
5	LG화학	611,000	-40,000	-6.14	-22.17
6	현대차	164,500	-5,500	-3.24	-14.1
7	셀트리온	241,000	-12,000	-4.74	-29.01
8	삼성SDI	442,000	10,500	2.43	-13.16
9	카카오	330,000	-13,000	-3.79	-21.52
10	LG생활건강	1,500,000	-7,000	-0.46	-6.25
11	현대모비스	225,500	-12,500	-5.25	-16.01
12	삼성물산	110,500	-500	-0.45	-15
13	기아차	50,500	-2,500	-4.72	-6.31
14	POSCO	208,000	-4,000	-1.89	-16.47
15	SK텔레콤	214,000	-8,500	-3.82	-14.91
16	엔씨소프트	776,000	-37,000	-4.55	-22.17
17	KB금융	40,100	-900	-2.2	-21.06
18	신한지주	30,350	-1,100	-3.50	-34.24
19	LG전자	84,000	-3,200	-3.67	-15.07
20	삼성에스디에스	168,500	-2,500	-1.46	-18.6

◆ 2021년 3월 9일 시가총액 상위 20개 종목의 주가 ◆

시총	종목명 2021-03-09	현재가(원) (A)	대비(원)	대비(%)	52주최고대비 등락률(%)
1	삼성전자	81,400	-600	-0.73	-15.91
2	SK하이닉스	136,500	1,000	0.74	-9.3
3	LG화학	861,000	-29,000	-3.26	-18
4	NAVER	361,500	-7,000	-1.90	-10.85
5	현대차	231,500	1,000	0.43	-19.9
6	삼성바이오로직스	687,000	-9,000	-1.29	-22.2
7	삼성SDI	636,000	-14,000	-2.15	-22.25
8	카카오	441,000	-13,000	-2.86	-15.03
9	셀트리온	287,500	-3,500	-1.20	-27.44
10	기아차	83,500	700	0.85	-18.14
11	현대모비스	296,500	-5,000	-1.66	-26.79
12	POSCO	317,000	-4,500	-1.40	-5.09
13	LG전자	144,500	1,500	1.05	-25.13
14	LG생활건강	1,504,000	-11,000	-0.73	-11.84
15	삼성물산	119,500	0	0	-25.31
16	KB금융	52,600	2,650	5.31	-0.75
17	SK이노베이션	230,000	-9,500	-3.97	-29.77
18	엔씨소프트	931,000	0	0.00	-11.16
19	SK텔레콤	248,000	3,500	1.43	-9.65
20	신한지주	35,900	650	1.84	-5.15

◆ 2021년 5월 13일 시가총액 상위 20개 종목의 주가 ◆

시총	종목명 2021-05-13	현재가(원) (A)	대비(원)	대비(%)	52주최고대비 등락률(%)
1	삼성전자	78,500	-1,500	-1.88	-18.9
2	SK하이닉스	117,500	-2,000	-1.67	-21.93
3	LG화학	850,000	-13,000	-1.51	-19.05
4	삼성바이오로직스	866,000	10,000	1.17	-4.31
5	NAVER	337,500	-5,500	-1.60	-17.68
6	현대차	229,500	2,000	0.88	-20.59
7	카카오	109,500	-3,500	-3.1	-17.36
8	삼성SDI	602,000	-31,000	-4.9	-26.41
9	셀트리온	265,000	2,500	0.95	-33.12
10	POSCO	383,500	-15,500	-3.88	-7.26
11	기아	81,800	-1,300	-1.56	-19.8
12	현대모비스	277,000	-1,500	-0.54	-31.6
13	삼성물산	132,500	-4,000	-2.93	-17.19
14	KB금융	58,800	400	0.68	-1.67
15	LG전자	148,000	1,000	0.68	-23.32
16	SK이노베이션	258,000	-8,500	-3.19	-21.22
17	LG생활건강	1,519,000	-11,000	-0.72	-10.96
18	SK텔레콤	312,500	2,500	0.81	-3.85
19	LG	126,500	0	0	0
20	신한지주	41,500	650	1.59	-3.94

◆ 2021년 6월 25일 시가총액 상위 20개 종목의 주가 ◆

시총	종목명 2021-06-25	현재가(원) (A)	대비(원)	대비(%)	52주최고대비 등락률(%)
1	삼성전자	81,600	400	0.49	-15.70
2	SK하이닉스	128,500	2,500	1.98	-14.62
3	카카오	154,500	-2,500	-1.59	-10.69
4	NAVER	410,000	-9,500	-2.26	-5.96
5	LG화학	838,000	7,000	0.84	-20.19
6	삼성바이오로직스	849,000	-6,000	-0.70	-10.44
7	현대차	243,000	500	0.21	-15.92
8	삼성SDI	688,000	-2,000	-0.29	-15.89
9	기아	90,700	100	0.11	-11.08
10	셀트리온	265,500	-13,000	-4.67	-33.00
11	POSCO	352,000	2,000	0.57	-14.87
12	현대모비스	292,500	2,000	0.69	-27.78
13	LG생활건강	1,763,000	8,000	0.46	-1.01
14	SK이노베이션	290,000	-3,500	-1.19	-11.45
15	LG전자	163,500	-500	-0.30	-15.28
16	삼성물산	136,500	1,500	1.11	-14.69
17	KB금융	57,300	1,200	2.14	-4.18
18	SK텔레콤	326,500	-500	-0.15	-3.83
19	신한지주	41,650	900	2.21	-3.70
20	SK	290,000	2,500	0.87	-19.56

◆ 2021년 7월 9일 시가총액 상위 20개 종목의 주가 ◆

시총	종목명 2021-07-09	현재가(원) (A)	대비(원)	대비(%)	52주최고대비 등락률(%)
1	삼성전자	79,400	-500	-0.63	-17.98
2	SK하이닉스	119,500	-2,000	-1.65	-20.60
3	카카오	160,500	-2,500	-1.53	-7.23
4	NAVER	415,500	-6,500	-1.54	-4.70
5	LG화학	833,000	-26,000	-3.03	-20.67
6	삼성바이오로직스	857,000	-6,000	-0.70	-9.60
7	삼성SDI	736,000	4,000	0.55	-10.02
8	현대차	226,000	-3,500	-1.53	-21.80
9	셀트리온	262,000	-4,000	-1.50	-33.88
10	기아	86,000	-900	-1.04	-15.69
11	POSCO	338,000	-1,500	-0.44	-18.26
12	LG생활건강	1,720,000	-43,000	-2.44	-3.59
13	현대모비스	276,500	-5,000	-1.78	-31.73
14	LG전자	159,000	-1,000	-0.63	-17.62
15	SK이노베이션	272,000	3,000	1.12	-16.95
16	삼성물산	128,000	-2,500	-1.92	-20.00
17	SK텔레콤	322,000	5,000	1.58	-5.15
18	KB금융	50,400	-1,900	-3.63	-15.72
19	신한지주	38,200	-750	-1.93	-11.68
20	SK	270,000	-2,500	-0.92	-25.10

그런데 시간이 지나면서 2021년 8월 15일 데이터는 이렇게 변화되었다.

◆ 2021년 8월 15일 시가총액 상위 20개 종목의 주가 ◆

No	종목	현재가	대비	등락률(%)	거래량	매도호가	매수호가	시가총액(억)	비중(%)
1	삼성전자	74,400 ▼	2,600	-3.38	61,270,643	74,500	74,400	4,441,518	19.43
2	SK하이닉스	101,500 ▲	1,000	1.00	11,622,957	101,500	101,000	738,922	3.23
3	NAVER	436,500 ▲	4,000	-0.91	515,855	437,000	436,500	717,009	3.13
4	삼성바이오로	983,000 ▲	11,000	1.13	147,387	983,000	982,000	650,401	2.84
5	카카오	146,000 ▼	1,500	-1.02	2,285,992	146,000	145,500	649,272	2.84
6	LG화학	896,000 ▲	18,000	2.05	398,111	896,000	895,000	632,507	2.76
7	삼성전자우	69,600 ▲	2,200	-3.06	5,559,423	69,700	69,600	572,729	2.50
8	삼성SDI	817,000	0	0.00	328,880	817,000	816,000	561,806	2.45
9	현대차	217,000 ▼	2,000	-0.91	864,375	217,000	216,500	463,659	2.02
10	셀트리온	275,500 ▼	6,000	-2.13	805,209	276,000	275,500	379,960	1.66
11	카카오뱅크	76,600 ▲	2,800	3.79	10,907,993	76,700	76,600	363,926	1.59
12	기아	85,200 ▼	1,400	-1.62	1,456,961	85,300	85,200	345,369	1.51
13	POSCO	341,000 ▲	3,000	0.89	340,685	341,000	340,500	297,307	1.30
14	현대모비스	268,500 ▼	2,000	-0.74	232,470	268,500	268,000	254,519	1.11
15	삼성물산	134,000 ▼	1,000	-0.74	474,613	134,000	133,500	250,428	1.09
16	LG전자	150,500 ▼	2,500	-1.63	916,837	150,500	150,000	246,289	1.07
17	SK이노베이션	248,500 ▲	6,500	2.69	1,089,181	248,500	248,000	229,776	1.00
18	LG생활건강	1,444,000 ▲	23,000	1.62	109,037	1,444,000	1,443,000	225,526	0.98
19	KB금융	53,200 ▼	200	-0.37	1,382,277	53,200	53,100	221,209	0.96
20	SK바이오사이	288,500 ▲	3,000	1.05	2,932,789	289,000	288,500	220,702	0.96

2021년 9월 17일 데이터는 아래와 같다.

◆ 2021년 9월 17일 시가총액 상위 20개 종목의 주가 ◆

시총	종목명 2021-09-17	현재가(원) (A)	대비(원)	대비(%)	52주최고대비 등락률(%)
1	삼성전자	77,200	1,100	1.45	-20.25
2	SK하이닉스	107,000	3,000	2.88	-28.90
3	NAVER	403,000	1,000	0.25	-13.33
4	삼성바이오로직스	933,000	17,000	1.86	-10.89
5	카카오	119,500	-2,000	-1.65	-30.92
6	삼성SDI	725,000	0	0.00	-12.44
7	LG화학	701,000	-15,000	-2.09	-33.24
8	현대차	209,000	1,000	0.48	-27.68
9	셀트리온	275,500	8,500	3.18	-30.47
10	기아	84,100	-400	-0.47	-17.55
11	POSCO	362,500	-2,000	-0.55	-12.33
12	현대모비스	267,500	-3,000	-1.11	-33.95
13	삼성물산	129,500	1,000	0.78	-19.06
14	LG전자	139,500	-1,500	-1.06	-27.72
15	SK이노베이션	240,000	3,000	1.27	-26.72
16	SK텔레콤	301,000	-1,000	-0.33	-11.34
17	KB금융	52,100	0	0.00	-12.88
18	LG생활건강	1,358,000	-25,000	-1.81	-23.88
19	SK바이오사이언스	272,500	-7,500	-2.68	-24.72
20	신한지주	38,700	-50	-0.13	-10.52

또한 2021년 9~12월의 변동성이 정말 다이내믹했다.

중요한 변곡마디의 데이터를 일일이 체크해보자. 이 수치의 변화 속에서 2021년 시가총액 상위 20개 종목의 수치변화를 통해 실제로 시장의 변화를 몸으로 느껴보기 바란다. 종합지수의 위치변화에 시가총액 상위 20개 종목의 주가 변화가 어떻게 형성되는지 비교해보기 바란다.

◆ 2021년 하반기의 종합지수 궤적 ◆

◆ 2021년 10월 12일 시가총액 상위 20개 종목의 주가 ◆

시총	종목명 2021-10-12	현재가(원) (A)	대비(원)	대비(%)	52주최고대비 등락률(%)
1	삼성전자	69,000	-2,500	-3.50	-28.72
2	SK하이닉스	91,500	-2,500	-2.66	-39.20
3	NAVER	372,000	-16,500	-4.25	-20.00
4	LG화학	796,000	32,000	4.19	-24.19
5	삼성바이오로직스	834,000	4,000	0.48	-20.34
6	카카오	113,500	-4,000	-3.40	-34.39
7	삼성SDI	663,000	-23,000	-3.35	-19.93
8	현대차	204,500	-500	-0.24	-29.24
9	기아	82,200	300	0.37	-19.41
10	셀트리온	214,500	-9,500	-4.24	-45.87
11	POSCO	322,000	2,000	0.63	-22.13
12	카카오뱅크	55,300	-1,700	-2.98	-41.42
13	현대모비스	260,500	-5,500	-2.07	-35.68
14	SK이노베이션	256,500	8,500	3.43	-21.68
15	크래프톤	484,000	14,000	2.98	-6.92
16	KB금융	54,600	-500	-0.91	-8.70
17	삼성물산	118,500	-3,500	-2.87	-25.94
18	SK텔레콤	300,500	-4,000	-1.31	-11.49
19	LG생활건강	1,336,000	-48,000	-3.47	-25.11
20	LG전자	124,000	4,000	3.33	-35.75

◆ 2021년 10월 26일 시가총액 상위 20개 종목의 주가 ◆

시총	종목명 2021-10-26	현재가(원) (A)	대비(원)	대비(%)	52주최고대비 등락률(%)
1	삼성전자	71,100	900	1.28	-26.55
2	SK하이닉스	102,000	2,000	2.00	-32.23
3	NAVER	412,500	10,000	2.48	-11.29
4	LG화학	830,000	9,000	1.10	-20.95
5	삼성바이오로직스	879,000	2,000	0.23	-16.05
6	카카오	127,500	1,500	1.19	-26.30
7	삼성SDI	746,000	13,000	1.77	-9.90
8	현대차	213,500	2,500	1.18	-26.12
9	기아	84,800	500	0.59	-16.86
10	셀트리온	222,500	6,000	2.77	-43.85
11	카카오뱅크	61,900	2,000	3.34	-34.43
12	POSCO	315,000	2,000	0.64	-23.82
13	현대모비스	270,500	2,000	0.74	-33.21
14	KB금융	59,100	0	0.00	-1.17
15	크래프톤	498,000	10,000	2.05	-4.23
16	SK이노베이션	257,000	500	0.19	-21.53
17	삼성물산	121,500	1,500	1.25	-24.06
18	SK텔레콤	309,500	0	0.00	-8.84
19	신한지주	40,700	200	0.49	-5.90
20	LG생활건강	1,331,000	-52,000	-3.76	-25.39

◆ 2021년 11월 11일 시가총액 상위 20개 종목의 주가 ◆

시총	종목명 2021-11-11	현재가(원) (A)	대비(원)	대비(%)	52주최고대비 등락률(%)
1	삼성전자	69,900	-300	-0.43	-27.79
2	SK하이닉스	107,500	-1,000	-0.92	-28.57
3	NAVER	407,000	-7,500	-1.81	-12.47
4	카카오	125,500	1,500	1.21	-27.46
5	삼성바이오로직스	819,000	-1,000	-0.12	-21.78
6	LG화학	757,000	18,000	2.44	-27.90
7	삼성SDI	753,000	5,000	0.67	-9.06
8	현대차	205,000	-3,500	-1.68	-29.07
9	기아	83,900	-1,600	-1.87	-17.75
10	셀트리온	212,500	-1,500	-0.70	-46.37
11	카카오뱅크	59,100	500	0.85	-37.39
12	크래프톤	540,000	55,500	11.46	-0.74
13	POSCO	274,500	500	0.18	-33.62
14	KB금융	55,900	100	0.18	-6.52
15	현대모비스	241,500	-3,500	-1.43	-40.37
16	SK텔레콤	309,500	0	0.00	-8.84
17	삼성물산	111,000	-3,000	-2.63	-30.63
18	SK이노베이션	222,500	-2,000	-0.89	-32.06
19	신한지주	37,250	-200	-0.53	-13.87
20	LG전자	117,500	-2,000	-1.67	-39.12

◆ 2021년 11월 24일 시가총액 상위 20개 종목의 주가 ◆

시총	종목명 2021-11-24	현재가(원) (A)	대비(원)	대비(%)	52주최고대비 등락률(%)
1	삼성전자	74,800	-500	-0.66	-22.73
2	SK하이닉스	119,500	500	0.42	-20.60
3	NAVER	395,000	-5,000	-1.25	-15.05
4	삼성바이오로직스	849,000	-6,000	-0.70	-18.91
5	카카오	124,500	0	0.00	-28.03
6	LG화학	747,000	7,000	0.95	-28.86
7	삼성SDI	730,000	-7,000	-0.95	-11.84
8	현대차	212,000	-3,000	-1.40	-26.64
9	기아	83,400	-300	-0.36	-18.24
10	카카오뱅크	64,700	-200	-0.31	-31.46
11	셀트리온	211,000	-500	-0.24	-46.75
12	크래프톤	509,000	4,000	0.79	-12.24
13	POSCO	280,500	-6,000	-2.09	-32.16
14	KB금융	57,600	500	0.88	-3.68
15	현대모비스	243,000	-1,000	-0.41	-40.00
16	SK텔레콤	309,500	0	0.00	-8.84
17	삼성물산	115,000	-500	-0.43	-28.13
18	LG전자	128,500	500	0.39	-33.42
19	SK이노베이션	219,000	-500	-0.23	-33.13
20	신한지주	37,750	450	1.21	-12.72

◆ 2021년 11월 30일 시가총액 상위 20개 종목의 주가 ◆

시총	종목명 2021-11-30	현재가(원) (A)	대비(원)	대비(%)	52주최고대비 등락률(%)
1	삼성전자	71,300	-1,000	-1.38	-26.34
2	SK하이닉스	114,000	-2,000	-1.72	-24.25
3	NAVER	381,000	-5,500	-1.42	-18.06
4	삼성바이오로직스	889,000	5,000	0.57	-15.09
5	카카오	122,000	-1,000	-0.81	-29.48
6	LG화학	694,000	-18,000	-2.53	-33.90
7	삼성SDI	688,000	-21,000	-2.96	-16.91
8	현대차	195,500	-5,000	-2.49	-32.35
9	기아	77,800	-1,400	-1.77	-23.73
10	카카오뱅크	65,600	-4,700	-6.69	-30.51
11	셀트리온	207,000	-5,500	-2.59	-47.76
12	크래프톤	503,000	-7,000	-1.37	-13.28
13	POSCO	261,000	-3,500	-1.32	-36.88
14	KB금융	52,800	-2,500	-4.52	-11.71
15	SK바이오사이언스	280,500	3,500	1.26	-22.51
16	현대모비스	220,500	-6,500	-2.86	-45.56
17	삼성물산	105,500	-2,000	-1.86	-34.06
18	LG전자	115,500	-4,000	-3.35	-40.16
19	SK	259,500	5,000	1.96	-28.02
20	SK이노베이션	194,500	-10,000	-4.89	-40.61

시장의 에너지를 각도로 전환시키기

실전에서는 일단 시장을 구분해서 자신의 투자호흡과 자금의 성격을 규정하고 자신이 잘 아는 섹터에 연결되는 종목부터 하나하나 매매해보면서 실전에서 내가 아는 지식과 그 대상종목이 움직이는 변동성과 특징을 습득하는 노력을 해야 한다.

그 과정에서 기술적 분석과 기본적 분석이 기초토대를 이룬다. 하지만 그것만 갖고는 시장이라는 괴물과 싸우기엔 역부족이니 복잡계 사고를 통한 투자 세상을 보는 훈련을 통해서 실전내공을 키우는 작업을 해야 한다.

그 시작점으로 투자세상을 8가지 세상으로 나누는 작업부터 해야 하는데, 그 기준에는 각도-에너지라는 개념이 도입된다. 불교에서는 팔정도가 있듯이 투자 세상에서는 8가지 세상이 있다. 여기서 세상을 8가지로 구분해서 보는데 그 기준은 각도로 세분화시키고, 상장되어 있는 종목은 일단 8가지 세상으로 구획을 짓고 나누어서 판단해보는 것이다.

'각도와 상승률-하락률의 근사치'는 오른쪽 페이지 위의 그림을 참조하면 된다. 즉 8개 세상으로 나눠서 그 속에 속해 있는 종목의 특징을 조사해보는 것이다. 상승종목과 하락종목에서 군집현상을 보이는 것이 생기는데 2021년 10월 13일 기준부터 상승각도 종목을 조사해보면 외국인이 SK하이닉스를 매수로 전환하면서 시스템반도체-차량용반도체의 종목이 상승각도에 자주 조사되고 그 흐름이 하나의 주도주 물줄기를 만들어내는 것을 경험할 수가 있었다.

◆ 각도와 상승률 - 하락률의 근사치 ◆

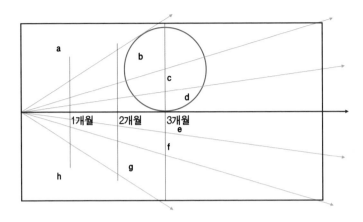

◆ 각도이론 _ 각도와 비율 ◆

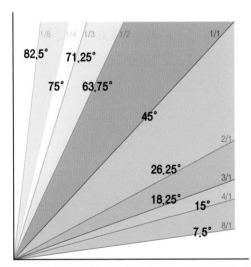

[82.5도, 75도, 71.25도, 63.75도, 45도, 26.25도, 18.25도, 15도, 7.5도]

◆ 상승률기준 시스템로직 ◆

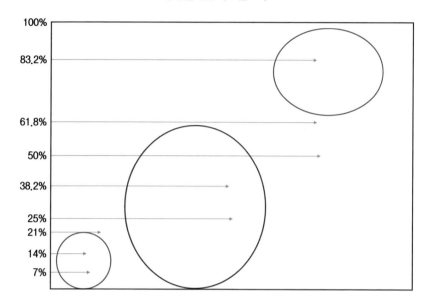

◆ 하락률기준 시스템로직 ◆

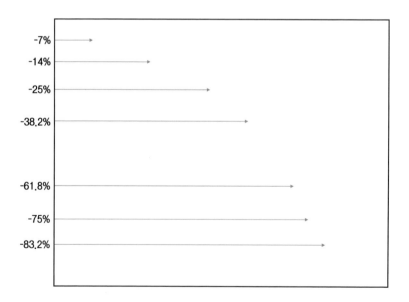

이렇게 시장의 에너지를 각도로 전환시키고 여기에 뉴턴의 3법칙과 열역학법칙을 접목시켜서 시장의 흐름을 생각해보자.

뉴턴의 운동 제1법칙은 '관성'이다. 외부로부터 물체에 어떤 힘이 작용하지 않는 한, 그 물체가 자신의 운동 상태를 계속해서 유지하려고 하는 성질이 바로 '관성'이다. 예를 들어, 정지해 있는 물체는 계속해서 정지해 있으려 하고, 운동하고 있는 물체는 계속해서 일정한 속력으로 운동하려고 한다.

뉴턴의 운동 제2법칙은 '힘과 가속도'이다. 물체의 운동 상태는 물체에 작용하는 힘의 크기와 방향에 따라 변하는데, 이와 같은 운동 상태의 변화(속도의 변화)를 가속도라고 한다. 즉 물체에 힘이 작용하면 물체는 그 힘에 비례해서 가속도를 갖게 된다. 축구공을 세게 차면 빠른 속도로 날아가고, 약하게 차면 천천히 날아가는 것을 그 예로 볼 수 있다.

뉴턴의 운동 제3법칙은 '작용과 반작용'이다. 밀고 당기는 힘은 두 물체 사이에 일어나는 상호 작용을 말한다. 두 물체가 서로 밀 때, 두 물체가 서로에게 작용하는 힘의 크기는 같지만 방향은 반대가 된다. 이때 한쪽 힘은 작용, 다른 쪽 힘은 반작용이라고 한다.

우리에게 만유인력의 원리로 알려진 내용인데 뉴턴이 1687년 출판한 저서로, 원래 제목은 『자연철학의 수학적 원리(Philosophiae Naturalis Principia Mathematica)』이다. '만물은 서로 끌어당기는 힘을 가지고 있다'는 만유인력의 원리를 세상에 처음으로 널리 알린 것으로 유명하다.

시장에 참여하는 투자자들의 생각의 에너지가 관성-가속도-작용

반작용의 에너지를 만들어내기도 하고, 종목과 종목 간의 연결고리가 서로 관성-가속도-작용 반작용의 에너지를 만들어내기도 한다. 그것이 만들어내는 시점을 추적하고 변화의 변곡점을 찾아내는 노력을 하다 보면 아주 효과적인 투자원칙과 기준을 수립할 수 있다.

아래 그림과 '각도이론'이라고 이름 지어진 개념에서 나온 37쪽 아래의 그림을 비교해보자. 만유 인력의 원리를 세상에 처음으로 널리 알린 것으로 유명하다.

질량을 시가총액의 크기로 생각해서 접근해보고, 힘을 매수세와 매도세의 수급으로 접근해보기 바란다.

잡아당기는 힘을 재료(호재와 악재)로 생각하고, 그때 형성되는 에너지는 잡아당기는 힘에 반대되는 힘이다. 이때 마치 물속에 질량이 큰 종목을 급격하게 밀어버릴 때 그 에너지가 약해지면 부력이 생겨서 급격하게 튀어오르는 현상을 경험한다. 이런 현상을 주식시장에 접목해서 시가총액 차이와 그 대상종의 수급에너지 변화, 실적에너

◆ 상대속도 _ 질량(시가총액)과 힘(수급·실적·매출액) ◆

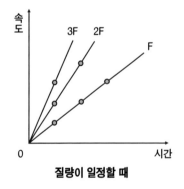

질량이 일정할 때

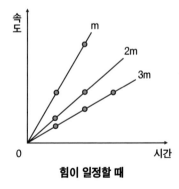

힘이 일정할 때

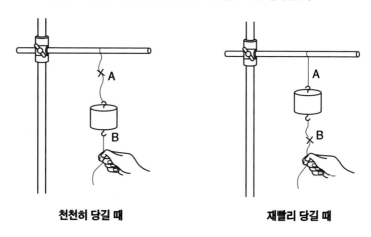

◆ 기계알고리즘 설계 _ 작용 _ 반작용 _ 기계알고리즘 롱-숏전략 ◆

천천히 당길 때　　　　　　　**재빨리 당길 때**

지의 변화, 매출액의 증가·감소의 변화율 등을 고려해서 같은 모멘
텀에 상승률 속도 혹은 하락률 속도의 차이를 체크해보는 것이다.

　시가총액 상위종목 중심으로 급락에너지가 나오면 그 급락 에너
지의 속도 관성을 측정하고 언제 작용 반작용의 에너지도 나타날 것
인지 체크해보는 기준을 각도로 계산해서 측정해보는 작업도 해보라
는 것이다. 수치적-통계적 접근으로 해보면 각각 개인차로 나타나는
공포와 탐욕의 문제점도 해결할 수가 있고, 변동성을 이용해서 차익
을 얻는 차익거래의 기회로도 사용할 수가 있다.

　떨어지는 각도와 속도가 나중에 되반등의 에너지로도 작용한다는
것도 생각해보고 얼마의 시간에 얼마의 속도-각도로 하락했는지, 반
대도 마찬가지로 얼마의 시간에 얼마의 속도-각도로 상승했는지 체
크해보는 것이다.

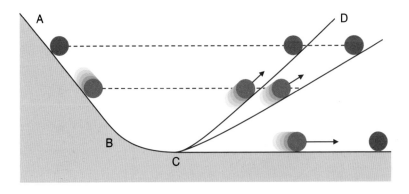

◆ 하락속도 _ 되반등 패턴 ◆

2021년 10~12월부터 나타나는 외국인의 삼성전자-SK하이닉스의 매수에너지가 전개되면서 시스템반도체 관련주의 상승률 속도의 오차를 체크하고 실전매매에 응용해보자. 여기서 모멘텀은 이재용 부회장의 미국 출장 이후 전개되는 미국투자 계획과 정부의 정책결정 과정에서 MSCI선진국지수에 편입하려는 정책을 수립하는 것이 강력한 주가상승에너지의 끌개로 작동하는 것이다.

실제로 삼성전자-SK하이닉스와 관련주의 상승속도를 측정해보면 오른쪽 페이지의 그림과 같다.

분석의 기준은 2021년 10월 12일 종합지수 2901p 급락구간부터 11월 23일 3016p까지 되반등 구간에서 이재용 부회장 미국출장 모멘텀과 외국인의 삼성전자-SK하이닉스 매수 모멘텀이 수치로 보이면서 관련주의 상승률 차이를 측정해본 데이터다.

삼성전자 68,300원에서 11월 23일 76,000원까지 11.2% 상승하는 동안에 SK하이닉스는 10월 13일 90,500원에서 11월 23일 121,000원

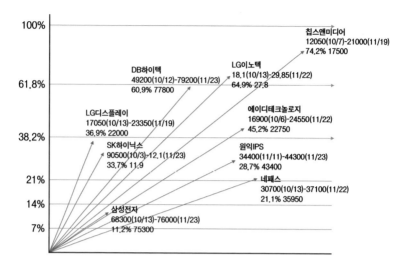

◆ 하락속도 _ 되반등 패턴 ◆

칩스앤미디어
12050(10/7)-21000(11/19)
74.2% 17500

DB하이텍
49200(10/12)-79200(11/23)
60.9% 77800

LG이노텍
18.1(10/13)-29.85(11/22)
64.9% 27.8

LG디스플레이
17050(10/13)-23350(11/19)
36.9% 22000

에이디테크놀로지
16900(10/6)-24550(11/22)
45.2% 22750

SK하이닉스
90500(10/3)-12.1(11/23)
33.7% 11.9

원익IPS
34400(11/11)-44300(11/23)
28.7% 43400

네패스
30700(10/13)-37100(11/22)
21.1% 35950

삼성전자
68300(10/13)-76000(11/23)
11.2% 75300

으로 33.7% 상승하면서 삼성전자 상승률보다 3배 정도 더 상승하는 에너지를 보였고, 가장 강력하게 상승한 종목은 칩스앤미디어로 같은 구간에서 74% 급등했고, DB하이텍은 60.9%, LG이노텍은 64.9% 상승하는 모습을 보였다.

이렇게 삼성전자 상승률 11%를 1로 놓았을 때 SK하이닉스는 3배, 칩스앤미디어는 7배, 원익IPS는 2.8배의 상승률을 보였다. 만약 삼성전자가 20%대로 상승하면 같은 섹터에서 삼성전자 상승률에 2-3-5-10배 상승하는 종목이 무엇인지 찾아보는 것이다.

이렇게 뉴턴의 관성의 법칙, 가속도의 법칙, 작용 반작용의 물리적 법칙을 적용하면서 주식시장에서 연결고리 종목을 찾아내고 그 대상 종목의 같은 구간에 상대속도 오차를 이용해서 실전에서 어느 대상

종목은 매도하고 어느 대상종목은 매수하는 실행능력을 키울 수 있는 것이다.

이런 상대속도의 오차가 생기는 것은 시간의 변수와 인간의 공포와 탐욕이라는 변수가 적용되기 때문이다. 인간의 탐욕과 공포가 만드는 심리적 상황이 '선형적 세상'에서 '카오스적 세상, 비선형적 세상'으로 이동하게 만들고 있는 것이다.

실전에서 각도-에너지의 변화를 측정해보기

실전에서 다음 4종목의 각도-에너지의 변화를 비교해보고 기준점을 어디로 잡는지에 따라 그 에너지가 상승각도-하락각도로 변화되는지 측정해보기 바란다.

삼성전자를 갖고 2020년 10월 30일 56,000원에서 8월 13일 74,400원까지 보면 여전히 상승각도다. 2021년 1월 11일 고점 96,800원을 기준으로 보면 하락각도이고 그것을 에너지로 표현하면 10월 30일 56,000원에서 1월 11일 96,000원까지 상승률 71.4%로, 시가총액 사이즈가 이렇게 큰 종목이 어마무시한 상승률을 보인 것이다.

그런데 8월 13일 74,400원까지 보면 상승률이 32.8%로 급격하게 감소했지만 2020년 저점에 매수한 투자자층은 30%대의 수익율 구간이다. 문제는 2021년 1월 11일 고점 96,800원 기준으로 여기서 매수한 투자층은 마이너스 23.4%로 큰 손실을 보고 있고, 하락각도가 지속적으로 관성의 법칙으로 전개되는 중이라는 것이다.

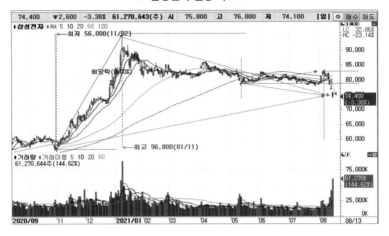

◆ 삼성전자 일봉 차트 ◆

　　그런데 8월 5일 83,300원 기준으로 하락각도가 급격하게 급해지면서 하락률은 10.6%를 보이고 있는데 1월 11일 기준으로 하락률 23.4%의 반 정도 되지만 하락각도가 가속도의 법칙으로 인해 공포수준으로 체감될 정도로 급격해지고 있고, 그 에너지를 보면 외국인의 부정적 보고서가 초기조건이 되면서 외국인을 중심으로 해 삼성전자 중심으로 매도세가 엄청나게 나오고 있어서 공포심은 더 극대화되는 것이다.

　　8월 5일 83,000원 고점으로 매수에서 매도로 전환되면서 8월 11일 1,330만주, 8월 12일 2,200만주, 8월 13일 3,211만주를 매도하니 삼성전자를 보유한 투자자 입장에서는 거의 패닉에 가까운 공포를 느끼게 되는 것이다.

　　그러나 그런 급락파동 속에 실제로 개인투자자는 삼성전자를 8월 11일 1,450만주, 8월 12일 2,100만주, 8월 13일 3,211만주를 대량 매

일자 합계	종가	대비	등락률	거래량	외국인	개인	기관계	투신	사모펀드	금융투자	보험	은행	기타금융	연기금	기타법인	내외국인
					-31,554,30	32,111,108	-1,696,166	-101,866	-16,086	-1,137,265	-106,953	60,552	5,559	-400,107	1,069,431	69,934
21/08/13	74,400 ▼	2,600	-3.38	61,270,643	-31554307	32,111,108	-1,696,166	-101,866	-16,086	-1,137,265	-106,953	60,552	5,559	-400,107	1069431	69,934
21/08/12	77,000 ▼	1,500	-1.91	42,365,223	-22085434	21,104,490	576,169	-34,907	83,886	1,298,738	-141,327	20,465	1,551	-652,227	337,758	67,017
21/08/11	78,500 ▼	1,700	-2.12	30,241,137	-13336605	14,534,117	-1,496,008	-499,671	-151,541	966,311	-240,038	22,634	3,189	-1,596,892	247,235	50,661
21/08/10	80,200 ▼	1,300	-1.60	20,362,639	-4,483,111	5,592,256	-990,164	-320,934	-83,948	40,919	-93,578	5,541	-296	-537,668	-120,808	1,827
21/08/09	81,500	0	0.00	15,522,581	-1,162,573	2,383,113	-1,261,468	-47,546	-14,567	-882,304	10,455	28,478	2,500	-358,384	43,774	-2,846
21/08/06	81,500 ▼	600	-0.73	13,342,623	-405,255	411,758	-50	44,658	-8,014	103,584	-14,662	3,443	-194	-128,865	-6,991	-62
21/08/05	82,100 ▼	800	-0.97	18,485,469	-1,025,064	-935,788	1,697,978	160,400	-35,902	1,527,268	2,822	19,350	3,521	10,519	273,577	-10,703
21/08/04	82,900 ▲	1,500	1.84	25,642,368	6,399,857	-9,903,448	3,564,648	314,204	503,865	2,818,514	-56,153	-10,750	-42,186	37,154	-38,167	-22,890
21/08/03	81,400 ▲	2,100	2.65	24,339,360	7,751,064	-8,806,426	1,611,103	101,532	313,740	1,017,454	110,865	-7,221	28,819	36,894	462,269	-18,010
21/08/02	79,300 ▲	800	1.02	11,739,124	-1,195,783	-1,378,552	2,594,778	-95,424	154,070	2,685,958	40,695	-4,750	-5,332	-180,499	-18,237	-2,206

수하면서 실제 이 개인이 일반 개인투자자가 맞는지 의심이 들 정도로 외국인 매도수량을 그대로 받아내는 엄청난 매수에너지를 보여주고 있다.

삼성전자의 하락각도-상승각도를 2020년 10월 30일 기준, 2021년 3월 9일, 5월 13일, 7월 9일 등등 기준점을 이동해가면서 체크해보기 바란다. 이런 작업을 통해 보는 감각과 기준이 달라지는 것을 느끼게 될 것이다.

또한 8월 13일과 그로부터 한 달이 지난 9월 17일 삼성전자의 각도변화를 추적해보는 것이다.

8월 20일 72,500원 저점을 형성하고 투자 심리는 더 악화되고 주변 상황으로는 미국의 테이퍼링 불확실성과 중국의 헝다그룹 파산 가능성으로 홍콩증시가 급락하는 등 어수선한 가운데 삼성전자는 8월 30일부터 외국인 매도에너지가 매수에너지로 전환되는 모습을 실전에서 보이고 있다. 실제적으로 삼성전자의 외국인 매도전환은 2020년 12월 7일부터 시작해서 2021년 8월 30일까지 지속적으로 추세매도했는데 그 규모는 다음과 같다.

◆ 삼성전자 일봉 차트 ◆

아래의 삼성전자 투자자 동향을 보면 2020년 12월 7일부터 2021년 8월 30일까지 삼성전자를 외국인은 28.8조 매도, 연기금은 11.6조 매도하는 구간에서 개인투자자가 43.6조 매수하는 에너지를 보였고 투신, 금융투자, 사모펀드도 매도하는 모습을 보인 것을 앞의 데이터를 갖고 확인할 수 있다.

◆ 삼성전자 투자자 동향 _ 외국인 매도전환 ◆

일자 합계	종가	대비	등락률	거래량	외국인	개인	기관계	투신	사모펀드	금융투자	보험	은행	기타금융	연기금 등	기타법인
					-288,195	436,604	-161,061	-19,669	-4,219	-4,346	-15,687	-657	425	-116,908	11,152
21/09/17	77,200 ▲	1,100	1.45	16,289,502	3,311	-1,423	-1,899	434	272	-1,441	-159	5		-1,011	11
21/09/16	76,100 ▼	900	-1.17	13,067,622	464	1,713	-2,221	-102	24	-1,495	-211	5	-2	-441	37
21/09/15	77,000 ▲	400	0.52	12,829,128	1,908	-1,166	-727	20	118	-445	-144	-1	-6	-279	-3
21/09/14	76,600 ▲	300	0.39	18,167,057	3,190	-4,776	1,613	415	-8	2,141	-97	-2	6	-842	-21
21/09/13	76,300 ▲	1,000	1.33	11,397,775	1,582	-2,499	1,060	70	101	1,178	122	-2	-2	-408	-138
21/09/10	75,300	0	0.00	10,103,212	-1,307	304	1,004	86	4	1,590	-22	-3	7	-657	-8
21/09/09	75,300 ▼	1,000	-1.31	17,600,770	1,161	2,070	-3,427	284	15	-3,252	126	4	-5	-600	190
21/09/08	76,300 ▲	200	0.26	11,798,147	1,134	-910	-247	92	144	129	-11		-1	-599	25
21/09/07	76,100 ▼	1,200	-1.55	13,239,401	-2,213	3,811	-1,419	-98	-5	-857	-28	10	-3	-438	-196
21/09/06	77,300 ▲	700	0.91	12,861,180	1,359	-1,334	38	7	76	-173	-23	82	36	31	-57
21/09/03	76,600 ▲	300	0.79	12,096,419	2,484	-1,395	-1,169	17	3	-178	-111	-4	-52	-844	82
21/09/02	76,000 ▼	800	-1.04	15,347,486	857	1,226	-2,041	-95	7	-1,268	-217	9		-539	-49
21/09/01	76,800 ▲	100	0.13	16,114,775	823	-673	-176	56	4	-170	-200	-5	9	130	22
21/08/31	76,700 ▲	2,100	2.82	24,630,370	4,733	-2,823	-2,016	77	191	-1,539	-116	-34	6	-601	106
21/08/30	74,600 ▲	300	0.40	12,686,999	-1,038	735	330	-4		410	-25	32	39	-186	-32
21/08/27	74,300 ▼	300	-0.40	15,172,748	-2,494	22	2,329	90	12	2,484	-13	53	12	-319	139
21/08/26	74,600 ▼	1,100	-1.45	16,571,494	-1,285	1,901	-741	-33	-2	-481	-9	8	-27	-198	125
21/08/25	75,700 ▲	100	0.13	22,319,664	33	1,081	-1,008	-61	-4	-256	-78	-41	-8	-581	-116
21/08/24	75,600 ▲	2,300	3.14	21,016,913	-141	-860	955	228	184	587	71	-61		-48	30

그런데 아직 추세매수인지는 잘 모르겠지만 아래의 데이터에서 보듯 2021년 8월 31일부터 삼성전자에 대한 외국인 매수에너지가 진입하고 있다.

◆ **2021년 8월 31일부터의 삼성전자 시장 수급 동향 _ 외국인 매수에너지** ◆

일자 합계	종가	대비	등락률	거래량	외국인 19,487	개인 -7,874	기관계 -11,639	투신 1,321	사모펀드 948	금융투자 -5,779	보험 -1,090	은행 65	기타금융 -7	연기금 등 -7,037	기타법인 1
21/09/17	77,200 ▲	1,100	1.45	16,289,502	3,311	-1,423	-1,899	434	272	-1,441	-159	5		-1,011	11
21/09/16	76,100 ▼	900	-1.17	13,067,622	464	1,713	-2,221	-102	24	-1,495	-211	5	-2	-441	37
21/09/15	77,000 ▲	400	0.52	12,829,128	1,908	-1,166	-737	20	118	-445	-144	-1	-6	-279	-3
21/09/14	76,600 ▲	300	0.39	18,167,057	3,190	-4,776	1,613	415	-8	2,141	-97	-2	6	-842	-21
21/09/13	76,300 ▲	1,000	1.33	11,397,775	1,582	-2,499	1,060	70	101	1,178	122	-2	-2	-408	-138
21/09/10	75,300	0	0.00	10,103,212	-1,307	304	1,004	86	4	1,590	-22	-3	7	-657	-8
21/09/09	75,300 ▼	1,000	-1.31	17,600,790	1,161	-2,070	-3,427	284	15	-3,252	128	4	-5	-600	190
21/09/08	76,300 ▲	200	0.26	11,798,147	1,134	-910	-247	92	144	129	-11		-1	-599	25
21/09/07	76,100 ▼	1,200	-1.55	13,239,401	-2,213	3,611	-1,419	-98	-5	-857	-28	10	-3	-438	-195
21/09/06	77,300 ▲	700	0.91	12,861,180	1,359	-1,334	38	7	78	-173	-23	82	36	31	-57
21/09/03	76,600 ▲	600	0.79	12,096,419	2,484	-1,395	-1,169	17	3	-178	-111	-4	-52	-844	82
21/09/02	76,000 ▼	800	-1.04	15,347,486	857	1,226	-2,041	-35	7	-1,268	-217	9		-538	-49
21/09/01	76,800 ▲	100	0.13	16,114,775	823	-673	-176	56	4	-170	-200	-5	9	130	22
21/08/31	76,700 ▲	2,100	2.82	24,630,370	4,733	-2,823	-2,016	77	191	-1,539	-116	-34	6	-601	106
21/08/30	74,600 ▲	300	0.40	12,686,999	-1,038	735	330	64	-4	410	-25	32	39	-196	-32
21/08/27	74,300 ▼	300	-0.40	15,172,748	-2,494	22	2,329	90	12	2,484	-13	63	12	-319	139
21/08/26	74,600 ▼	1,100	-1.45	16,871,494	-1,285	1,901	-741	-33	-2	-481	-9	8	-27	-198	125
21/08/25	75,700 ▲	100	0.13	22,319,664	33	1,081	-1,008	-61	-4	-256	-78	-41		-561	-116
21/08/24	75,600 ▲	2,300	3.14	21,016,913	-141	-860	955	228	184	587	71	-61	-6	-48	30

같은 기간에 외국인이 전체시장에서 어떻게 매매했는지 비교해보면 큰 직관을 얻을 수 있다.

◆ **2021년 8월 31일 시장 수급 동향** ◆

구분		외국인	개인	기관계	투신	사모펀드	금융투자	보험	은행	기타금융	연기금 등	기타법인
거래소	순매수	-332,638	738,913	-377,845	-56,892	-42,438	15,222	-46,483	-14,146	-9,203	-223,906	-30,997
	매도	5,505,891	20,246,251	5,473,257	419,452	242,127	1,717,527	200,106	25,849	21,345	2,846,852	282,562
	매수	5,173,253	20,985,164	5,095,411	362,559	199,689	1,732,749	153,623	11,703	12,142	2,622,946	251,565
코스닥	순매수	-2,558	104,420	-57,343	-10,035	-26,782	-7,397	-802	-1,707	-10,034	-587	-44,120
	매도	2,056,017	19,665,280	635,383	141,230	112,857	256,524	26,618	3,633	13,031	81,491	155,308
	매수	2,053,460	19,769,700	578,040	131,195	86,075	249,127	25,817	1,926	2,997	80,904	111,188
선물	순매수	-49,014	6,668	44,757	16,027		29,114	-1,456	65	-230	1,237	-2,411
	매도	35,478,524	11,198,998	4,971,249	1,203,536		3,117,712	154,144	31,799	26,409	437,650	1,120,192
	매수	35,429,510	11,205,666	5,016,006	1,219,563		3,146,826	152,688	31,864	26,179	438,887	1,117,781

전체 시장에서 외국인은 2020년 12월 7일부터 2021년 8월 30일까지 33조를 매도하고 그 33조 중에 삼성전자만 28.8조 매도한 것이다. 같은 기간에 개인투자자 전체 시장에서 73.8조 매수했고, 삼성전자는 43.6조를 매수한 것을 알 수 있다.

◆ 2021년 9월 17일 시장 수급 동향 ◆

구분		외국인	개인	기관계	투신	사모펀드	금융투자	보험	은행	기타금융	연기금 등	기타법인
거래소	순매수	18,406	4,880	-26,793	3,416	1,902	-15,056	-1,164	-164	-308	-15,421	3,536
	매도	434,092	1,187,449	355,890	26,988	17,142	109,058	13,027	762	909	188,005	14,091
	매수	452,498	1,192,329	329,097	30,404	19,044	94,002	11,863	598	601	172,584	17,627
코스닥	순매수	359	11,632	-9,164	-1,614	-2,437	-2,048	-780	-89	-327	-1,868	-2,838
	매도	179,491	1,342,719	52,604	12,826	10,899	18,822	2,559	179	526	6,794	10,623
	매수	179,850	1,354,351	43,440	11,212	8,462	16,774	1,778	89	199	4,926	7,785
선물	순매수	4,099	-5,140	-2,097	-2,066		3,538	-3,335	107	150	-491	3,138
	매도	3,493,779	1,097,610	581,155	144,571		395,664	46,291	2,095	2,272	30,261	42,841
	매수	3,497,878	1,092,470	579,058	142,505		359,202	42,956	2,203	2,422	29,770	45,979

그런데 2021년 8월 31일부터 무엇인가 변화의 바람이 불었는지 위의 데이터로는 외국인이 8월 31일에서 9월 17일까지 전체시장에서 1.8조 매수했는데 그중에 삼성전자 매수는 1.9조로 전체시장에서 매수한 규모보다 삼성전자 단일 종목을 매수한 에너지가 더 크게 나타났다.

그런 가운데 삼성전자, SK하이닉스를 지속적으로 매도하는 구간에 2020년 12월 말부터 시장을 주도한 네이버, 카카오의 상승각도와 흐름은 다른 모습을 보이고 있다.

종목은 카카오로, 전혀 다른 모습을 보여준 종목이다. 삼성전자, SK하이닉스, 현대차, 현대모비스, 셀트리온 등의 종목이 1월초 고점에서 하락파동이 지속되는 동안에 카카오와 네이버는 시장을 주도하면서 종합지수 상승률을 능가하는 강한 상승에너지를 보였다. 카카

◆ 카카오 일봉 차트 ◆

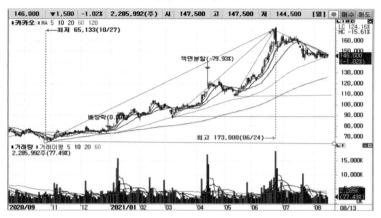

오는 2020년 10월 27일 저점 65,100원 기준으로 2021년 6월 24일까지 173,000원까지 무려 165%의 상승률을 보이고 있다.

카카오는 3월 9일 87,200원 기준으로는 고점까지 98.3% 상승, 5월 13일 108,000원 기준으로는 고점까지 60.1% 상승하다가 6월 24일 173,000원을 기준으로는 8월 13일 146,000원까지 하락률 15.6%로 이제는 하락각도로 전환된 모습을 보이고 있다.

개인적으로 블랙록이 5% 이상 매수를 신고한 후 15만원 이상에서는 카카오를 매매대상에서 제외시켜드리고 그 구간에 카카오게임즈로 집중해드렸는데, 이제는 카카오게임즈도 10만원 돌파시점에서는 상대수익율 게임-가성비개념으로 매도하고 다른 종목에 집중하는 전략을 수립해드렸다.

카카오게임즈의 상승각도-하락각도 에너지를 구간별로 체크해서 비교해보기 바란다.

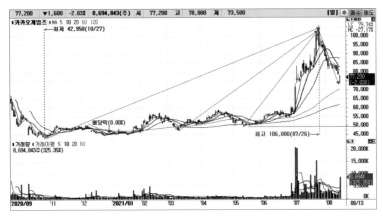

◆ 카카오게임즈 일봉 차트 ◆

카카오게임즈도 2020년 10월 27일 저점 42,950원 기준으로 2021년 7월 26일 고점 106,000원까지 상승률 147%를 기록하는 기염을 토했다.

카카오가 지속적으로 상승하는 동안에 카카오게임즈는 7월초까지 4만원과 6만원 사이의 박스권 움직임을 보이다가 7월초부터 급등하는 양상을 보였다. 시간대별 상대속도 개념이 무엇인지 실전에서 경험할 수 있었다.

같은 구간에서 A종목 투자에서 얻는 수익율보다 B종목을 투자해서 얻는 수익율이 상대적으로 클 가능성이 높은 경우 A를 매도해서 B종목으로 이동하는 전략을 가성비전략이라고 표현한다. 이것은 상대속도를 이용하는 매매기법인데, 실전에서 6월에 카카오 15만원 돌파 시 '더 상승하는 건 남 드세요' 마인드로 매도하고 카카오게임즈를 5만원대 초입에 매수해서 10만원 돌파까지 투자전략을 집중해드렸던 것이다.

'매매하지마 기준'을 세우는 것이 중요하다

어느 종목은 어느 가격부터 '매매하지마' 기준을 세우는 것이 실전 투자에서는 아주 중요하다. 생존전략으로 누구나 다 이구동성을 좋다고 이야기하는 수준에서 반대의 현상이 나타나는 상황이 비일비재하고 그것을 맞출 수 없다는 것이 가장 큰 문제다.

일부 종목은 내가 매도 기준을 세운 가격 이상으로 더 상승하는 경우도 있다. 그런데 그것에 연연하지 말아야 한다. 각인효과로 그것이 더 많은 것 같지만 실제 시장에서 내가 잘 매도한 것은 잊어버리기 쉽고, 다른 종목으로 이동하는 순간에 뇌구조는 내가 매도하고 나온 성공한 종목은 잊어버리게 하고, 새롭게 투자한 종목에 집중하게 한다. 혹은 내가 매도했는데 더 상승한 종목에 더 심리적 압박감을 받으면서 잘못된 의사결정을 후회하게 하고 본인이 세운 매도기준의 틀을 수정하거나 매도 기준이 왔는데도 의사결정을 미루는 실수를 하게 한다.

그렇다면 '매매하지마' 기준을 어떻게 세우느냐 하는 부분이 남는데, 실전투자에서 이 부분은 절대법칙이 없다. 투자자 각자가 자신만의 매매하지마 기준을 수립하고 그 시스템구조를 실전에서 철저히 지켜나가면서 구좌를 어느 목표선까지 달성할 동안 실천하는 것이 중요하다.

오른쪽 페이지의 내용은 필자가 개인적으로 세운 '매매하지마 기준'인데, 이것을 참고해서 각자의 매매하지마 기준을 반드시 만들어서 실천해보기 바란다.

◆ '매매하지마' 기준 ◆

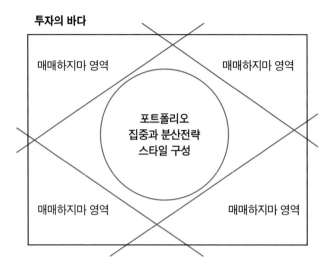

◆ '매매하지마' 기준 ◆

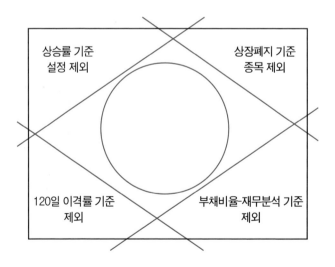

상승률 기준은 다음과 같이 정해 실천하고, 120일 이격은 레벨 1-4까지 정해 실전대응한다.

◆ '매매하지마'의 상승률 기준 ◆

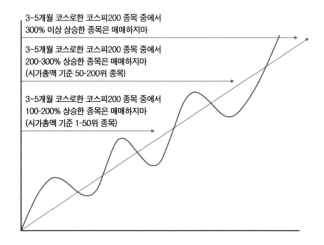

3~5개월 코스로한 코스피200 종목 중에서
300% 이상 상승한 종목은 매매하지마

3~5개월 코스로한 코스피200 종목 중에서
200-300% 상승한 종목은 매매하지마
(시가총액 기준 50-200위 종목)

3~5개월 코스로한 코스피200 종목 중에서
100-200% 상승한 종목은 매매하지마
(시가총액 기준 1-50위 종목)

◆ '매매하지마'의 120일 이격 기준 ◆

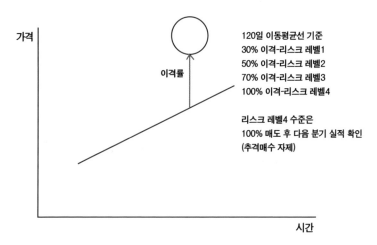

가격

이격률

120일 이동평균선 기준
30% 이격-리스크 레벨1
50% 이격-리스크 레벨2
70% 이격-리스크 레벨3
100% 이격-리스크 레벨4

리스크 레벨4 수준은
100% 매도 후 다음 분기 실적 확인
(추격매수 자제)

시간

수익금이 생기면 정신적 회계 계정으로 창고를 하나 만들어서 수익이 생길 때마다 시간여행 대상종목을 매수해서 주식으로 저축한다는 감각으로 매매하지 않고 묻어둔다. 일단 묻어두는 기간을 3년을 기준으로 하고, 3년에 한 번씩 창고에 묻어둔 종목을 점검해서 목표 달성한 것은 매도해서 제외시키고, 목표가 오지 않은 종목은 3년이 지난 후에 다시 점검하는 방식으로 대응한다.

중심종목은 저점매수전략을 기준으로 대응하는데, '주가가 쌀 때 매수해서 비싸게 매도한다'는 원칙을 철저히 지키면서 대응한다. 여기서 기본철학은 '역발상전략'으로, 바닥권기준과 패턴을 만들어서 그 기준과 패턴을 보이는 종목만 골라서 매매전략을 수립한다.

시가총액 기준으로는 다르지만 그것도 각자의 투자호흡으로 정하는 것이 바람직하며, 120일 이동평균선 이격 기준으로 레벨 1-4를 정해서 레벨 4수준에 온 정배열 종목은 매매하지 않는 원칙을 지키며, 고점에서 하락률 기준을 만들어서 매수전략을 수립한다. (이 부분은 3장에서 더 구체적으로 다루기로 한다.)

상대속도 전략이란 무엇인가?

상대속도 전략을 설명하다가 매매하지마 기준에 대해 잠시 설명해 드렸는데, 실전트레이딩 전략에서는 상대속도 전략이 자주 사용된다.

카카오가 15만원 이상부터 매매하지마 기준에 진입했고 그 시점에서 상대속도 전략으로 가성비가 더 좋은 카카오게임즈로 매수이동해드린 것도 주가의 가치분석과 모멘텀 분석을 통해서 기준을 설정했지만, 더 중요한 판단기준이 된 것은 대상종목이 포함되어 있는 TIGER BBIG K뉴딜 ETF 덕분이었다고 생각된다.

개인적으로 판단하기에, 앞으로의 투자세상은 롱-숏의 알고리즘 매매가 지배하는 시장이 될 것이다. 내가 매매하는 대상이 편입되어 있는 ETF가 있는가 없는가를 먼저 찾고, 될 수 있는 대로 ETF에 구성성분으로 편입된 종목중심으로 중심종목 매매대상을 선정하는 것이 바람직하다.

필자는 실전투자 시 카카오, 카카오게임즈 투자전략은 두 종목이 기본으로 편입되어 있는 TIGER BBIG K-뉴딜 ETF를 갖고, 주가 위치와 ETF의 편입비중 및 순서를 갖고 판단했다. 그 변화의 움직임과 주가의 흐름을 비교해보자.

7월 2일 기준으로 BBIG ETF에 1등 종목이 카카오이고, 시장을

◆ 7월 2일 BBIG K-뉴딜의 포트 ◆

No	종목코드	종목명	수량(주)	평가금액(원)	비중(%)
1	035720	카카오	555	90,465,000	13.59
2	096770	SK이노베이션	198	58,509,000	8.79
3	035420	NAVER	140	58,450,000	8.78
4	207940	삼성바이오로직스	69	58,029,000	8.72
5	251270	넷마블	412	55,208,000	8.30
6	293490	카카오게임즈	954	55,141,200	8.29
7	006400	삼성SDI	76	53,048,000	7.97

◆ 카카오 일봉 차트 ◆

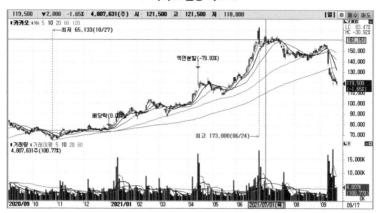

◆ 카카오게임즈 일봉 차트 ◆

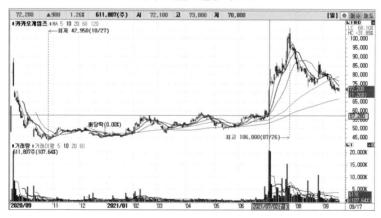

주도하는 상황에 카카오 1등, SK이노베이션 2등, NAVER 3등, 카카
오게임즈가 6등을 차지하고 있는데 그 시점에서의 카카오와 카카오
게임즈의 주가 위치를 비교해보자.

7월 2일 카카오게임즈가 급등하면서 공매도 금지종목으로 지정되었다. 반대로 카카오는 하락파동으로 전환되는 롱-숏의 양상이 변화되는 모습이 나타났다. 여기서 개인투자자가 알아야 하는 부분은 펀드매니저의 의지와 수익율에 대한 열망이 ETF 내에 편입된 종목을 갖고 비중 조절을 하는 롱-숏전략이 등장한다는 것이다.

전체 BBIG K-뉴딜 ETF 100억을 매수하는 속에 카카오가 13% 비중으로 13억이 배분되지만, 대차거래를 통해서 그것보다 더 큰 규모로 매도를 실행할 수 있다. 또한 비중이 적은 대상종목을 매수한 뒤에 시간이 지나면 그 대상종목이 ETF의 비중이 크게 증가한 상황으로 나타나는 경우가 자주 발생한다. 즉 가만 있지 않고 시장의 상황과 개인적 투자판단에 따라 상대속도 전략을 이용한 구성종목의 롱-숏전략이 펀드매니저만 아는 시간과 전략에 의해 운용하는 대상 ETF에 반영된다는 것이다.

따라서 해당 종목에 대한 매수비중이 높은 ETF의 포트변화를 지속적으로 점검해야 하는 작업이 필요하다는 것을 명심하기 바란다.

◆ 7월 20일 BBIG K-뉴딜 ETF의 포트 ◆

No	종목코드	종목명	수량(주)	평가금액(원)	비중(%)
1	035720	카카오	555	87,135,000	12.43
2	293490	카카오게임즈	954	82,521,000	11.77
3	035420	NAVER	140	62,580,000	8.93
4	207940	삼성바이오로직스	69	62,031,000	8.85
5	251270	넷마블	412	57,680,000	8.23
6	006400	삼성SDI	76	56,924,000	8.12

◆ TIGER BBIG K-뉴딜 ETF 일봉 차트 ◆

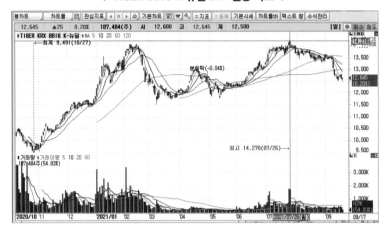

SK이노베이션은 포트비중이나 순위가 낮아지고 카카오게임즈가 1등이 되면서 주가는 고점이 형성된 것을 알 수 있다. 그 시점에 TIGER BBIG K 뉴딜 ETF가 고점을 형성한 것을 체크할 수 있다.

◆ 7월 26일 BBIG K-뉴딜 ETF의 포트 ◆

No	종목코드	종목명	수량(주)	평가금액(원)	비중(%)
1	293490	카카오게임즈	954	95,781,600	13.52
2	035720	카카오	555	82,972,500	11.71
3	035420	NAVER	140	63,280,000	8.93
4	207940	삼성바이오로직스	69	61,617,000	8.70
5	251270	넷마블	412	58,916,000	8.31
6	006400	삼성SDI	76	57,076,000	8.05
7	096770	SK이노베이션	198	52,074,000	7.35
8	326030	SK바이오팜	425	51,850,000	7.32
9	051910	LG화학	60	49,680,000	7.01

1장 시장은 에너지다 **059**

7월 26일을 기점으로 해 TIGER BBIG K뉴딜 지수가 하락하면서 카카오와 카카오게임즈는 본격적으로 조정양상을 보이기 시작하는데, 7월 19일에 거래소에서 K-BBIG 뉴딜 지수선물이 상장되었다. 그 이후 TIGER BBIG K뉴딜 ETF 매수와 TIGER BBIG K뉴딜 지수선물 매도를 합성할 수가 있고, 구성 성분 중에 편입종목을 대차매매해서 공매도를 할 수도 있다. TIGER BBIB K뉴딜 ETF와 카카오, 카카오게임즈를 합성해서 이처럼 다양한 전략을 수립할 수 있는 것이다.

이런 빅데이터의 변화를 동태적으로 추적하면서 매매대상의 종목에 대한 의사결정 확률을 높일 수 있다.

아래 자료는 9월 15일 TIGER BBIG K-뉴딜의 포트이다. SK이노베이션이 분할결정하면서 SK이노베이션이 포트 비중 1등에서 벗

◆ 9월 15일 BBIG K-뉴딜 ETF의 포트 ◆

No	종목코드	종목명	수량(주)	평가금액(원)	비중(%)
1	096770	SK이노베이션	215	55,040,000	8.67
2	012510	더존비즈온	540	54,270,000	8.55
3	251270	넷마블	433	53,692,000	8.46
4	006400	삼성SDI	71	53,605,000	8.44
5	259960	크래프톤	112	53,536,000	8.43
6	035420	NAVER	133	53,532,500	8.43
7	207940	삼성바이오로직스	58	52,954,000	8.34
8	051910	LG화학	71	52,114,000	8.21
9	036570	엔씨소프트	87	52,113,000	8.21
10	068270	셀트리온	197	51,811,000	8.16
11	035720	카카오	413	51,212,000	8.07

어나고 더존비즈온이 1등이 되는 포트를 보고 있다.

아래 자료는 9월 17일 TIGER BBIG K-뉴딜의 포트이다. 이것이 앞으로 어떤 변화를 주는지 추적해가면서 연결종목의 의사결정을 해야 할 것이다.

◆ 9월 17일 TIGER BBIG K-뉴딜 ETF의 포트 ◆

No	종목코드	종목명	수량(주)	평가금액(원)	비중(%)
1	012510	더존비즈온	540	108,500	9.27
2	259960	크래프톤	112	493,500	8.74
3	068270	셀트리온	197	275,500	8.58
4	207940	삼성바이오로직스	58	933,000	8.56
5	035420	NAVER	133	403,000	8.48
6	251270	넷마블	433	122,000	8.35
7	096770	SK이노베이션	215	240,000	8.16
8	006400	삼성SDI	71	725,000	8.14
9	036570	엔씨소프트	87	587,000	8.08
10	051910	LG화학	71	701,000	7.87
11	035720	카카오	413	119,500	7.81

필자는 이것을 동태적으로 추적하는 방법 중 하나로 X-Y축기법을 사용한다. X-Y축기법은 카카오-카카오게임즈의 주가를 X-Y축에 종가로 그려놓고 변화를 읽어내는 것이다. 3개 종목의 흐름을 체크할 때는 X-Y-Z축을 갖고 종가가 만들어내는 삼각형의 변화를 체크해본다. 이 말이 이해되지 않는다면 더존비즈온, 크래프톤, 셀트리온을 63쪽 하단 그림의 이미지를 통해 생각의 훈련을 해보기 바란다.

◆ 더존비즈온 일봉 차트 ◆

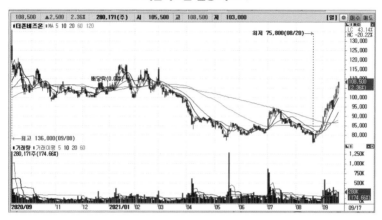

◆ 크래프톤 일봉 차트 ◆

◆ 셀트리온 일봉 차트 ◆

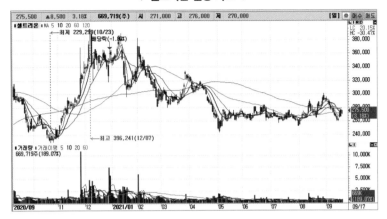

◆ X-Y-Z축 기법(9월 17일) ◆

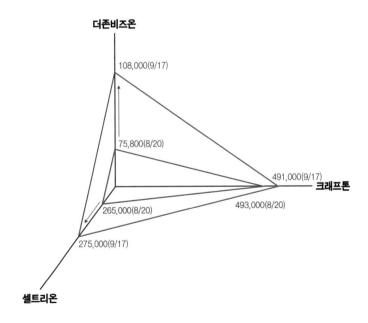

이런 도구를 이용해서 '더존비즈온 매수, 크래프톤 매도, 셀트리온 매매하지마'라는 의사결정을 해드렸다.

이들 그래프와 2021년 10월 7일까지 형성된 주가 흐름을 갖고 그려본 것이 아래 그래프이다. 대부분 9월 17~23일 고점이 형성되고 급락한 모습을 보이면서 삼각형의 크기가 작아지는, 즉 에너지가 축소되는 모양을 보였다.

◆ X-Y-Z축 기법(10월 7일) ◆

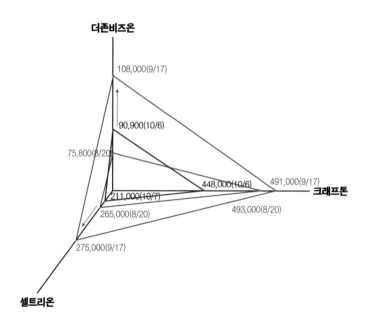

이런 흐름은 앞으로의 투자결정에 아주 중요한 변수로 작동할 것으로 생각된다. 투자에서 내가 선택한 종목이 ○○○ ETF에 편입된 종목을 기본으로 선정해야 하고 동태적으로 그 변화를 추적해서 주

가의 변동성과 ETF 편성순위를 비교해가면서 대응해야 한다는 직관을 제공한다.

또한 앞으로 만들어질 가능성이 높은 ETF를 미리 판단하고 그 ETF에 편입될 대상을 선취매전략으로 대응하는 투자자의 직관이 필요하다. ETF의 대체재가 나오는지도 반드시 추적해야 하고, 그 대체되는 ETF의 대장주는 매매대상에서 제외시키는 결정력도 키워야 한다. 그리고 ETF 내에서 상승탄력성을 고려해서 상대가성비 전략-상대속도 전략을 병행해 투자효과를 극대화하는 투자감각도 계속 키워야 한다.

시장이 점점 고도화되고 세밀화되는 가운데, 인공지능 알고리즘의 변화무쌍한 전략을 빅데이터 조사로 커버하면서 스스로 대응해야만 투자시장에서 생존이 가능할 것이다. 영화 〈매트릭스〉의 세상이 한층 더 앞당겨져 와 있는 느낌이다.

그러면 상대속도 전략은 무엇인가? 이것도 한정된 자원으로 최대의 효과를 노리는 전략으로, 단기간에 각도가 급등한 종목이 조정양상을 보일 경우 그것을 매도해서 다음 대상을 찾는 기준과 전략을 수립하는 것을 상대속도 전략이라고 한다. 이 부분은 실전에서 상대속도 전략으로 매매한 사례를 통해 설명해드리면 상대속도 전략이 무엇인지 알게 될 것이다. 그것을 위해서는 기초적인 이미지가 필요한데, 설명없이 다음 페이지의 그림을 통해 스스로 생각해보기 바란다.

◆ 기하학적 각도 ◆

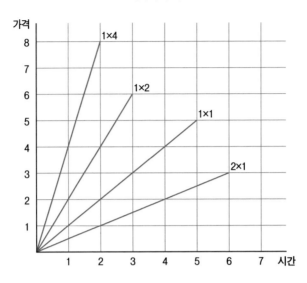

◆ 각도-추세선 ◆

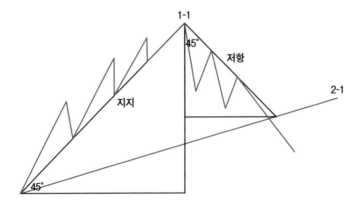

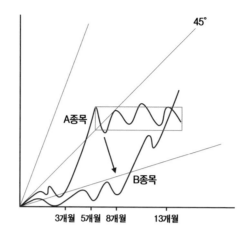

◆ 각도-추세선의 변화 ◆

45°

A종목

B종목

3개월 5개월 8개월   13개월

같은 기간에 같은 속성을 가지고 있거나 연결된 종목이 상승률에 큰 차이가 발생한 경우, 급등한 종목을 비율매도한다(일반적으로 50~70%의 비중을 매도하는 것부터 시작). 급등종목이 어디까지 상승하는지 상승에너지 각도를 측정하면서 60도 이상의 급등각도-카지노각도라고 표현하는데, 52주 최저점에서 상승률과 120일 이격을 갖고 그 위험도를 체크한다.

실전사례로 팅크웨어를 들어보겠다. 팅크웨어를 7,000원대에 집중 매수해서 17,000원부터 비율매도를 시작하면서 22,000원 고점 형성 시에 70% 매도했다. 2만원으로 데드라인을 설정한 것이 붕괴될 시 100% 매도하는 전략을 수립하고 팅크웨어의 대주주인 유비벨록스로 매수이동하는 전략을 실행했는데, 이런 실전매매 전략이 상대속도 전략인 것이다.

◆ 팅크웨어 일봉 차트 ◆

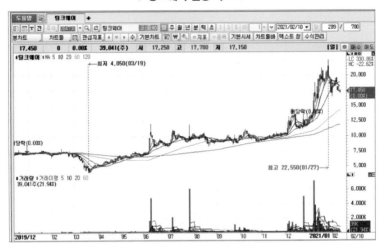

◆ 유비벨록스 일봉 차트 ◆

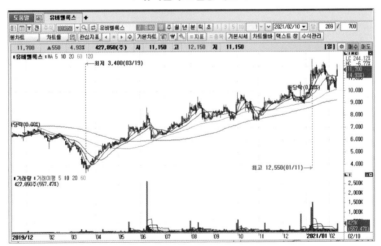

이런 일련의 과정으로 팅크웨어 20,000~22,000원 영역에서 100% 매도완료해서 그 시점에 유비벨록스는 10,000~12,000원 영역에 움직이고 있었는데 이 종목으로 팅크웨어 매도한 것을 상대속도 전략으로 이동해드린 것이다.

그리고 시장의 흐름을 동태적으로 파악할 때 사용하는 도구가 X-Y축 기법이라고 표현하는 방법인데, 경제학 원론에 나오는 대체재와 보완재 개념을 응용해서 실전투자에 사용하는 방법이다.

아래 이미지가 그것을 그린 것인데, 같은 기준점인 2020년 10월 29일 유비벨록스는 7,560원, 팅크웨어는 9,180원의 저점에서 시작해 2021년 1월에 팅크웨어는 145% 상승하는 동안에 유비벨록스는 그 것의 절반 정도도 안 되는 상승률이 나타났다. 상대상승률을 비교해서 가성비전략으로 팅크웨어를 매도해 유비벨록스로 이동하는 실전전략을 수립한 것이다.

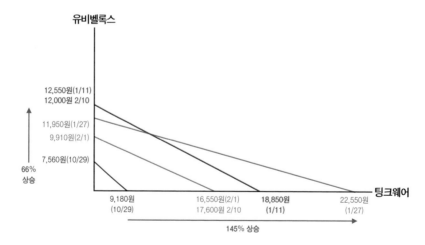

◆ 유비벨록스-팅크웨어 X-Y축 기법 ◆

그 이후 팅크웨어와 유비벨록스의 2021년 9월 위치를 비교해보면 다음과 같다.

◆ 팅크웨어 일봉 차트 ◆

◆ 유비벨록스 일봉 차트 ◆

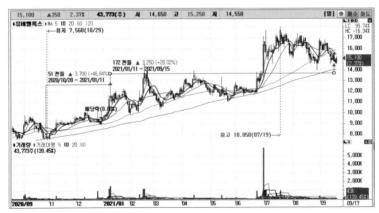

2021년 9월 9일 9월물 선물·옵션동시만기일에 팅크웨어는 15,950원, 유비벨록스 15,100원의 주가 수준이었다. X-Y축 기법을 통해 주가의 위치를 동태적으로 추적하면서 상대속도 전략을 이용해보는 것이다.

2021년 12월 11일 수치를 비교해보면 아래 그림과 같은 추이를 체크할 수 있다.

◆ 팅크웨어 일봉 차트 ◆

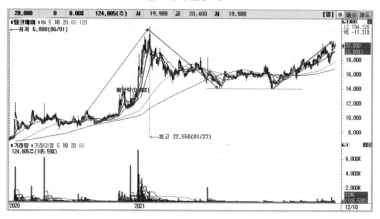

◆ 유비벨록스 일봉 차트 ◆

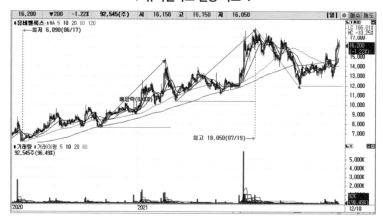

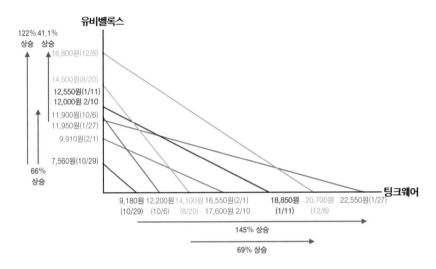

◆ 유비벨록스 - 팅크웨어 X-Y축 기법 ◆

유비벨록스

122% 41.1%
상승 상승

16,800원(12/8)

14,600원(8/20)

12,550원(1/11)
12,000원 2/10

11,900원(10/6)
11,950원(1/27)

9,910원(2/1)

7,560원(10/29)

66%
상승

팅크웨어

9,180원 12,200원 14,100원 16,550원(2/1) 18,850원 20,700원 22,550원(1/27)
(10/29) (10/6) (8/20) 17,600원 2/10 (1/11) (12/8)

145% 상승

69% 상승

이런 기준에는 일정 구간에서의 상승률을 비교하는 상대속도 기준을 사용한다. 120일 이격률과 그 대상종목의 재료가치 대비 주가가 너무 급등했는데 주가가 저평가된 상황인지, 예상되는 매출액과 예상되는 영업이익을 고려해서 현재 매매위치가 높은지 낮은지 판단하는 것이다.

이 부분은 하루 아침에 알 수 없으니 꾸준하게 재무분석의 기본 개념도 숙지해가면서 내가 매매하는 대상종목의 주당순이익, 주당매출액의 성장성을 추적하고 판단하는 작업을 해야 한다는 것이다.

즉 '종합지수가 상승하면 모든 종목이 상승하고 종합지수가 하락하면 모든 종목이 하락한다'는 착각에서 벗어나야 한다. 또한 어느 구간에서 어느 대상종목이 상승에너지-상승각도 추세를 형성하고 주도하는지, 어느 대상종목이 하락에너지-하락각도 추세를 형성하고 주도적으로 하락하는지 데이터를 통해서 집중적으로 체크하는 노력이 더 중요하다.

이런 상대속도 전략을 이용해서 선택해야 하는 과정에서 상승한 종목이 이제부터 하락조정할 것인가 판단하는 부분이 중요하고, 더 중요한 것은 이동한 대상이 매도한 종목보다 더 상승에너지가 더 크게 나와야 한다는 것이다. 실전에서는 정반대로 되는 경우도 자주 발생하기 때문이다. 매도한 대상이 추가 급등하고 이동한 대상은 추가 하락하는 상황이 발생하면 상대속도 전략을 선택한 것보다 보유전략을 유지하는 것이 더 효과적이었기 때문이다.

이런 시행착오가 발생하는 리스크를 감안하더라도 이동대상을 선택할 때 그동안 상승한 에너지를 통해 판단해야 하며, 앞으로 추가 상승할 확률보다 이동할 대상이 더 상승률이 높다는 확신과 가능성이 있을 때 베팅해야 한다.

실제로 2021년 8월 KT가 22,000원대에서 34,000~35,000원 영역에 진입하고 삼성바이오로직스가 90만원대 진입 시 상대속도 전략으로 추가 상승에너지보다 조정 가능성이 높고 다른 대상으로 이동하는 것이 좋을 것 같았다. 그래서 삼성바이오로직스를 매도한 뒤 다음 대상으로 매수이동 전략을 수립해드린 것이다. 이런 상대속도 개념으로 KT-삼성바이오로직스를 집중매도해서 하락각도가 급격하게 형성하고 있는 SK하이닉스-삼성전자로 가성비전략으로 이동하는 전략도 수립해드렸다. 같은 구간에서 상승속도를 비교해보면 직관적으로 알 수가 있다.

KT는 말할 필요가 없는 종목이다. 22,000~23,000원 영역에서 삼성전자를 집중매도해서 KT로 집중이동하는 전략은 2020년부터 2021년 1월까지 각종 방송채널과 자료를 통해서 강조한 전략이다.

◆ KT 일봉 차트 ◆

시간여행 전략으로 KT를 매달 적립식으로 저축하는 투자자들은 그 전략 그대로 밀고 나가지만, KT를 큰 금액으로 투자한 자산가들에게는 삼성전자-SK하이닉스가 급락하면서 가격메리트가 등장한 것이다.

중장기적으로 KT는 5만원도 돌파할 것으로 판단하나 2020년 10월 27일 22,000원 기준으로 7월 23일 35,300원까지 60.4% 상승한 상황이다. 차익실현 매물과 상대속도 기준으로 탄력성이 둔화되는 구간이 어느정도 기간 동안 형성되는지 체크해야 한다. 그 기간 동안에 가성비전략으로 SK하이닉스 및 IT섹터 중에서 낙폭과다 종목 중심으로 매수이동하는 전략이 사용될 수 있는 것이다.

삼성바이오로직스도 비슷한 기준이 설정될 수 있다. 삼성바이오로직스의 일봉 차트를 보자.

◆ 삼성바이오로직스 일봉 차트 ◆

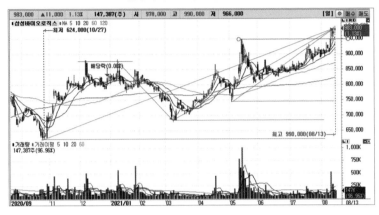

삼성바이오로직스는 이재용 부회장의 법률리스크와 연결되는 삼성물산과 제일모직의 합병과정에서 분식회계 문제가 연결되어 있는 종목이다. 여기서 중요한 판단의 기준은 '매도할 대상은 크게 상승한 위치에 있어야 하고 매수할 대상은 크게 하락한 상황에 있어야 한다'는 것이다.

삼성바이오로직스의 상승모멘텀은 코로나19 확산에 따른 실적상승 모멘텀과 삼성물산 혹은 삼성전자가 보유한 삼성바이오로직스의 거버넌스 가치상승이 나타날 가능성이다. 주가가 90만~100만원까지 상승중인데, 그 반대편에 대표종목인 삼성전자는 지속적인 외국인 매도에너지로 주가가 하락하고 있는 것이다.

삼성바이오로직스 90만원대의 위치와 삼성전자 72,000원대 위치를 보면 상대속도 전략을 선택할 만큼 매수하기에 매력적인 위치에 진입하고 있다고 판단한 것이다. 그래서 KT-삼성바이오로직스를 매도해 삼성전자-SK하이닉스로 매수이동하는 전략을 선택해보는 것이다.

그 결과는 시장이 판단할 것이다. 항상 상대속도 전략을 실행할 때에는 위치가 중요하고, 이동할 대상의 미래 가능성에 반드시 집중해야 한다.

항상 시장을 보는 렌즈에 합리적 기준으로만 보는 한계를 벗어나서 대주주의 이기심을 중요 잣대로 사용해 거버넌스전략 수립 시 참고하라고 필자는 지속적으로 강조하고 있다. 어느 구간에서는 말이 안되는 비합리적 이유가 실제 시장에서는 현실로 나타나는 경우가

◆ SK하이닉스 일봉 차트 ◆

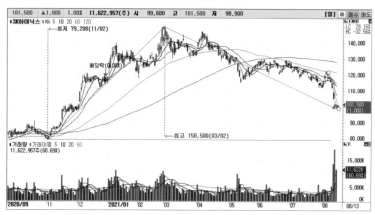

비일비재하기 때문이다.

SK하이닉스의 일봉 차트를 보면 SK하이닉스가 외국계증권사의 부정적 보고서와 D램가격의 하락가능성이 강조되면서 8월에 하락각도가 급격해지고 있다. 외국계의 매도에너지도 엄청나게 나오고 있

◆ SK하이닉스 시장 수급 동향 ◆

는 현실이다.

이렇듯 시장은 에너지로 표현해서 물리적법칙을 실전에 응용하고, 대상종목의 위치에너지를 파악하고, 미래의 변동성과 방향성이 어떻게 전개될 것인지 추정하라. 실제 진행하는 과정과 오차측정을 통해서 매도할 것과 매수할 것을 정해 그것을 실행하는 실전능력을 키워보기 바란다.

이렇게 기준점을 이동해가면서 그 종목의 상승에너지와 하락에너지를 추적하고 그 변곡점을 찾아내는 직관이 실전투자에서는 가장 중요하다고 볼 수 있다. 언제 상승각도에서 하락각도로 전환되는지 추적하고 그 미세한 변화를 상승속도의 증가율-한계탄력성 개념을 갖고 판단해보는 것이다.

주가가 하락할 때도 비슷하다. 영원히 하락하는 것도 주식시장에 없다. 하락추세가 계속 지속되다가 어느 시점부터 하락속도의 증가

율이 감소하면서 하락에서 상승으로 전환되는데 그 구간을 찾아내는 것이 중요하다.

아래 그림은 시장에서 가장 영향력이 큰 삼성전자의 하락각도, 상승각도의 추세선의 흐름을 그려본 것이다. 추세선의 흐름을 그려보는 것은 결코 어렵지 않다. 매매하는 증권사 HTS기능에서 찾아보면

◆ 삼성전자의 상승각도 추세선의 흐름 ◆

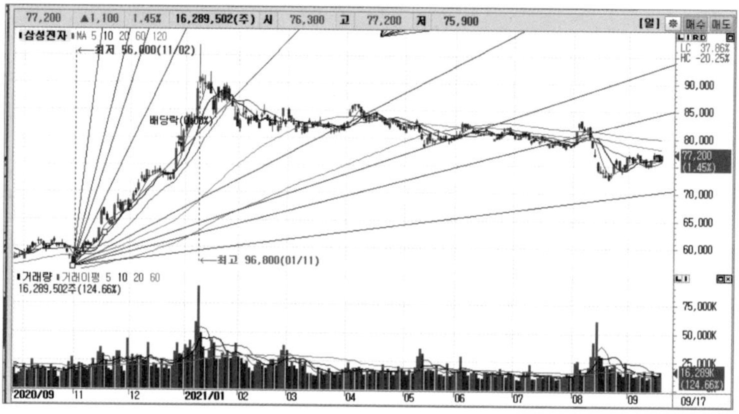

이런 보조기능을 쉽게 찾을 수 있다.

이 차트를 통해 2020년 10월 29일부터 상승추세가 유지되면서 2021년 1월까지 상승추세에너지가 강하게 형성되다가 1월 1일 45도 각도추세선을 무너뜨리는 구간부터 하락추세가 지속된 것을 체크할 수가 있다.

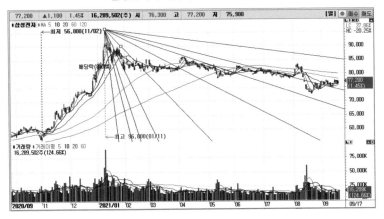

하락추세선도 2021년 8월 20일부터 변화의 흐름이 나타나서 하락
각도 추세흐름에서 상승에너지로 전환시키려는 시도가 나타나는 중
이다.

◆ 삼성전자의 8월 20일부터의 변화의 흐름 ◆

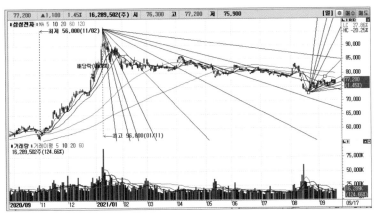

완전하게 하락추세가 상승추세로 전환되려면 의미 있는 고점인 2021년 8월 5일의 83,000원을 돌파하는 상승에너지가 나와야 한다. 일단 외국인의 매도에너지가 매수에너지로 전환되고 있는 것은 긍정적 신호이나 매수에너지 규모가 크지 않으며 주변의 불확실성을 키우는 변수가 너무 많아 아직 하락추세가 완성되고 상승추세로 완전하게 전환되었다고는 할 수 없다.

8월 31일부터 외국인 매도세가 매수세로 전환되었다.

◆ 삼성전자 시장 수급 동향 ◆

외국인의 매수-매도 추이를 추적하는 것이 시장의 흐름을 체크하는 데 가장 중요하다. 코스피200 종목 중에 삼성전자-SK하이닉스가 차지하는 비중이 높기 때문이다.

앞에서도 이 부분은 다루었지만 8월 31일부터 매수로 전환한 외국인이 매수세가 연속적으로 이루어지지 않고 매도로 전환되면서 삼성전자의 주가 흐름에 지대한 영향을 미쳤다는 것이다. 이 부분을 동태적으로 추적하는 것이 중요하다.

◆ 삼성전자 8월 31일~9월 27일 외국인 매수에너지 1조 8,414억 ◆

| 005930 | 삼성전자 | 2021/08/31 | 금액(백만원) | 수량(주) | 수량(천주) | 순매수 | 매수 | 매도 | 평균단가 |

일자	종가	대비	등락률	거래량	외국인	개인	기관계	투신	사모펀드	금융투자	보험	은행	기타금융	연기금 등	기타법인
합계					1,841,463	-874,542	-967,672	99,645	80,925	-484,973	-107,092	5,269	896	-552,341	-296
21/09/27	77,700 ▲	400	0.52	11,699,798	100,597	-95,211	-4,307	-10,565	122	33,992	-10,316	223	-187	-17,576	-886
21/09/24	77,300 ▼	100	-0.13	12,247,274	63,676	-7,183	-58,549	136	5,851	-52,305	-8,584	89	766	-4,301	1,803
21/09/23	77,400 ▲	200	0.26	17,055,590	182,406	-160,632	-19,787	8,861	2,609	-29,305	-4,693	-65	819	1,987	-1,150
21/09/17	77,200 ▲	1,100	1.45	16,289,502	254,224	-109,672	-145,497	33,232	20,939	-110,190	-12,173	997	-1	-77,701	830
21/09/16	76,100 ▼	900	-1.17	13,067,622	35,619	131,008	-169,972	-7,773	1,841	-114,349	-16,157	381	-159	-33,756	2,769
21/09/15	77,000 ▲	400	0.52	12,829,128	147,217	-90,039	-56,756	1,545	9,048	-34,072	-11,115	-104	-430	-21,629	-214
21/09/14	76,600 ▲	300	0.39	18,167,057	245,717	-369,720	125,102	32,101	-573	165,931	-7,515	-132	433	-55,142	-1,593
21/09/13	76,300 ▲	1,000	1.33	11,397,775	120,055	-189,821	80,583	5,332	7,675	89,575	9,288	-152	-114	-31,021	-10,464
21/09/10	75,300	0	0.00	10,103,212	-99,314	22,612	75,542	6,471	320	119,674	-1,693	-251	515	-49,493	-577
21/09/09	75,300 ▼	1,000	-1.31	17,600,770	87,591	155,974	-258,277	21,380	1,163	-245,150	9,656	302	-411	-45,218	14,229
21/09/08	76,300 ▲	200	0.26	11,798,147	86,443	-69,194	-18,962	7,013	10,958	9,780	-812		-106	-45,794	1,928
21/09/07	76,100 ▼	1,200	-1.55	13,239,481	-168,483	280,362	-108,278	-7,448	-389	-65,371	-2,157	760	-198	-33,475	-14,901
21/09/06	77,300 ▲	700	0.91	12,861,180	104,987	-103,167	3,018	565	6,011	-13,285	-1,781	6,362	2,783	2,343	-4,246
21/09/03	76,600 ▲	500	0.79	12,668,419	190,139	-106,787	-89,442	1,291	216	-13,634	-8,463	-270	-3,992	-64,599	6,261
21/09/02	76,000 ▼	800	-1.04	15,347,486	65,302	93,363	-155,376	-2,665	568	-96,373	-16,532	689	23	-41,087	-3,772
21/09/01	76,800 ▲	100	0.13	16,114,775	63,345	-51,702	-13,635	4,283	297	-12,870	-15,348	-381	700	9,683	1,670
21/08/31	76,700 ▲	2,100	2.82	24,630,370	360,041	-214,936	-163,080	5,088	14,468	-117,041	-8,696	-2,580	445	-45,563	7,946
21/08/30	74,600 ▲	300	0.40	12,606,999	-77,226	54,715	24,586	4,759	-282	30,539	-1,823	2,349	2,938	-13,893	-2,401
21/08/27	74,300 ▼	300	-0.40	15,172,748	-185,331	1,511	173,118	6,733	891	184,798	-950	4,675	928	-23,956	10,372

◆ 삼성전자 9월 28일~11월 11일 외국인 매도에너지 3조 2,632억 ◆

| 005930 | 삼성전자 | 2021/09/28 | 금액(백만원) | 수량(주) | 수량(천주) | 순매수 | 매수 | 매도 | 평균단가 |

일자	종가	대비	등락률	거래량	외국인	개인	기관계	투신	사모펀드	금융투자	보험	은행	기타금융	연기금 등	기타법인
합계					-3,263,292	3,348,102	-184,187	55,721	21,985	653,501	-75,279	5,864	1,668	-847,628	89,669
21/11/11	69,900 ▼	300	-0.43	11,489,122	-152,126	158,155	-8,139	-9,295	-22,323	45,851	4,731	175	-16	-27,271	1,949
21/11/10	70,200 ▼	300	-0.43	9,422,009	101,206	-51,176	-50,949	2,316	502	-18,871	-998		-368	-33,530	637
21/11/09	70,500 ▼	100	-0.14	11,159,589	-51,068	-32,143	84,138	-2,490	2,100	119,464	-1,326		114	-33,725	-758
21/11/08	70,600 ▲	400	0.57	11,121,981	-43,635	49,765	-6,299	2,750	-504	16,411	1,625	500	7	-27,077	3
21/11/05	70,200 ▼	400	-0.57	12,667,743	-82,262	146,616	-63,998	-1,999	-522	-31,919	1,192	161	-48	-44,860	-823
21/11/04	70,600 ▲	200	0.28	11,818,987	-5,510	-124,471	138,667	-1,135	5,303	135,613	14,340	212	-14	-13,662	-8,506
21/11/03	70,400 ▼	1,100	-1.54	12,770,428	-72,570	264,495	-197,029	-595	-17,229	-151,237	-6,871	211	299	-21,607	5,092
21/11/02	71,500 ▲	1,600	2.29	16,812,570	146,107	-404,469	259,781	10,825	18,188	233,575	-10,844	15	25	7,996	-190
21/11/01	69,900 ▲	100	0.14	11,503,729	-115,893	-96,204	210,971	2,723	10,862	198,706	4,573		-514	-5,379	936
21/10/29	69,800 ▼	900	-1.27	17,016,151	-126,572	284,227	-166,611	8,836	1,463	-105,215	4,718	1,286	366	-78,065	7,842
21/10/28	70,700 ▲	600	0.86	20,644,902	-170,901	61,961	90,971	31,734	36,626	7,370	1,241	-380	195	13,984	18,152
21/10/27	70,100 ▼	100	-1.41	10,295,316	-149,218	216,393	-70,692	-332	54	-43,738	-1,995	275	-31	-24,935	2,405
21/10/26	71,100 ▲	900	1.28	10,528,252	-38,897	-89,534	128,370	5,567	9,369	106,582	-237	511	54	6,524	-1,169
21/10/25	70,200 ▼	200	-0.28	10,029,621	-111,912	40,506	69,430	608	2,445	78,202	1,259	-99	39	-13,023	2,171
21/10/22	70,400 ▲	200	0.28	8,395,448	-8,998	-45,367	53,636	-2,818	2,665	85,537	174	-48	-12	-31,862	879
21/10/20	70,300 ▼	100	-0.14	10,891,094	7,703	14,316	-13,879	-2,142	346	17,143	-8,817		-917	-19,492	-8,184
21/10/20	70,300 ▼	300	-0.42	10,151,638	18,224	39,281	-58,679	-6,091	67	-8,947	-9,286	14	-39	-34,417	600
21/10/19	70,600 ▲	400	0.57	9,507,991	-30,493	-35,706	64,316	-4,364	-2,997	101,000	1,151	16	12	-30,619	2,407
21/10/18	70,200 ▼	100	0.14	13,486,391	91,041	53,425	-147,373	-1,204	-1,164	-108,696	-2,962	-23	58	-33,382	2,144

◆ 삼성전자 11월 12일~12월 12일 외국인 매수에너지 2조 6,814억 ◆

| 005930 | 삼성전자 | 2021/11/12 | 금액(백만원) | 수량(주) | 수량(천주) | 순매수 | 매수 | 매도 | 평균단가 |

일자	종가	대비	등락률	거래량	외국인	개인	기관계	투신	사모펀드	금융투자	보험	은행	기타금융	연기금 등	기타법인
합계					2,681,452	-2,542,679	-59,398	23,902	90,323	140,709	-25,929	4,493	-12,710	-282,505	-71,769
21/12/10	76,900 ▼	1,300	-1.66	9,155,219	-56,528	138,642	-82,575	-16,729	-8,705	-21,198	-17,087	-748	97	-18,204	119
21/12/09	78,200 ▲	800	1.03	21,604,528	174,398	-130,495	-38,347	-60,979	37,816	124,682	-13,670	-1,318	-816	-104,072	-5,214
21/12/08	77,400	0	0.00	21,558,340	5,466	-197,040	201,540	-11,290	-3,090	238,999	-7,013	-1,381	-811	-13,874	-10,105
21/12/07	77,400 ▲	1,100	1.44	19,232,453	281,213	-231,909	-41,992	10,979	13,752	-33,372	-4,016	-89	-887	-27,695	-6,932
21/12/06	76,300 ▲	700	0.93	16,391,250	192,094	-232,998	44,416	6,152	3,074	10,643	-287	270	-694	25,257	-2,613
21/12/03	75,600 ▼	200	-0.26	16,330,240	-1,343	8,659	-11,132	2,991	1,388	-308,856	-3,095	560	48	17,772	3,702
21/12/02	75,800 ▲	1,400	1.89	23,652,940	511,410	-497,253	-11,812	25,993	-30,371	-18,620	10,575	-2,723	-361	11,696	-486
21/12/01	74,400 ▲	3,100	4.35	21,954,856	437,758	-458,860	30,073	26,249	14,442	-58,066	-513	1,387	302	46,272	-7,246
21/11/30	71,300 ▼	1,000	-1.38	30,364,841	85,878	129,447	-204,868	-8,491	-3,900	-144,091	5,075	-1	-5	-53,456	-11,231
21/11/29	72,300	0	0.00	19,682	-172,780	218,060	16,435	4,188	240,582	-603	-98	-780	-41,664	-5,134
21/11/26	72,300 ▼	1,400	-1.90	13,002,242	-54,082	132,515	-78,399	2,814	-2,345	-52,142	1,052	505	-82	-28,192	-363
21/11/25	73,700 ▼	1,100	-1.47	12,559,258	-34,714	51,437	-13,665	-614	-15,565	175	970	477	299	594	-3,003
21/11/24	74,800 ▼	500	-0.66	15,652,305	118,563	52,432	-170,104	-23,678	4,474	-163,992	-2,363	148	-1,032	16,340	-527
21/11/23	75,300 ▲	400	0.53	22,029,195	380,339	-164,271	-212,058	-14,099	37,034	-199,622	5,666	141	-288	-40,869	-6,969
21/11/22	74,900 ▲	3,700	5.20	27,506,623	428,239	-645,564	225,586	54,539	23,869	140,689	1,378	-2,711	2,035	5,906	-6,079
21/11/19	71,200 ▲	1,000	1.42	11,954,728	22,253	-38,078	15,730	-1,612	703	20,066	842	-248	-1,768	12,751	-823
21/11/18	70,200 ▼	500	-0.71	10,144,957	-51,895	92,570	-40,693	-771	-206	-7,209	-222			-7,608	595
21/11/17	70,700 ▼	600	-0.84	11,027,606	120,021	87,543	-200,036	8,743	6,497	-181,550	2,003	7,478	-8,169	-35,037	4,073
21/11/16	71,300 ▼	100	-0.14	10,919,239	73,510	-54,134	-14,286	8,791	5,804	10,830	-3,501	3,370	-10	-39,570	-5,288

일자 합계	종가	대비	등락율	거래량	외국인 4,599,935	개인 -3,327,178	기관계 -1,238,040	투신 65,243	사모펀드 71,048	금융투자 -528,524	보험 -105,001	은행 -25,977	기타금융 -27,008	연기금 등 -698,621
22/01/07	78,300 ▲	1,400	1.82	15,163,757	340,429	-171,572	-165,044	6,467	11,569	-140,362	6,251	-1,074	2,523	-58,417
22/01/06	76,900 ▼	500	-0.65	12,931,954	170,804	-3,255	-171,751	13,986	-13,284	-106,154	-18,062	-23,282	271	-25,225
22/01/05	77,400 ▼	1,300	-1.65	25,470,640	-45,785	649,420	-598,004	-6,363	-117,518	-382,375	-30,197	-430	135	-61,256
22/01/04	78,700 ▲	100	0.13	12,427,416	112,018	91,959	-206,327	7,151	20,127	-242,045	2,197	858	249	5,136
22/01/03	78,600 ▲	300	0.38	13,502,112	138,671	184,943	-329,792	9,593	-5,273	-278,652	-464	-81	219	-55,133
21/12/30	78,300 ▼	500	-0.63	14,236,700	45,254	186,808	-235,547	37,128	-7,036	-240,577	7,730	395	182	-33,369
21/12/29	78,800 ▼	1,500	-1.87	19,794,795	23,554	455,209	-482,566	11,454	-3,121	-432,231	-17,277	1,008	6	-42,405
21/12/28	80,300 ▲	100	0.12	18,226,325	58,107	-591,587	534,372	1,309	7,636	476,638	22,414	-557	-7,561	34,433
21/12/27	80,200 ▼	300	-0.37	10,783,368	7,255	-187,222	130,184	-1,303	39,466	126,041	3,128	324	-1,165	-35,781
21/12/24	80,500 ▲	600	0.75	12,086,380	34,248	-341,771	303,731	4,415	51,358	257,453	-1,469	-268	-6,856	-902
21/12/23	79,900 ▲	500	0.63	13,577,498	138,575	-288,364	164,568	3,259	15,612	150,609	-3,352	1,479	-710	-10,328
21/12/22	79,400 ▲	1,300	1.66	17,105,892	357,553	-352,756	7,025	1,524	9,281	-10,582	-2,988	-201	-1,061	11,054
21/12/21	78,100 ▲	1,000	1.30	14,245,298	134,361	-360,059	230,535	3,347	19,806	176,204	-9,464	-801	-123	41,567

바로 이것이 필자가 늘 "기승전 삼성전자의 흐름이 시장의 판세를 결정한다"고 강조하는 이유다. 9월 삼성전자가 77,000원을 돌파한 시도가 세 차례나 실패한 결정적 모멘텀이 외국인 매수세가 매도세로 전환된 데 있었다.

따라서 매일 매일 4등분법칙을 이용한 중심가격의 변화를 세밀하게 추적해가면서 삼성전자의 주가 흐름을 면밀하게 체크하는 것이 중요하다.

◆ 4등분법칙을 이용한 삼성전자 중심가격의 변화 체크 ◆

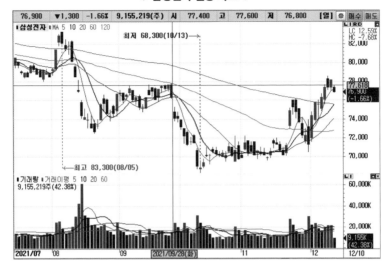

◆ 삼성전자 일봉 차트 ◆

삼성전자의 실제 파동도 9월 6일 77,600원-9월 14일 77,700원-9월 28일 77,800원을 고점으로 해서 이후 급격하게 하락으로 전환되었는데, 그 중심에는 외국인 매수에너지가 매도로 스위칭되면서 발생된 것이다.

그런데 삼성전자는 저점이 10월 13일 68,300원을 형성하고 12월 12일 76,900원으로 다시 상승세를 보이고 있다. 11월 12일부터 나타난 외국인의 매수에너지 덕분이고, 이 매수에너지의 지속가능성에 앞으로의 움직임이 결정될 것이다.

그런데 다음 페이지에서 SK하이닉스의 주가 흐름을 보면 상대적으로 삼성전자보다 더 강하게 상승하는데, 그 이유는 삼성전자는 11월 12일부터 외국인 매수세가 나타난 반면에 SK하이닉스는 10월 12

◆ SK하이닉스 일봉 차트 ◆

◆ SK하이닉스 시장 수급 동향 ◆

일자	종가	대비	등락률	거래량	외국인	개인	기관계	투신	사모펀드	금융투자	보험	은행	기타금융	연기금 등	기타법인
합계					1,482,154	-2,185,612	790,742	196,923	131,220	286,764	58,422	4,630	5,216	107,568	-79,589
21/12/10	120,500	▼3,000	-2.43	2,512,642	-34,865	80,375	-46,690	-8,157	-4,228	-10,915	-5,417	31	-1,054	-16,950	1,665
21/12/09	123,500	▲3,500	2.92	5,631,833	101,528	-147,179	47,608	9,676	-2,936	72,355	-3,495		-250	-27,742	-1,320
21/12/08	120,000	▼1,500	-1.23	6,168,137	-51,524	8,515	40,470	564	621	37,332	-2,415			4,367	2,616
21/12/07	121,500	▲2,500	2.53	5,112,025	101,990	-161,260	62,929	22,030	52,722	-17,987	1,513	-150	125	4,676	-2,398
21/12/06	118,500	▲500	0.42	4,318,893	6,438	-29,798	23,161	7,973	-126	25	932	-116	-34	14,906	216
21/12/03	118,000	▼2,000	-1.67	4,567,843	-39,650	37,239	1,290	4,353	-12,627	-3,329	1,845	167	-425	11,305	954
21/12/02	120,000	▲3,500	3.00	6,980,518	108,656	-158,905	50,984	12,172	6,855	2,996	7,365	870	701	20,265	-26
21/12/01	116,500	▲2,500	2.19	4,214,135	-1,712	-33,333	34,653	11,516	6,590	-2,051	1,779	1	60	16,759	879
21/11/30	114,000	▼2,000	-1.72	7,449,608	-13,901	-26,054	40,179	5,603	-5,711	11,448	-101	1,285	56	27,588	359
21/11/29	116,000	▲500	0.43	4,412,863	-5,987	-81,149	107,762	11,072	13,157	71,276	3,901	2,188	225	5,943	-20,465
21/11/26	115,500	▼2,000	-1.70	4,337,936	34,630	-38,191	4,594	839	13,800	-14,829	129	166		4,487	-1,217
21/11/25	117,500	▼2,000	-1.67	3,339,835	-2,823	16,773	-13,382	-98	-875	-13,169	13		-91	837	-548
21/11/24	119,500	▲500	0.42	4,001,111	53,290	-27,836	-25,108	977	2,296	-36,711	2,839	-62	-74	5,628	-263
21/11/23	119,000	▼500	-0.42	4,847,270	61,957	-36,994	-25,451	2,161	1,444	-45,390	3,570		-76	12,841	707
21/11/22	119,500	▲8,000	7.17	9,786,492	282,752	-443,767	181,629	37,851	23,501	53,130	11,509	-1,348	2,702	54,284	-19,168
21/11/19	111,500	▲1,500	1.36	2,324,668	56,216	-68,625	11,848	-1,495	6,852	4,430	56	-16	-51	2,074	663
21/11/18	110,000	▼500	-0.45	1,928,891	43,873	-22,241	-20,151	-4,566	-6,236	-3,192	-792	100		-5,464	-1,424
21/11/17	110,500	▼1,500	-1.34	3,062,491	46,732	7,520	-53,510	-6,664	-1,396	-41,503	-994		-111	-2,843	-895
21/11/16	112,000	▲1,000	0.90	3,767,311	46,362	-62,979	18,625	3,516	7,285	-2,441	13,241	495	-280	-3,191	-1,829

일부터 외국인 매수세가 나타났기 때문이다. 삼성전자보다 한달 더 앞서서 외국인 매수에너지가 등장한 것이다.

SK하이닉스는 외국인의 매수에너지뿐만 아니라 금융투자, 투신, 사모펀드, 연기금 등이 모두 매수에너지를 보이면서 10월 13일

90,500원 기준으로 12월 8일에는 125,000원으로 38.1% 상승하는 모습을 보였다. 같은 구간에서 삼성전자는 10월 13일 68,300원에서 12월 8일 78,600원까지 15% 상승세를 보였다. 같은 구간에 삼성전자보다 SK하이닉스가 2.5배 더 상승한 것이다. 결론적으로 KT-삼성바이오로직스를 매도해서 삼성전자보다 SK하이닉스로 이동한 전략은 매우 효과적인 결과물을 주었다는 것이다.

그러나 KT-삼성바이오로직스를 보유한 것보다 삼성전자로 이동하는 것도 효과적이었다. 상대속도 전략을 선택한 8월 이후에 전개된 KT-삼성바이오로직스-삼성전자-SK하이닉스 주가의 흐름을 보면 이를 알 수 있다.

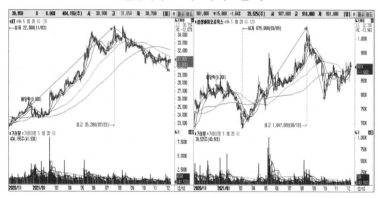

◆ KT-삼성바이오로직스 주가 흐름 비교 ◆

8월 KT-삼성바이오로직스를 매도해서 삼성전자-SK하이닉스로 이동한 의사결정은 종목별 이동대상과 이동시점에 따라 오차가 발생하지만 추세적인 주가 흐름을 시간이 지나서 확인해보면 잘한 의

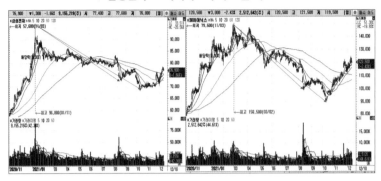

◆ 삼성전자-SK하이닉스 주가 흐름 비교 ◆

사결정이라고 판단된다.

　이렇듯 상대속도 전략을 실전에서 잘 실행하는 것이 중요하다. 특히 거래대금이 감소하는 상황에서는 축소되는 거래량 속에 이것 저것 다 보유하는 전략을 실행할 수 없는 상황이 나타나 투자자로 하여금 어느 것을 버리고 어느 것을 갖고 가야 하는지 결정해야 하는 상황도 만들어지기 때문이다.

　이럴 경우 가치대비 가격이 단기간에 급등해서 고평가 위치에 있는 대상종목을 매도하고 저평가된 종목을 매수하는 롱-숏전략을 실행해가는 것이 실전투자에서 시장대비 초과수익율을 확보하는 데 제일 필요한 부분이다.

　실제로도 2021년 연초에 삼성전자-SK하이닉스를 매도해서 KT로 이동했던 전략이 좋았고, KT 35,000원 진입과 삼성전자 7만원 초입, SK하이닉스 9만원대에는 KT를 매도해서 삼성전자-SK하이닉스로 이동하는 것이 효과적인 수익율을 주었다.

삼성바이오로직스도 90만~100만원 위치에서 매도해서 70만원대에 오면 재매수하는 상단-하단을 설정하고, 롱-숏전략을 실행하는 것도 효과적이었다.

　시가총액 상위 1~50종목은 추세적 상승 구간도 있지만 어느 구간에서는 상단-하단의 박스구간에서 지그재그 파동만 나타나는 시기도 있으니 그 흐름을 판단해서 상대속도 전략을 실행하기 바란다.

시장에 상장되어 있는 종목은 움직인다. 그 움직임이
변동과 방향을 만들어내고 거기서 상승각도와 하락각
도가 생긴다. 그 각도의 변화를 수학적 사고로 접근하
면서 피보나치 비율에 의한 변화의 기준을 만들어내
고 거기서 투자기준을 만들어낸다. 그 투자기준은 나
의 투자성향과 자금의 성격을 규정하기에, 절대 법칙
이 아닌 시장에 적응도를 높이는 방향으로 만들어본
다. 매매대상이 속한 업종 및 시가총액 기준에 따라
각도의 비율과 속도를 측정하고 거기서 투자기준을
수립해야 한다.

각도는 비율을
내포하고 있다

2장

◆ ◆ ◆

저자직강 동영상 강의로 이해 쑥쑥!

2장의 핵심 내용을 이해하기 쉽게 풀어낸

저자의 동영상 강의입니다

시장을 에너지로 보는 시각에는 '각도를 만드는 모든 변수의 총합이 영향을 미치면서 방향에 변동을 준다'는 사고가 내포되어 있다. 시장을 에너지로 표현하고 물리법칙과 화학법칙을 응용해서 실전에 적용시키고 있다.

시장에 참여하는 모든 매매주체들의 매수에너지-매도에너지는 상승각도를 하락각도로 전환시켜서 실전에 이용한다. 즉 에너지가 각도로 표현되며, 그 각도 속에는 비율이 내포되어 있다. 이때 비율은 우리가 잘 아는 피보나치 비율이다.

피보나치 비율로 기술적 분석의 하나의 흐름을 형성하고 있는 것이 엘리어트 파동 이론이다. 그 부분은 따로 공부하겠고, 여기서는 각도가 비율을 의미하는데 그 비율의 적용을 어떻게 하는가에 대한 지식습득을 위해 실전에서 피보나치 비율을 어떻게 사용하는가에 대해 논의해보겠다.

단, 피보나치 비율을 적용하는 것이 절대법칙이 아님을 명심하기 바란다. 이렇게 시스템로직을 만들어서 그것에 적합성을 보이는 종목을 찾는 감각을 키워야 한다. 즉 정반대로 접근하지 말자는 것이다.

이 파동비율을 절대기법으로 착각하면, 다음 파동을 '이런 비율에 여기까지 움직일 것'이라고 판단해서 투자전략을 수립한다 해도 실제로 사용해보면 맞는 것은 20~30%에 불과하고 틀리는 것이 대부분이다. 즉 1/3 정도 적합한 종목을 찾아내는 노력이 더 중요하다는 것이다.

피보나치 비율을 공부하기 전에 이런 이야기를 미리 하는 이유는 무엇일까? 실전에서 적용하다 보면 어느 종목은 귀신같이 이 비율 기준으로 움직이는 종목을 찾을 수 있고 여기서 인지적 오류가 생기기 때문이다. 즉 대부분의 종목이 이렇게 움직일 것이라고 착각하고 '이 다음 파동이 이렇게 될 것이다'라는 예상을 절대기법처럼 사용해 실전에서 크게 치명상을 입을 수 있기 때문이다.

38년 동안 이 비율로 전체종목을 실전경험해본 결과, 20~30%만 맞고 나머지는 각자 다른 파동의 호흡으로 전개되는 경우가 대부분이었다. 그래도 30% 정도는 적용력이 파워풀하므로 실전에서 기본적인 잣대로 사용한다.

이 적용비율을 다양하게 만들어서 엘리어트 파동 기준으로 1-2-3-4-5파동 상승3파, 조정파동, a-b-c패턴으로 움직이는 것은 20-30%에 불과하고 나머지는 다른 파동양상을 보인다. 이것을 1-2-3 상승 n파동, 조정 a-b-c파동으로 전환시켜보면 적용비율이 50% 이

상 증가시킬 수 있다. 그렇기에 필자는 상승n파동, 조정파동 a-b-c
파동을 기본으로 하고 나머지는 덤으로 생각하는 호흡으로 실전에
응용하고 있다.

실전에서 엘리어트 파동의 현실판이라고 이름 지어놓고 적용하는
감각을 아래 그림으로 표현했다.

◆ 엘리어트 파동의 상승파동 ◆

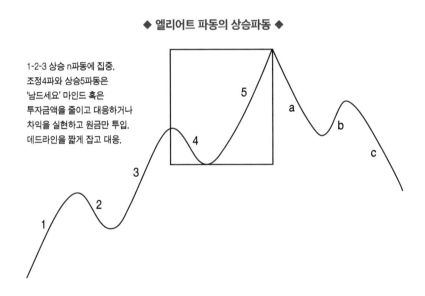

1-2-3 상승 n파동에 집중.
조정4파와 상승5파동은
'남드세요' 마인드 혹은
투자금액을 줄이고 대응하거나
차익을 실현하고 원금만 투입.
데드라인을 짧게 잡고 대응.

10여 년 전부터 엘리어트 파동은 큰 그림을 그리는 데 사용하고,
실전에서는 1-2-3 상승 n파동과 조정파동 a-b-c파동에 집중한다.
그 파동을 구조화시켜서 상승각도-하락각도를 체크하고 비율을 조
절하면서 실전에 적용하고 있다.

하락파동도 비슷하다.

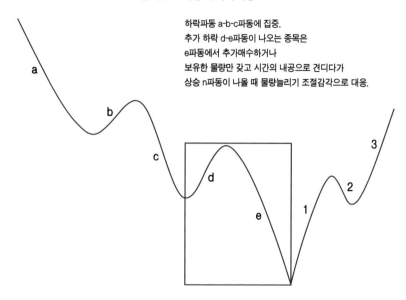

◆ 엘리어트 파동의 하락파동 ◆

하락파동 a-b-c파동에 집중.
추가 하락 d-e파동이 나오는 종목은
e파동에서 추가매수하거나
보유한 물량만 갖고 시간의 내공으로 견디다가
상승 n파동이 나올 때 물량늘리기 조절감각으로 대응.

c파동에서 매수를 완료했는데 실전에서 추가 하락파동이 나오는 경우가 비일비재하다. 그럴 경우 c파동의 기준과 추가하락 시 대응전략을 수립하고, 추가하락 파동에서 손절하고 재매수하는 능력을 갖추기는 쉽지 않다. 따라서 해당종목이 추가 하락해도 상장폐지 가능성이 없거나 기본적 분석툴로 돌려보아도 문제가 크지 않는 기업이면 시간의 내공으로 흘려보냈다가 그 종목의 상승파동이 나타나면 대응하는 전략을 권한다.

그리고 추가하락하는 동안에 추가매수하는 전략을 수립하는 것이 필요하다. 추가 자금투입 전략은 성공한 종목을 차익실현해서 추가 하락하는 종목으로 이동하는 전략이다. 이 부분은 차익을 본 종목의 흐름이 상대속도 전략을 선택할 만큼 추가 상승에너지가 약화되는 구간에서 결정하는 것이 중요하다.

그렇지 않다면 상승파동 과정에 있는 다른 종목으로 이동하는 것이 실전에서는 더 효과적이다. 하락하는 종목은 관성의 법칙이 있어서 어디까지 하락할지는 그 하락종목의 업황-모멘텀-수급 등 종합적인 판단이 필요하다. 때문에 더 이상 시장의 관심이 없어지고, 악재에 둔감해지는 바닥패턴이 나타나는 상황까지 수익금만 이동하고, 매도한 원금은 상승각도에서 상대적으로 상승하지 못한 대상을 찾는 것이 실전에서는 효과적이다.

그렇다면 하락추세 종목이 매수한 가격 이하로 추가하락하는 경우 트레이딩 감각이 있는 투자자라면 일정분 기준을 정해서 매도한 후 그 종목을 더 하락한 가격에서 재매수해서 물량을 늘리는 방법이 있다. 이것도 기계적 마인드가 필요하고 실전에서는 상당히 하기 힘들어 전문트레이더의 영역이라고 생각한다.

초보투자자의 경우에는 추가 매수자금을 확보하는 노력을 하는 것이 필요하다. 그게 힘들다면 수면제 모드로 상승파동이 나올 수 있는 종목이라는 확신이 드는지 기업을 더 공부하고, 그런 확신이 든다면 수면제 모드로 기다렸다가 상승파동이 나오는 경우를 이용해서 상승파동시스템 로직을 통해 물량늘리기전략을 시도하는 것이 좋다.

상승 1-2-3파동이 나올 때 보유한 물량을 갖고 매수단가는 잊어버리곤 '고점 매도, 저점 재매수' 시스템 잣대를 만들어서 돈을 추가 투입하지 않고 물량늘리기 전략을 시도해서 한 번에 빠져나오기보다 손실을 수익으로 전환시키는 노력을 하는 것이 바람직하다.

의미 있는 중심가격을 찾아내는 방법

그렇다면 상승 n파동과 하락 n파동의 기준은 어떻게 설정하고 여기에 피보나치 비율을 어떻게 접목시키는가 하는 부분이 남게 된다. 다음 그림에서 직관을 얻기 바란다.

상승-하락 _ 4등분

25-50-75% 능선 중심가격

저항-지지

대응 _ 시간의 대등, 가격의 대등

중심가격

중심가격의 이동

시간도 4등분

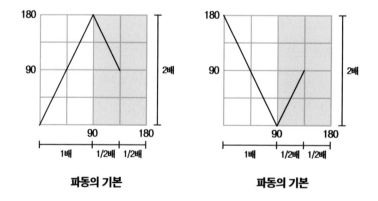

◆ 4등분 법칙 _ 가격의 대등, 시간의 대등 ◆

파동의 기본   파동의 기본

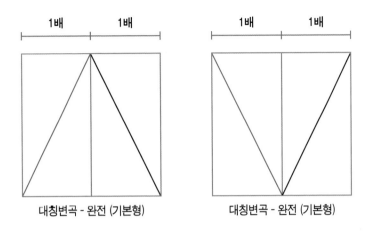

대칭변곡 - 완전 (기본형)   대칭변곡 - 완전 (기본형)

어디로 기준점으로 잡는지는 본인의 투자호흡에서 결정해야 한다.

1개월

3개월

6개월

12개월 – 52주 최고가·최저가·기준시간

3~10년

　각자의 투자호흡에 따라 시간의 중심가격의 중심이 다르게 작동
하는 것이다.

　요새 시간여행 종목 중의 하나인 농심-오리온을 이 기준으로 판
단해보면 다음과 같이 차트 안에서 그려볼 수 있다. 지면상 여기서는
농심만 갖고 그려보니, 오리온도 이런 기준으로 스스로 그려보고 판
단해보기 바란다.

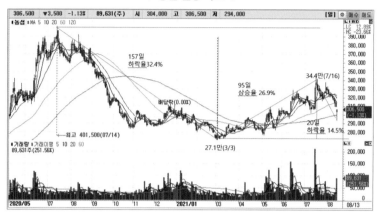

일반적인 시간의 기준으로 52주 최고가-최저가를 설정하고 엑셀파일을 이용해서 4등분 수치를 뽑아낸다. 그 다음에 하락시간-하락률, 상승시간-상승률을 체크하면서 파동의 변동성을 측정하는 것이다.

다음에 나오는 엑셀파일로 의미 있는 고점-저점을 기준으로 4등분 중심가격과 시간의 기준을 체크해봤다. 일차적으로 시간의 기준으로 52주 최고가-최저가를 기준으로 설정해서 실전매매에 응용하기를 권한다. 20~60일 기준은 너무 짧기 때문이다.

여기서 또 하나, 52주이면 1주일 중 거래일수를 5일이라 쳤을 때 대충 260일인데 그 기간 동안의 고가-저가 궤적을 추적해야 한다. 그러면서 20-60-120일 이동평균선의 위치 배열을 체크해가며 상승 에너지인지 하락에너지인지 판단하는 것이 중요하다.

이런 투자호흡부터 시작해서 점진적으로 3년, 5년, 10년… 이렇게 늘려 나가는 훈련을 해보기 바란다.

◆ 농심의 4등분 중심가격과 시간의 기준 ◆

농심		상승률	하락률		
401,000	최고	47%	0%		
		44%	-2%	393,000	75%
		41%	-4%	385,000	50%
		38%	-6%	377,000	25%
369,000	75%	35%	-8%		
		32%	-10%	361,000	75%
		29%	-12%	353,000	50%
		26%	-14%	345,000	25%
337,000	50%	23%	-16%		
		21%	-18%	329,000	75%
		18%	-20%	321,000	50%
		15%	-22%	313,000	25%
305,000	25%	12%	-24%		
		9%	-26%	297,000	75%
		6%	-28%	289,000	50%
		3%	-30%	281,000	25%
273,000	최저	0%	-32%		

농심의 주가를 52주 최고가-최저가 기준으로 4등분한 위의 데이터를 살펴보면, 하락시간이 157일이고 하락률은 401,000원에서 273,000원이 되기까지 32.4%를 시현했다.

시간의 대등으로 157일을 1로 놓고 1대1 대등수치 구간에서 되반등 에너지가 어느 정도 나타났는지 체크해보면, 하락폭의 반인 -50% 중심가격이 337,000원이다. 3월 3일 273,000원 저점에서 7월 16일 344,000원까지 하락폭의 절반 이상 상승하는 데 시간상으로 157일의 절반인 78.5일보다 긴 95일이 소요되었고 그 기간에 저점에서 26%의 상승에너지를 보였던 것이다.

하락폭의 반 이상 되반등이 나온 후 추가 상승에너지가 유지되는지 체크해야 한다. 실전에서는 트레이딩 감각으로 대응하는 분들은 중심가격 돌파 후 그 중심가격을 붕괴 시 보유물량의 30~50%를 비율매도하면서 변동성에 대비하는 전략을 가용하고, 시간여행 호흡으로 잔파동을 무시하는 투자자는 목표 가격에 진입할 때까지 매매를 하지 않고 시간여행 투자호흡으로 보유하는 것이다.

실제파동은 7월 16일 344,000원으로 저점에서 26% 상승을 보이면서 95일 동안 상승했던 것이다. 그 기준으로 다시 4등분 중심가격 기준을 뽑아보면 아래와 같다.

◆ 농심의 4등분 중심가격과 시간의 기준 ◆

농심		상승률	하락률		
344,500	최고	26%	0%		
		25%	-1%	340,031	75%
		23%	-3%	335,563	50%
		21%	-4%	331,094	25%
326,625	75%	20%	-5%		
		18%	-6%	322,156	75%
		16%	-8%	317,688	50%
		15%	-9%	313,219	25%
308,750	50%	13%	-10%		
		11%	-12%	304,281	75%
		10%	-13%	299,813	50%
		8%	-14%	295,344	25%
290,875	25%	7%	-16%		
		5%	-17%	286,406	75%
		3%	-18%	281,938	50%
		2%	-19%	277,469	25%
273,000	최저	0%	-21%		

95일 동안 상승률 26%를 보이면서 되반등이 형성된 후 하락파동으로 조정되었는데, 분석하는 8월 13일 기준으로 20일 동안 마이너스 14.5% 하락중이다.

하락삼각형을 4등분하면 다음과 같은 수치가 나온다.

◆ 농심의 4등분 중심가격과 시간의 기준 ◆

농심		상승률	하락률		
344,500	최고	17%	0%		
		16%	-1%	341,344	75%
		15%	-2%	338,188	50%
		14%	-3%	335,031	25%
331,875	75%	13%	-4%		
		12%	-5%	328,719	75%
		11%	-5%	325,563	50%
		10%	-6%	322,406	25%
319,250	50%	9%	-7%		
		8%	-8%	316,094	75%
		6%	-9%	312,938	50%
		5%	-10%	309,781	25%
306,625	25%	4%	-11%		
		3%	-12%	303,469	75%
		2%	-13%	300,313	50%
		1%	-14%	297,156	25%
294,000	최저	0%	-15%		

이렇듯이 상승삼각형-직사각형-하락삼각형의 중심의 변화와 시간의 변화를 읽어가면서 해당 종목의 에너지를 측정해가며 실전대응전략을 수립하는 것이다.

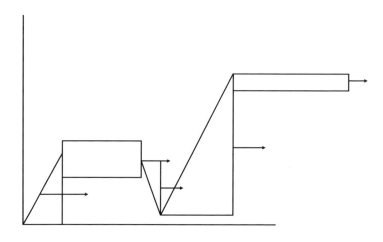

중학교에서 배운 삼각형-직사각형의 패턴과 중심가격의 우상향 흐름으로 가는지, 우하향 흐름으로 가는지 중심-시간-대등의 법칙을 대입해서 그 매매대상종목의 흐름을 파악해가는 것이 중요하다.

일반적으로 시간은 52주 최고가-최저가를 기본호흡으로 한다. 자신의 투자호흡이 20일-60일-180일 등 1년은 너무 길다고 생각하는 분은 매매대상이 20일 안에 분명한 고점-저점이 형성되었으면 20일 기준 하에서 분석하고, 20-60일 기준으로 고점-저점이 형성되었으면 60일 기준으로 분석해가면서 자신에게 맞는 투자호흡을 찾는 것이 중요하다. 즉 시간을 쪼개서 자신에게 맞춰가는 것이다.

호흡이 새가슴인데 1년 호흡으로 하겠다면 실전에서 적용하기 힘들다. 나에게 적합한 시간의 주기를 찾아내는 것도 실전에서는 아주 중요하고, 각 대상 종목이 시가총액 사이즈별로 변동성이 다르게 작동하고 모멘텀에 따라 변동성이 오차가 나타나므로 과거 데이터를 통해서 변동성의 진폭도 조사해야 한다. 앞으로 나타날 모멘텀-이벤트-끌개로 표현하는데, 그 모멘텀이 어떤 성격이고 어떤 흐름인지 동태적으로 추적해가는 노력이 필요한 것이다.

52주 최고가 기준으로 농심의 의미 있는 중심가격은 각 기준별로 상승삼각형-하락삼각형의 50% 중심가격인 337,000-308,000-319,000이다. 이 흐름이 저항으로 작동하는지 아니면 지지로 작동하는지 동태적으로 추적해가면서 추세 흐름이 상향추세인지, 하락추세인지 체크해가는 것이다.

그런 흐름에 결정적인 영향을 주는 빅데이터가 무엇인지 기록해가면서 그 빅데이터가 호재성 데이터인지, 악재성 데이터인지 일기 쓰듯이 기록해가야 한다. 그 데이터에 의해서 실제 주가는 어떻게 변동을 주었는지 기록해가는 것이다.

이런 과정을 거치면서 상승각도-비율을 추적하고 상승추세 시 다음 페이지의 그림과 같이 3단계 상승구조가 나오는지 — 이것을 '각도가 3번 바뀌는지'로 표현하곤 한다 — 체크해가는 것이다.

여기서 상승각도-하락각도는 피보나치 비율에서 파생된 각도를 사용하는데, 주로 25도-45도-63.4도를 기본각도로 사용한다.

3개의 각도선에서 4개의 세상이 나온다. 즉 63.4도 이상 상승률을 보인 종목, 45~63.4도 구간의 상승률을 보인 종목, 25~45도 구간의 상승률을 보인 종목, 0~25도 구간의 상승률을 보인 종목으로 구분하는 것이다.

여기서 각도를 상승률로 전환시킨 것이 갠의 각도이론인데, 다음 페이지 아래에 있는 각도의 시간과 비율을 응용해서 사용해보기 바란다.

◆ 각도의 비율 ◆

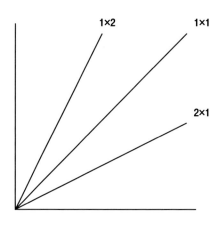

◆ 각도의 시간과 비율 ◆

시간단위	가격단위	각도
1	8	82.9
1	4	76
1	2	63.4
1	1	45
2	1	26.6
4	1	14
8	1	7.1

◆ 상승각도 _ 각도가 3번 바뀐다 ◆

각도기와 삼각형(1)

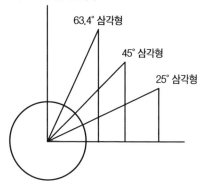

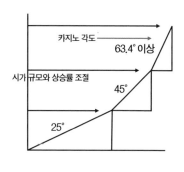

하락추세도 마찬가지로 하락각도가 3번 바뀌는지, 아니면 다른 기준에서 저점이 확인되고 상승각도로 전환되는지 동태적으로 추적해 가는 것이다.

◆ 하락각도 _ 각도가 3번 바뀐다 ◆

각도기와 삼각형(2)

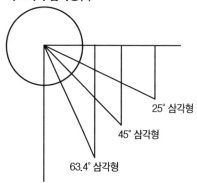

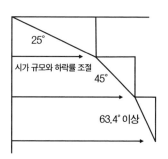

이렇게 접근하는 것이 보편적인 방법인데, 투자 호흡을 길게 훈련하다 보면 일봉에서 월봉-연봉의 호흡으로 전환할 수 있다.

농심을 월봉의 호흡으로 전환하면 다음과 같이 된다.

◆ 농심 월봉 차트 ◆

월봉으로 몇 개월 동안 상승-하락했고, 중심가격은 어디에 있는지 추적해보는 것이다.

큰 그림으로 '203,000 저점-540,000 고점'의 50% 중심가격은 371,000원이다.

월봉의 호흡을 실전매매한다는 것은 월봉을 일봉으로 생각한다는 것이다. 따라서 적어도 3년 이상 보유하는 전략으로 투자하는 분들은 일봉보다는 월봉의 호흡으로 고가-저가의 궤적을 추적하고, 하락구간에 월봉이 몇 개 형성되었고 상승구간에는 몇 개 형성되었는지 카운팅하는 작업부터 해야 한다.

◆ 농심 4등분 중심가격 _ 월봉 기준 ◆

농심		상승률	하락률		
540,000	최고	166%	0%		
		156%	-4%	518,938	75%
		145%	-8%	497,875	50%
		135%	-12%	476,813	25%
455,750	75%	125%	-16%		
		114%	-20%	434,688	75%
		104%	-23%	413,625	50%
		93%	-27%	392,563	25%
371,500	50%	83%	-31%		
		73%	-35%	350,438	75%
		62%	-39%	329,375	50%
		52%	-43%	308,313	25%
287,250	25%	42%	-47%		
		31%	-51%	266,188	75%
		21%	-55%	245,125	50%
		10%	-59%	224,063	25%
203,000	최저	0%	-62%		

연봉의 기준으로 농심을 보면 다음과 같다.

◆ 농심 연봉 차트 ◆

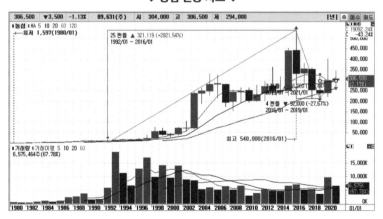

마찬가지로 연봉의 호흡으로 실전매매한다는 것은 적어도 10년 이상 보유전략으로 투자하는 분들이 사용하기 바란다. 실제로 기업이 매일 변화하겠는가? 투자자의 심리변화가 주가의 변화를 만들어서 가격의 변동성을 만드는 것이다. 그것이 쌓여서 1년 단위로 보면 이 기업이 현재 추세적 성장을 하고 있는 기업인지 아니면 추세적 하락을 하고 있는 기업인지 판단할 수 있는 것이다.

농심은 25년 동안의 추세적 상승 후 현재 4년 이상 조정양상을 보이고 있다. 그 사이 창업주의 사망과 코로나19 팬데믹 상황에서 나타난 업황의 변화에 직면하고 있는 것이다.

25년 동안 상승한 후에 4년 동안 하락조정한 후 2020년 3월 233,000원을 저점으로 2020년 7월 14일 401,000원의 고점을 형성한 후 조정중이다. 이렇게 기간에 따라 중심과 시간이 어떻게 변화하는지 추적하고 자신의 호흡에 맞춘 자금을 투입해서 대응해보는 것이다.

이때 각도와 비율의 감각이 나오는데, 여기서 이론의 기준을 제공한 것이 갠(gann)의 각도이론과 엘리어트 파동 속에 사용하는 피보나치 비율을 적용해서 실전매매에 대입해보는 것이다.

그렇다면 농심의 파동은 시간이 지나면서 어떻게 변화되고 있는가를 추적해가는 것이 중요하다. 바닥권에서 매수해서 시간여행 대상으로 선정해 일차목표로 설정한 40만원을 언제 돌파하는지 체크해가는 것이다.

앞의 차트는 157일 하락추세-대등과정에서 8월달까지 추적한 것인데, 농심이 12월 12일에는 어느 위치에 어느 시간의 흐름을 보이고 있는지 체크해보자.

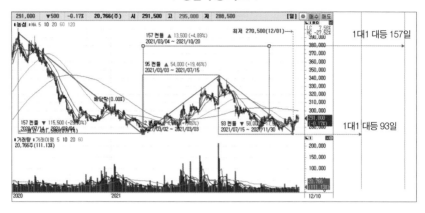

농심의 의미 있는 숫자는 1대1 대등 큰 숫자가 157일 나오고, 의미 있는 작은 숫자는 93-95일이 나온다.

이번 저점 12월 1일 27만원 기준으로 다시 93일 후에 주가 위치를 보면서 농심 주가가 40만원을 넘기는 시기가 언제인지 추적해본다.

같은 기준으로 보는 종목군은 농심-오리온-삼양식품으로, 코로나 19 이후 세상에서 먹거리 관련 에너지가 추세상승 과정을 거치는 구간까지 매수한 것을 추가 매수전략과 목표가격까지 설정한 보유전략을 수립하고 기다리는 것이다.

다시 말해 시간과 각도를 이용하는 투자기준을 수립하는 것이다. 대응수치는 미래의 불확실성을 농심이라는 종목이 고점-저점의 진폭과 시간이 만들어내는 기준을 갖고 투자결정을 한다. 미래의 기준선에 주가 위치가 어디이고 각도가 형성되는지 그 각도를 갖고 투자결정을 한다. 목표주가가 달성되기까지 대응 수치 개념을 도입해서 '기다림'이라는 담금질을 실행해보는 것이다.

피보나치 비율과 황금비

그렇다면 피보나치 비율이 무엇인지 구체적으로 알아보자. 피보나치 수열이란 처음 두 항을 1과 1로 한 후 그 다음 항부터는 바로 앞의 2개의 항을 더해 만드는 수열을 말한다. 그러므로 피보나치 수열의 처음 몇 개의 항은 '…'이다. 이 수열에 속한 수를 피보나치 수라고 한다.

그리스의 수학자인 피타고라스는 만물의 근원을 수로 보고, 세상의 모든 일을 수와 관련짓기를 좋아했다. 그는 인간이 생각하는 가장 아름다운 비율로 황금비를 생각했다. 그래서 황금비가 들어 있는 정오각형 모양의 별을 피타고라스 학파의 상징으로 삼았다. 그를 사로잡은 황금비란 과연 무엇일까?

오른쪽 페이지의 그림 정오각형 별에서 짧은 변과 긴 변의 길이의 비는 5:8이다. 이때 짧은 변을 1로 하면, 5:8은 1:1.6이 된다. 이것을 바로 황금비라고 한다. 피타고라스 학파는 정오각형의 각 대각선은 서로를 황금비로 나누면서 가운데 작은 정오각형을 만든다는 신비한 사실을 발견했던 것이다.

투자한 종목이 만들어내는 고가-저가의 진폭과 시간을 황금비율의 기준으로 대입해서 구조화시켜보고, 그것을 투자결정에 참고해보는 것이다.

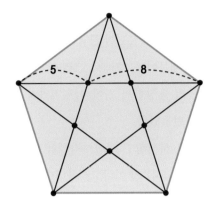

황금비는 '(짧은 선분):(긴 선분)=(긴 선분):(긴 선분)+(짧은 선분)'을 만족하는 선분의 분할에 대한 비를 말한다. 그리고 이와 같이 선분을 나누는 것을 황금분할이라고 한다. 긴 선분의 길이를 계산하면 1.618033989…로 소수점 아래 숫자가 끝없이 계속되는 소수인데, 일반적으로는 소수 셋째 자리까지 나타낸 1:1.618을 황금비로 사용한다.

◆ 황금비율 _ 시간의 대등과 확장 ◆

그렇다면 피타고라스는 왜 황금비가 아름답다고 했을까? 그건 바로 고대 그리스에서는 아름다움의 본질을 비례와 질서 그리고 조화라고 생각했기 때문이다. 그리고 이 황금비를 가장 안정감 있고 균형 있는 비율로 느꼈기 때문이다. 그래서 그리스 시대에는 흔히 사용하는 작은 술잔에서부터 웅장한 신전에 이르기까지 모든 것을 황금비율에 딱 들어맞도록 만들었다.

황금비 하면 완전한 사각형인 황금사각형을 빼놓을 수가 없다. 색깔이 황금색이어서 황금사각형이냐고? 아니다. 가로와 세로의 비가 황금비인 직사각형을 황금사각형이라고 한다. 황금사각형은 완전사각형이라고도 한다. 사람들에게 여러 가지의 사각형 모양을 제시하고 그 중에서 가장 안정적으로 느껴지거나 눈에 가장 먼저 들어오는 사각형을 고르라면, 대부분의 사람들은 황금비율이 들어 있는 직사각형, 즉 황금사각형을 고른다.

◆ 황금사각형 ◆

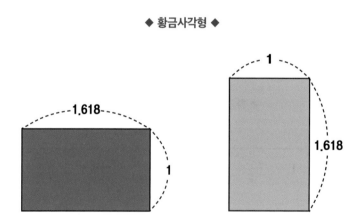

아름다움과 조화를 나타내는 황금비는 아주 오랜 옛날부터 건축과 미술 등에서 찾아볼 수 있다. 특히 황금사각형은 모든 기하학적 도형 중에서 시각적으로 가장 안정된 모양이라고 하여 고대의 건축, 회화, 조각 등에 많이 사용되어 왔다. 대표적인 예로는 그리스 아테네의 파르테논 신전, 밀로의 비너스 조각 등이 있다.

　그리스 아테네의 파르테논 신전을 정면에서 보았을 때, 외부 윤곽은 완벽한 황금사각형이다. 또한 신전 기둥의 윗부분은 전체 높이를 황금분할하고, 왼쪽에서 네 번째 기둥과 다섯 번째 기둥은 각각 전체 가로의 길이를 1:1.618로 황금분할된다.

◆ 파르테논 신전의 황금비 ◆

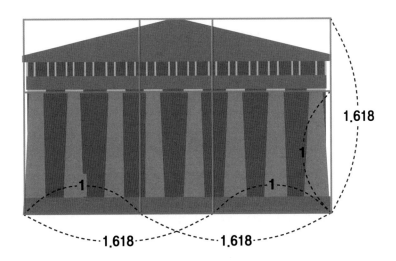

밀로의 비너스 조각상의 여러 부분에서도 황금비가 완벽하게 나타나고 있음을 찾아볼 수 있다. 배꼽을 중심으로 상반신과 하반신의 비, 상반신에서 목을 기준으로 머리 부분과 그 아래 배꼽까지의 비, 하반신에서 무릎을 기준으로 무릎 위 배꼽까지와 무릎 아래의 비가 모두 1 : 1.618이다.

◆ 밀로의 비너스 조각상의 황금비 ◆

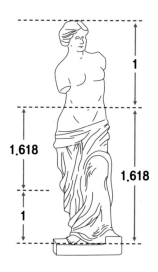

자연 속에 나타나는 피보나치 수열은 황금비와 관계가 있다. 피보나치 수열에서 연속하는 두 항의 비의 값 ($\frac{1}{1}, \frac{2}{1}, \frac{3}{2}, \frac{5}{3}, \frac{8}{5}, \cdots$)으로 만든 수열의 항은 황금비의 값에 점점 가까워진다는 것을 알 수 있다. 특히 $\frac{233}{144} = 1.6180555\cdots$가 되어 황금비의 값과 거의 같아진다. 앵무조개 껍질의 무늬, 해바라기 꽃씨의 배열, 선인장의 나선 배열, 솔방울씨의 배열, 파인애플 눈의 배열, 국화 꽃잎의 배열 등에는 바로 이 아름다운 황금비가 숨어 있다.

주식시장의 황금비율

피보나치 숫자를 가지고 황금비율까지 공부해보았다. 세상 만물의 아름다움이 황금비율에 녹아 있듯이 주식시장 상승추세의 아름다움도 수치속에 녹아 있다.

◆ 파동비율 ◆

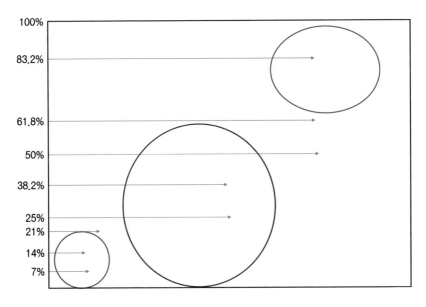

피보나치수열에서 계산해 나온 비율은 정확하게 다음과 같다.

19.1% - 23.6% - 38.2% - 61.8% - 80.9%

필자는 위 수치를 사용한다. 여기서 7%-14%-21%는 파생시장에 너지에서 나온 수치다. 여러분들이 만약 파생매매 중에 선물 1계약을 매수하면 다음과 같은 자금이 필요하다.

현재 9월물 선물의 8월 13일 종가가 416.1p인데, 이것을 1계약 매수한다면 '1×25만×416.1'로 계산해 1억 40만원이 필요하다. 그런데 증권사마다 1계약을 사는 데 필요한 개시증거금-유지증거금제도가 있는데, 증권사마다 차이가 있지만 7.5%~8.5%로 1억 40만원의 7.5%인 780만원이면 한 계약을 매수할 수 있다. 1억 40만원을 780만원 갖고 매수하니 레버리지 비율이 13.3배가 된다. 거의 14배의 레버리지를 사용해서 선물 1계약을 매수하는 것이다.

여기서 직관을 주는 이미지는 아래와 같다.

◆ 삼성전자의 1대1 대등에너지 ◆

| 삼성전자 23.5% | SK하이닉스, NAVER, 카카오, 삼성바이오로직스, 삼성SDI, LG화학, 현대차, 셀트리온 8개 종목 24.3% |

코스피200종목 중에 삼성전자가 200종목 중에 차지하는 비중이 몇 퍼센트이고 이것이 어떻게 변화되는지 추적하면서 시소의 균형을 맞추려면 다른 편에 몇 개의 종목이 있어야 비슷해지는지 체크해 보는 것이다. 그리고 매일매일 상승종목-하락종목을 상승바스켓-하락바스켓에 배열해놓는지, 그중에 1등과 2등인 삼성전자, SK하이닉스가 같은 방향으로 움직이는지 아니면 다른 방향으로 움직이는지도 시장의 흐름을 읽는 데 필요하다.

이것은 시장의 주가 변동성에만 초점을 맞추지 말고 바람의 에너지가 어떻게 움직이면서 파도를 만들어내는지 추적해가는 것과 비슷하다.

매일 움직이는 개별종목의 주가변동성에 함몰되지 말아야 한다. 그 변동성의 중요한 에너지원이 되는 바람의 세기를 결정하는 코스피200인덱스의 구성과 그 구성성분 200개를 다 볼 수는 없다. 그러니 20개 종목의 상승-하락의 통계적 변화를 파도를 만들어내는 바람으로 생각하고, 그 바람의 세기와 방향에 따라 파도의 출렁임이 달라지는 것을 파악해내는 직관이 필요하다.

시가총액 상위 20개 종목에서 삼성전자의 비중이 제일 큰데, 전날 밤에 미국시장이 상승하든 말든 그 상황을 국내증시에 바스켓매매로 어떻게 전략을 사용하는가가 더 중요하다. 즉 그것을 움직이는 외국계 헷지펀드나 금융투자의 기계알고리즘의 포지션매매가 중요하다는 것이다.

미국시장이 전날밤에 급등해도 국내증시는 시가가 고가가 되면서 급락하거나, 미국시장이 급락했는데 시가가 저가가 되면서 급등하는 경우도 자주 발생한다. 그 이유는 기계군단의 알고리즘매매가 작동하고 그 중심에는 삼성전자의 움직임이 결정적으로 작동하기 때문이다.

파생시장의 변동성전략과 방향성전략을 사용할 때 코스피200종목을 다 체크할 수 없지만, 20개 종목 중에 삼성전자-SK하이닉스의 상승에너지-하락에너지를 추적해보면 그날 그날의 시장의 흐름을 판단할 수 있다.

참고로 앞의 시소식 모양에서 삼성전자의 비중이 시간이 지나서 2022년 1월 9일에는 어떻게 변화했는지 체크해보자. 그리고 이것을 5일 단위로 변화의 흐름을 복사해놓고 우상향하는 종목과 우하향하는 종목을 찾아보기 바란다.

◆ 코스피 시가총액 상위 20종목 ◆

시장 KOSPI200 ▼ 자료일자							(상위300개) ※실시간 無 (단위: 백만원,%)	
순		종목명	현재가	전일대비	등락률(	거래량	주식수(천주	시가총액	비중
1	신	삼성전자	78,300	▲ 1,400	1.82%	15,163,757	5,969,783	467,433,974	24.8
2	신	SK하이닉스	127,000	▲ 2,000	1.60%	3,270,119	728,002	92,456,300	4.91
3	신	삼성바이오로	844,000	▲ 6,000	0.72%	72,184	66,165	55,843,260	2.96
4	신	NAVER	338,000	▼ 500	0.15%	787,839	164,049	55,448,591	2.94
5	신	LG화학	719,000	▲ 29,000	4.20%	836,306	70,592	50,755,895	2.69
6	신	현대차	215,000	▲ 1,000	0.47%	577,852	213,668	45,938,660	2.44
7	신	카카오	100,000		0.00%	3,962,672	445,906	44,590,599	2.37
8	신	삼성SDI	636,000	▼ 6,000	0.93%	458,320	68,765	43,734,241	2.32
9	신	기아	86,700	▲ 1,100	1.29%	1,905,888	405,363	35,145,002	1.86
10	신	POSCO	305,000	▲ 500	0.16%	518,413	87,187	26,591,985	1.41
11	신	카카오뱅크	55,000	▲ 1,000	1.79%	1,180,315	475,159	26,133,758	1.39
12	신	현대모비스	269,500		0.00%	599,618	94,573	25,487,449	1.35
13	신	셀트리온	182,500	▲ 1,500	0.83%	515,433	137,947	25,175,351	1.34
14	신	KB금융	55,700	▼ 100	0.18%	1,193,940	415,808	23,160,501	1.23
15	신	SK이노베이션	247,000	▼ 500	0.20%	440,815	92,466	22,838,994	1.21
16	신	LG전자	137,500	▲ 2,500	1.85%	808,243	163,648	22,501,574	1.19
17	신	삼성물산	116,500	▲ 1,500	1.30%	266,309	186,887	21,772,345	1.16
18	신	카카오페이	153,500	▲ 1,500	0.99%	237,479	131,883	20,244,053	1.07
19	신	신한지주	37,650	▲ 350	0.94%	1,126,929	516,600	19,449,973	1.03
20	신	크래프톤	394,500	▼ 7,500	1.87%	339,356	48,967	19,317,499	1.02

◆ 삼성전자 1대1 대등 수준 ◆

| 삼성전자
24.8% | SK하이닉스부터 11개 종목
현대모비스까지 25.0% |

삼성전자의 에너지가 더 커지고 있다는 것을 알 수 있고, 그날그날 삼성전자가 상승하는지 하락하는지에 따라 변동성의 에너지가 결정된다는 것이다.

그런데 삼성전자-SK하이닉스, 이 2개 종목이 만드는 세상이 다음과 같이 4가지로 형성되고 그것을 추적해야 파생시장에서 전개되는 그림자매매의 흐름을 판단할 수 있다.

◆ 삼성전자-SK하이닉스가 만드는 4가지 세상 ◆

		SK하이닉스	
		+	-
삼성전자	+	삼성전자 상승 SK하이닉스 상승	삼성전자 상승 SK하이닉스 하락
	-	삼성전자 하락 SK하이닉스 상승	삼성전자 하락 SK하이닉스 하락

◆ 상승끌개-하락끌개 중심이동(청군과 백군의 줄다리기게임) ◆

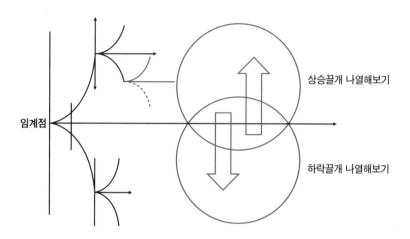

임계점

상승끌개 나열해보기

하락끌개 나열해보기

◆ 기준점대비 상승각도-하락각도(코스피200종목 배열) ◆

각도의 다양성

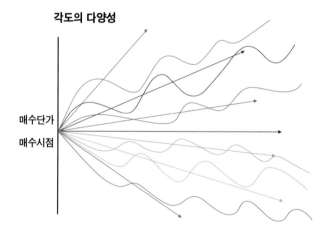

매수단가
매수시점

◆ 상승바스켓-하락바스켓 ◆

상승바스켓	하락바스켓
카카오, 포스코, LG생활건강, SK이노베이션	삼성전자, SK하이닉스, NAVER, 삼성바이오로직스, LG화학 등 16개 종목

위 그림에서 어떤 직관을 얻어야 할까? 매일 어느 종목이 상승바스켓-하락바스켓에 들어가는지 빅데이터를 모아보고 머릿속에 사진으로 찍어 그 흐름을 읽는 훈련을 하는 것이다.

상승에너지에 영향을 미치는 변수-이벤트는 무엇이고, 하락에너지에 영향을 미치는 변수-이벤트는 무엇인지 일기 쓰듯이 기록해두면서 미세한 초기조건의 변화와 군집현상을 체크해가며 시장의 주도주의 물줄기를 초기에 파악해내는 훈련을 해내야 한다.

여기에 '기승전 삼성전자'의 위력이 나타난다. 한 종목이 차지하는 비중에서도 중요하지만 삼성전자와 합성하는 파생매매 에너지가 어떤 변동성을 유도하는지도 중요하기 때문이다. 파생시장에서 차익프로그램 매매동향과 비차익 프로그램 동향을 조사해보고 그 대상종목의 대차매매규모와 공매도규모를 추적해보면 앞에서는 매수로 보이지만 뒤에서는 하방포지션을 구축하는 것에 대해서도 어느 정도 감을 잡을 수 있기 때문이다.

여기에 필요한 그림은 아래와 같다.

◆ 미결제 증감-감소 시스템구조 ◆

매도 미결제 증가

삼성전자 매수 + 선물 매도

SK하이닉스 매수 + 선물 매도

미결제 감소

삼성전자 매도 + 선물 환매수

SK하이닉스 매도 + 선물 환매수

매수 미결제 증가

삼성전자 매도 + 선물 매수

SK하이닉스 매도 + 선물 매수

미결제 감소

삼성전자 매수 + 선물 전매도

SK하이닉스 매수 + 선물 전매도

◆ 삼성전자+SK하이닉스 1대1 대등에너지 ◆

삼성전자 24.1%
SK하이닉스 4.19%
28.29%

NAVER 4.02%
엔씨소프트 1.38%
12개

◆ 청산과 롤 오버의 차이점 ◆

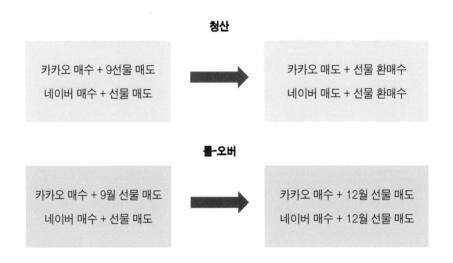

청산

| 카카오 매수 + 9선물 매도 | ⟶ | 카카오 매도 + 선물 환매수 |
| 네이버 매수 + 선물 매도 | | 네이버 매도 + 선물 환매수 |

롤-오버

| 카카오 매수 + 9월 선물 매도 | ⟶ | 카카오 매수 + 12월 선물 매도 |
| 네이버 매수 + 선물 매도 | | 네이버 매수 + 12월 선물 매도 |

◆ 9월 만기일 청산과 롤 오버 ◆

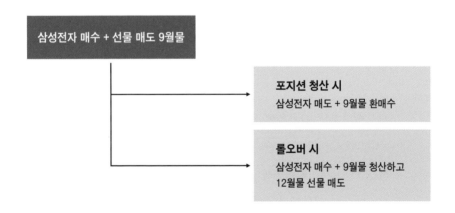

삼성전자 매수 + 선물 매도 9월물

포지션 청산 시
삼성전자 매도 + 9월물 환매수

롤오버 시
삼성전자 매수 + 9월물 청산하고
12월물 선물 매도

여기서 필요한 개념이 매수차익 거래와 매도차익 거래이다. 미결제약정의 증감이 어떤 형태로 일어나는지 동태적으로 추적해야 하고, 청산과 롤오버의 개념도 숙지해야 한다. (이 부분은 여기서 거론하지 않는다. 뒤의 6장에서 따로 공부한다.)

이런 구조로 합성되는 과정에서 기승전 삼성전자의 에너지를 파악하고, 그것이 선물과 연결되어 합성되었을 경우 어떤 패턴이 나타나는지 체크해봐야 한다.

아래 그림이 삼성전자 매수 시 선물합성이 일어나는 패턴을 공부한 것이다.

◆ 삼성전자 매수 시 선물합성이 일어나는 패턴 ◆

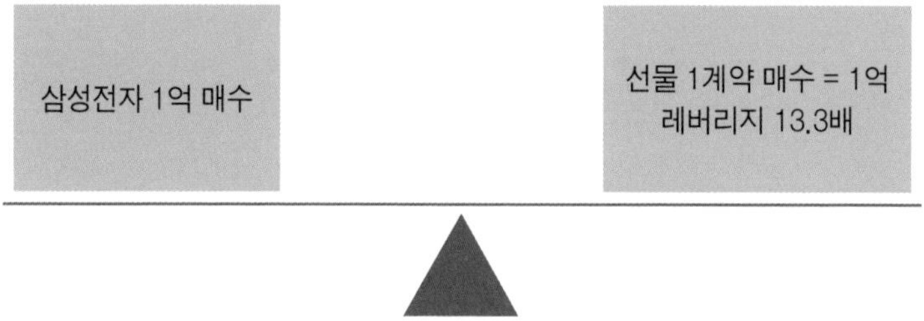

그리고 필자는 시가총액 1~30위 종목 기준으로 추세전환선의 기준수치를 7%로 잡고 실전대응하는데, 7%는 실전에서 사용하다 보니 시가총액 상위 30위종목의 매매기준으로 삼는 데 가장 적합한 수치로 나타나기 때문에 사용한다. 3~5%기준은 너무 작고 10~15%기준은 너무 크기에 7%를 추세전환선 기준수치로 삼고, 7%의 2배인

14%, 3배인 21%는 헷지전략에서 필요한 감각이다.

즉 삼성전자를 1억을 매수했는데 실제로 7% 하락 시 700만원, 14% 하락 시 1,400만원, 21% 하락 시 2,100만원이 마이너스가 난다. 이때 삼성전자를 매도하지 않고 선물 매도 1계약을 해서 중화시킬 수 있는 규모가 얼마일까 계산해본 것이다. 1p당 25만원이 승수로 작동하니 7% 하락해서 700만원을 손해볼 경우 선물 1계약을 매도해서 700만원이 수익이 나려면 28p 수익을 내야 한다. 2계약의 경우는 14p만 수익내면 되고, 3계약이면 9.3p만 수익내면 되는 것이다.

삼성전자 하락비율에 수치와 선물 매도 헷지수량을 감안해서 중화시키는 전략을 사용하면 다음과 같다. 1월 11일 삼성전자를 96,800원에 1억 규모로 매수해서 현재 보유하고 있다면 23.1%의 손실을 보고 있는데, 선물 3계약을 매도해서 10p이상 수익을 내고 있으면 선물에서 '25만×30p =750만원'의 수익이 난다. 그러면 주식에서 손실된 부분 2,300만원을 선물 수익 750만원으로 중화시킬 수 있다는 계산이 나온다.

선물로 10p가 아닌 30p를 한 계약당 수익을 냈다면 '1p×25만× 30×3개=2,250만원'의 수익이 난다. 삼성전자를 매수해서 손해가 난 평가손 2,300만원을 선물매도수익이 거의 다 커버해서 주식은 매도하지 않으면 평가손으로만 잡히지 현실손이 아니기 때문이다.

삼성전자 현물의 평가손 상태에서 헷지전략으로 선물매도친 것이 수익이 났을 때 그 수익금으로 삼성전자를 추가 매수하든지, 수익금을 모아놓아서 리스크관리 전략을 병행하든지 이런 중화전략을 사용할 수도 있다.

현물과 헷지전략을 수립하는 방법으로 파생시장에서 선물매도전략이 있다면 풋옵션 매수전략도 있다.

아래의 9월물 선물지수 차트는 2021년 8월 13일 종가로 마감한 상황에 상승진폭-하락진폭을 구조화시킨 것이다.

◆ 9월물 선물지수 일봉 차트 ◆

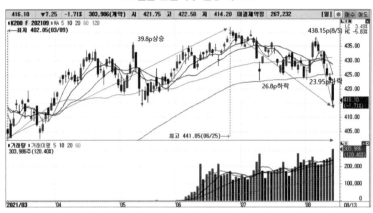

6월 25일 고점 441.85p에서 8월 13일 저점 414.2p까지 26.8p 하락했고, 8월 5일 438.15p에서 단기간에 삼성전자-SK하이닉스의 급락파동이 전개되면서 23.95p가 하락한 것을 수치상으로 체크할 수 있다.

이 하락흐름은 이어져 8월 20일까지 급락파동을 형성한 후 2021년 9월 9일 9월물 만기일에 청산되었다. 12월물로 새로 거래되는 구간에 12월물 차트를 보면 다음과 같다.

◆ 12월물 선물지수 일봉 차트 ◆

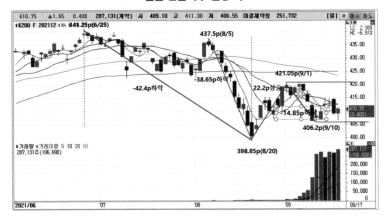

아래 자료는 9월 9일 선물옵션만기일에 9월물이 청산되고 12월물
이 롤오버된 데이터다.

◆ 9월 9일 선물옵션만기일에 9월물 청산 후 12월물이 롤오버된 데이터 ◆

◆ 12월물 선물지수 추이 ◆

카카오/NAVER 반등,
오늘은 현대차그룹주가
지수 하락요인.

◆ 12월물-종합지수-삼성전자 위치 비교 ◆

 부분 상단 텍스트:
§ 3대지표 오늘 고가 선물 413.55P, 코스피 3158.60P, 삼성전자 76600원).

§ 3대지표 오늘 저가 선물 406.60P, 코스피 3111.49P, 삼성전자 75000원).

| KOSPI200 | 코스피/코스닥: 억원 | 선물: 억원 | 콜옵: 억원 | 주식선물: 억원 | 현재/선물누적 2021-06-11 | 옵션누적 2021-08-13 | 억셀 조회 |

구분		외국인	개인	기관종합	기관							기타
					금융투자	투신	사모	은행	보험	기타금융	연기금등	
코스피	당일	-3,173	12,028	-9,315	-9,551	1,586	-710	-48	1,082	14	-1,588	460
	누적	-119,854	198,776	-62,591	5,485	-2,924	-16,296	-3,169	-7,482	-4,225	-34,080	-16,231
코스닥	당일	-461	1,616	-547	505	-488	-444	1	27	12	-261	-508
	누적	3,242	37,630	-27,292	-8,592	-3,781	-10,314	-399	327	-3,411	-1,122	-13,780
선물	당일	-1,324	-690	504	2,949	-2,907	0	216	3	100	143	1,510
	누적	-17,639	8,412	8,502	6,827	9,545	0	-13	-6,521	142	-1,478	726
콜옵션	당일	115	-55	-38	21	-33	0	0	-25	-1	0	-22
	누적	191	-114	-6	151	-76	0	-41	-25	-15	0	-72
풋옵션	당일	-71	49	12	6	4	0	5	-4	1	0	10
	누적	14	106	-131	-139	9	0	7	-4	-3	0	10

위 데이터 흐름을 추적하면 8월 20일까지 급락공격이 형성된 이후 9월 초까지 삼성전자 되반등이 유지되면서 선물기준으로 8월 5일부터 8월 20일까지 38.65p 급락파동을 보였다. 그 과정에서 삼성전자는 8월 5일 83,000원에서 8월 20일 72,500원까지 12.6% 하락했다. 같은 구간에 선물은 437.5에서 399.2p까지 -8.7% 하락한 수치를 보였다.

이때 영향력이 제일 큰 삼성전자의 연초기준으로 하락률과 현재 상황은 어떤지 파악해두는 것이 제일 중요하다. 삼성전자의 현재 흐름이 어떻게 상승에너지-하락에너지를 보이고 있는지, 그런 과정에서 삼성전자를 갖고 상방포지션을 구축하는 에너지와 하방포지션을 구축하는 에너지가 누가 센지 등을 시장의 데이터를 추적해 파악해 가는 것이다.

삼성전자가의 고점에서 물려 있는 투자자들은 헷지전략을 어떻게 수립할 수 있는지도 생각해야 한다. 그리고 삼성전자 저점이 확인되는 징후와 저점이 확인되었다면 다음 상승목표는 어떤 모멘텀에 어느 수준까지 가능한지 생각해보자.

여기서 삼성전자를 고점에서 매수한 투자자들이 하락파동에서 중화전략으로 사용하는 것이 '선물매도-풋옵션매수-위클리옵션매수' 전략이다.

1억 기준으로 시가총액 상위종목을 매수했을 때 중화전략으로 해 선물로 대응하려면 선물 2~3계약 정도를 매매해야 하고, 옵션은 300 만~500만원 매수해야 한다. 위클리옵션은 100만~200만원 매수해야 한다. 이처럼 강조하는 이유는 이런 흐름을 실전에서 사용해보니 적 정하게 나오는 수치이기 때문이다.

이것을 다음의 2가지 그래프와 연동해서 앞으로 추이를 추적해보 기 바란다.

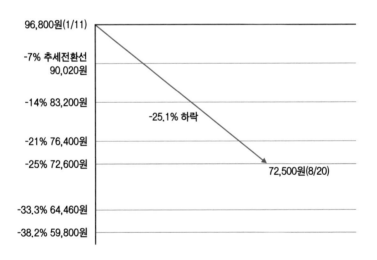

◆ 삼성전자 하락 7-14-21-25-38.2% 잣대 ◆

다음은 8월 20일 72,500원 저점을 형성한 후 9월 17일까지의 궤적과 참고데이터다.

◆ 삼성전자 3분봉 차트 ◆

◆ 상승기여도 - 하락기여도 ◆

종목명	현재가	전일대비	등락률(%)	거래량	지수영향(%)	기여도(%)	지수영향
삼성전자	77,200 ▲	1,100	1.45	16,289,502	6.3356	0.8207	9.0274
SK하이닉스	107,000 ▲	3,000	2.88	3,386,517	1.0708	0.1001	3.0024
셀트리온	275,500 ▲	8,500	3.18	669,719	0.5224	0.0190	1.6118
삼성바이오로직스	933,000 ▲	17,000	1.86	71,228	0.8486	0.0091	1.5463
카카오뱅크	68,000 ▲	900	1.34	2,461,251	0.4441	0.0653	0.5878
대한항공	32,950 ▲	850	2.65	5,139,632	0.1576	0.0478	0.4064
SK이노베이션	240,000 ▲	3,000	1.27	566,348	0.3051	0.0127	0.3813
미래에셋증권	9,080 ▲	400	4.61	4,448,917	0.0793	0.0873	0.3494
삼성전자우	71,800 ▲	300	0.42	1,082,165	0.8122	0.1131	0.3394
HMM	38,550 ▲	600	1.58	5,550,458	0.2148	0.0557	0.3344
종목명	현재가	전일대비	등락률(%)	거래량	지수영향(%)	기여도(%)	지수영향▲
LG화학	701,000 ▼	15,000	-2.09	337,421	0.6803	0.0097	-1.4557
한국조선해양	105,500 ▼	13,000	-10.97	1,935,479	0.1026	0.0200	-1.2648
카카오	119,500 ▼	2,000	-1.65	4,807,631	0.7310	0.0612	-1.2235
SK바이오사이언스	272,500 ▼	7,500	-2.68	1,610,697	0.2866	0.0105	-0.7887
LG생활건강	1,358,000 ▼	25,000	-1.81	43,710	0.2916	0.0021	-0.5368
현대중공업지주	65,300 ▼	4,500	-6.45	919,473	0.0709	0.0109	-0.4887
현대모비스	267,500 ▼	3,000	-1.11	280,818	0.3486	0.0130	-0.3909
LG전자	139,500 ▼	1,500	-1.06	799,115	0.3138	0.0225	-0.3375
일진머티리얼즈	82,400 ▼	4,700	-5.40	984,456	0.0522	0.0063	-0.2979
현대미포조선	72,300 ▼	5,400	-6.95	1,042,641	0.0397	0.0055	-0.2965

◆ 12월물 선물지수 3분봉 차트 ◆

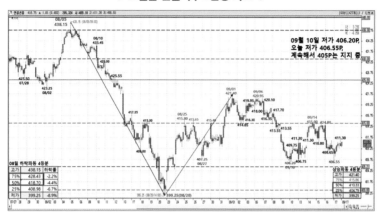

이번 파동에서 실제 삼성전자가 어디까지 하락할 것인지 피보나치 비율에서 얻은 수치와 파생시장 매매기준으로 만든 잣대로 설정해서 그려보고, 매일 종가기준으로 7-14-21%의 상승-하락수치를 계산해서 실제 시장에 접목해본 것이다.

즉 8월 13일 기점에서 매일매일 동태적으로 추적해가면서 삼성전자와 시가총액 상위 20개 종목의 주가 움직임을 상승-하락바스켓으로 구분해가면서 변화의 흐름을 읽는 것이 필요하다. 기승전 삼성전자가 가장 중요한데, 8월 13일 기준으로 삼성전자의 위치가 향후 나오는 재료에 어떻게 반응하고 매매주체별 동향이 어떤 흐름으로 전개되는지 동태적으로 추적해가는 것이다.

이러한 일련의 과정을 보여주는 것이 아래 그림이다.

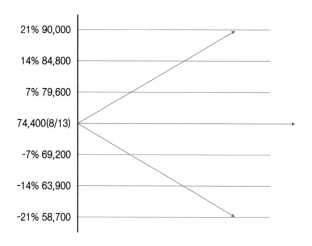

◆ 삼성전자 8월 13일 기준 상승-하락잣대 ◆

21% 90,000
14% 84,800
7% 79,600
74,400(8/13)
-7% 69,200
-14% 63,900
-21% 58,700

　　여기서 이벤트드라이브 전략을 사용하는 헷지펀드들이 중요한 날짜를 이용해서 시장에 최대효과를 얻으려는 전략을 수립할 것이다. 삼성전자 이재용 부회장의 미국출장이 실현될 것인가? 된다면 언제 미국출장길을 나설 것인가? 8월 26일 한미연합훈련이 끝나는 시기인데 이 시기 전에 축소훈련 사인을 시장에 줄 것인가? 삼성전자와 SK하이닉스를 집중적으로 매도하는 외국인 매도에너지가 언제 매수로 스위칭되거나 매도에너지를 능가하는 금융투자와 연기금의 매수에너지가 나올 것인가?

◆ 8월 16~22일 증시스케줄 ◆

8월 16일 월요일	8월 17일 화요일	8월 18일 수요일
농심, 라면 가격 인상 예정	쌍용정보통신 추가상장(유상증자)	로보로보 추가상장(유상증자)
美) 8월 뉴욕주 제조업지수(현재시간)	美) 7월 소매판매(현지시간)	美) FOMC 의사록 공개(현지시간)
中) 7월 산업생산	美) 7월 산업생산(현지시간)	코렌텍 추가상장(유상증자)
中) 7월 주택가격지수	삼성보안기술포럼 개최 예정	2분기 지역경제 동향
中) 7월 고정자산투자	JYP Ent. 실적발표 예정	삼성전자 배당금 지급 예정일
中) 7월 소매판매	美) 6월 기업재고(현지시간)	대우건설 노조, 재택 총파업 시행
中) 7월 실업률	美) 8월 NAHB 주택시장지수(현지시간)	美) 7월 주택착공, 건축허가(현지시간)
日) 2분기 GDP(예비치)	노랑풍선 추가상장(무상증자)	美) 주간 MBA 모기지 신청전수(현지시간)
日) 6월 산업생산(수정치)	모베이스전자 추가상장(유상증자)	영국) 7월 생산물가지수(PPI)(현지시간)
	연이비앤티 추가상장(유상증자)	미투젠 보호예수 해제
	제이준코스메틱 추가상장(유상증자)	美) 주간 원유재고(현지시간)
	씨앤씨씨인터내셔널 보호예수 해제	美) 엔비디아 실적발표(현지시간)

8월 19일 목요일	8월 20일 금요일	8월 21일 토요일
MBC건축박람회 개최	美) 옵션만기일(현지시간)	오늘의 프로야구
테슬라 AI데이 개최(현지시간)	엔피, 스팩합병 상장 예정	셀레믹스 보호예수 해제
美) 7월 경기선행지수(현지시간)	롯데백화점 동탄점 개점 예정	삼영에스앤씨 보호예수 해제
6월 국제투자대조표(잠정)	美) 주간 원유 채굴장비 수(현지시간)	
美) 8월 필라델피아 연준 제조업지수(현지시간)	7월 생산자물가지수	
2분기 가계동향조사 결과 발표	에코프로에이치엔 추가상장(무상증자)	**8월 22일 일요일**
씨유메디칼 추가상장(유상증자)	STX 추가상장(유상증자)	
美) 주간 신규 실업수당 청구건수(현지시간)	독일) 9월 GFK 소비자신뢰지수(현지시간)	오늘의 프로야구
에이씨티 보호예수 해제	독일) 7월 생산자물가지수(PPI)(현지시간)	네오크레마 보호예수 해제
나노브릭 보호예수 해제	베노홀딩스 보호예수 해제	큐라클 보호예수 해제
디지털대성 보호예수 해제	영국) 7월 소매판매(현지시간)	
美) 어플라이드 머티어리얼즈 실적발표(현지시간)	샘씨엔에스 보호예수 해제	

8월 18일이 삼성전자의 배당금 지급예정일이고 미국 FOMC의사록공개일이니 여기가 중요한 분기점이 되는지 체크해보자. 이렇게 시장에 영향변수가 가장 큰 삼성전자를 중심으로 변동율 각도를 측

정하면서 눈에 보이는 각도에너지를 비율로 환산해 사용하는 감각과 시간의 중심, 가격의 중심, 시간의 대등, 가격의 대등의 의미를 숙지해야 한다. 각도의 흐름변화를 동태적으로 추적해가면서 시장에게 물어보는 마인드로 물 흐르듯이 대응하면서 삼성전자의 기본파동 움직임에 다른 개별종목 변동성은 어떻게 차별화가 되는지 추적해가는 것이다.

이번 파동이 8월 5일 기점부터 급격하게 하락공격이 나왔으니 의미 있는 고점의 날로 8월 5일을 설정해서 빅데이터도 모아보는 것도 필요하다.

아래 데이터는 인공지능 알고리즘 같은 감각으로 빅데이터를 조사한 것이니 실전매매에서 참고하기 바란다.

◆ 9월물-종합지수-삼성전자 위치 비교 ◆

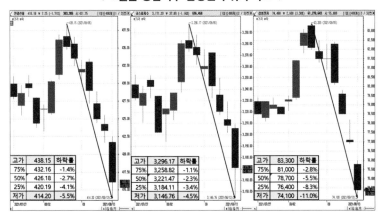

고가	438.15	하락률
75%	432.16	-1.4%
50%	426.18	-2.7%
25%	420.19	-4.1%
저가	414.20	-5.5%

고가	3,296.17	하락률
75%	3,258.82	-1.1%
50%	3,221.47	-2.3%
25%	3,184.11	-3.4%
저가	3,146.76	-4.5%

고가	83,300	하락률
75%	81,000	-2.8%
50%	78,700	-5.5%
25%	76,400	-8.3%
저가	74,100	-11.0%

◆ 외국인의 9월물 매매동향 ◆

§ 외국인 선물 4조6115억(43066계약)매도, 개인 2조8899억(26787계약)매수,기관 1조6935억(16002계약)매수.

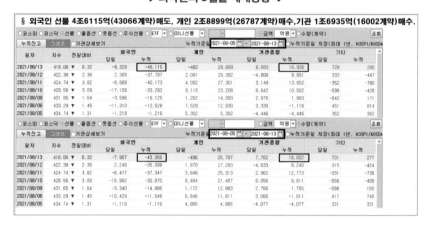

◆ 9월물 미결제약정 추이 ◆

§ 미결제약정은 257564계약에서 267232계약까지 9668계약 증가,

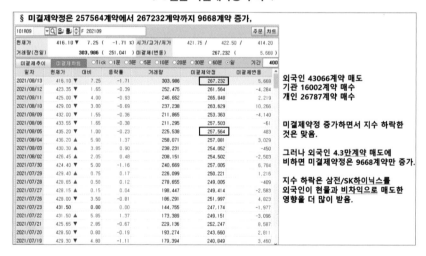

외국인 43066계약 매도
기관 16002계약 매수
개인 26787계약 매수

미결제약정 증가하면서 지수 하락한
것은 맞음.

그러나 외국인 4.3만계약 매도에
비하면 미결제약정은 9668계약만 증가.

지수 하락은 삼전/SK하이닉스를
외국인이 현물과 비차익으로 매도한
영향을 더 많이 받음.

136

◆ 현물 매매주체별 동향 _ 외국인과 기관 ◆

◆ 삼성전자의 외국인 매매추이 ◆

◆ SK하이닉스의 외국인 매매추이 ◆

§ 외국인 SK하이닉스 2조 598억(1968만주)매도, 개인 2.2조 매수, 금융투자 1047억 매수, 연기금등 1944억 매도.

정리해보면 2021년 8월 5~13일까지 7거래일 동안

외국인 현물 6조 9,020억 매도,
외국인 비차익 3조 6,247억 매도.

외국인 삼성전자 5조 6,774억 매도,
외국인 SK하이닉스 2조 598억 매도.

외국인 삼전+SK하이닉스 7조 7,372억 매도,

삼성전자와 SK하이닉스 매도를 제외하면 매수한 종목도 적지 않음.

◆ 8월 5-13일 외국인 매수-매도 상위 ◆

§ 그렇다면 외국인은 이 기간에 무엇을 매수했을까? 2차전지 관련주, 제약/바이오 대장주, 자동차 관련주를 매수.

순매도상위

순위	종목명	현재가	매도	매수	순매도금액
1	삼성전자	74,400	71,551	14,776	56,774
2	SK하이닉스	101,500	30,064	9,465	20,598
3	크래프톤	437,000	5,173	2,307	2,866
4	카카오	146,000	6,954	4,952	2,001
5	삼성전자우	69,600	5,145	3,429	1,716
6	SK바이오사이언스	288,500	7,356	6,039	1,316
7	KODEX 레버리지	26,375	15,134	14,335	799
8	금호석유	192,500	1,784	987	796
9	HMM	39,150	2,755	2,183	571
10	HK이노엔	66,600	705	150	555
11	현대차	217,000	2,238	1,782	456
12	KT&G	81,800	934	464	449
13	GS리테일	33,200	613	189	424
14	TIGER 차이나전기차SOI	17,895	638	219	418
15	LG생활건강	1,444,000	3,125	2,756	369
16	LG디스플레이	20,800	1,313	951	362
17	CJ제일제당	445,500	904	573	331
18	대한항공	29,800	697	382	315
19	원익IPS	43,600	696	390	306
20	SK케미칼	296,000	3,201	2,909	292
21	호텔신라	90,000	452	210	241
22	DB하이텍	61,900	1,429	1,192	236
23	쿠쿠에	75,200	679	455	224
24	대한전선	2,610	1,178	957	220

순매수상위

순위	종목명	현재가	매도	매수	순매수금액
1	삼성SDI	817,000	3,146	7,865	4,719
2	LG화학	898,000	5,550	9,395	3,844
3	카카오뱅크	76,600	5,677	8,356	2,678
4	NAVER	436,500	3,982	5,785	1,802
5	카카오게임즈	77,200	3,464	4,778	1,314
6	셀트리온	275,500	1,670	2,801	1,130
7	삼성바이오로직스	983,000	2,511	3,548	1,036
8	SK아이이테크놀로지	214,500	1,581	2,535	953
9	삼성전기	179,500	1,290	2,219	929
10	SK텔레콤	306,000	1,588	2,408	819
11	기아	85,200	2,533	3,256	722
12	에코프로비엠	313,300	2,537	3,227	690
13	셀트리온헬스케어	119,200	1,068	1,522	454
14	심텍	30,950	531	977	446
15	이마트	175,500	496	856	360
16	삼성전자니어링	23,050	854	1,205	351
17	KB금융	53,200	1,604	1,918	314
18	POSCO	341,000	3,054	3,363	308
19	만도	64,800	322	616	294
20	KODEX 2차전지산업	22,440	748	1,040	292
21	강원랜드	26,750	273	565	292
22	SK머티리얼즈	432,000	555	835	280
23	현대重업	24,600	776	1,048	270
24	삼성증권	47,000	182	449	267

◆ 8월 5-13일 금융투자 매수-매도 상위 ◆

§ 금융투자 매도/매수 종목

순매도상위

순위	종목명	현재가	매도	매수	순매도금액
1	KODEX 레버리지	26,375	6,704	1,803	4,901
2	KODEX 200	41,630	5,309	3,580	1,729
3	TIGER 차이나전기차SOI	17,895	3,872	2,408	1,469
4	카카오뱅크	76,600	1,460	181	1,279
5	TIGER 미국나스닥100	79,050	1,144	118	1,025
6	TIGER 글로벌리틈&2차	11,480	1,363	501	861
7	두산중공업	20,800	1,279	493	785
8	삼성SDI	817,000	2,841	2,083	757
9	KINDEX 삼성그룹섹터2	17,595	525	17	508
10	크래프톤	437,000	666	234	431
11	SK아이이테크놀로지	214,500	663	257	406
12	NAVER	436,500	3,003	2,691	312
13	에코프로비엠	313,300	643	373	269
14	KODEX 자동차	22,905	338	90	247
15	셀트리온헬스케어	119,200	1,017	783	234
16	TIGER 미국필라델피아	10,405	304	74	229
17	LG전자	150,500	876	675	200
18	TIGER 차이나클린에너	9,945	266	67	199
19	삼성전자우	69,600	244	47	197
20	TIGER 미국테크TOP10	11,615	400	212	188
21	SK텔레콤	306,000	969	791	177
22	롯데에프	129,800	311	136	174
23	SK이노베이션	248,500	1,047	876	171
24	TIGER 미국S&P500선물	52,085	224	56	167
25	삼성전기	179,500	705	537	167

순매수상위

순위	종목명	현재가	매도	매수	순매수금액
1	KODEX 200선물인버스2	2,045	1,068	6,472	5,404
2	삼성전자	74,400	12,151	13,740	1,589
3	SK하이닉스	101,500	2,626	3,673	1,047
4	KODEX 2차전지산업	22,440	489	1,537	1,097
5	TIGER 2차전지테마	21,300	878	1,751	872
6	KODEX 코스닥 150	14,685	672	1,341	668
7	TIGER KRX2차전지K-뉴	18,180	279	828	548
8	KODEX 삼성그룹	10,590	45	587	541
9	KODEX 인버스	3,875	1,545	1,892	346
10	현대차	217,000	1,146	1,417	270
11	KODEX 코스닥150 레버	15,850	833	1,045	211
12	HANARO 200	41,650	99	310	211
13	HANARO Fn K-뉴딜디지	13,870	4	187	182
14	메리츠화재	25,000	15	182	166
15	TIGER 헬스케어	45,585	46	207	160
16	KB금융	53,200	502	662	160
17	KODEX 선진국MSCI Wor	20,425	29	168	139
18	TIGER 200선물인버스2	2,120	183	314	131
19	HANARO 200TR	49,595	6	136	129
20	메리츠증권	5,090	47	172	124
21	현대모비스	268,500	489	605	116
22	하나금융지주	44,650	416	525	109
23	셀트리온	275,500	1,761	1,867	106
24	KT	34,150	268	360	91
25	ARIRANG 200	42,195	43	139	90

◆ 8월 5-13일 코스피200 상승률 상위 ◆

§ 이 기간 KOSPI200 상승률 상위는?

종목	2021/08/05 종가	2021/08/13 현재가	기간내 대비	기간내 등락	현재 현재가	현재 대비	현재 등락률	거래량
SK바이오사이언스	208,000	288,500 ▲	80,500	38.70	288,500 ▲	3,000	1.05	2,932,789
SK케미칼	256,500	296,000 ▲	39,500	15.40	296,000 ▲	3,000	1.02	528,615
한솔케미칼	265,500	297,000 ▲	31,500	11.86	297,000 ▲	7,000	2.41	161,563
코스맥스	123,000	133,000 ▲	10,000	8.13	133,000 ▼	2,000	-1.48	110,018
삼성바이오로직스	912,000	983,000 ▲	71,000	7.79	983,000 ▲	11,000	1.13	147,387
한화시스템	17,000	18,100 ▲	1,100	6.47	18,100	0	0.00	3,065,021
삼성SDI	771,000	817,000 ▲	46,000	5.97	817,000	0	0.00	328,880
삼성증권	44,550	47,000 ▲	2,450	5.50	47,000 ▼	200	-0.42	627,645
후성	13,150	13,800 ▲	650	4.94	13,800 ▼	400	-2.82	2,805,014
LG화학	857,000	896,000 ▲	39,000	4.55	896,000 ▲	18,000	2.05	398,111
SK이노베이션	238,500	248,500 ▲	10,000	4.19	248,500 ▲	6,500	2.69	1,089,181
신세계인터내셔날	194,000	202,000 ▲	8,000	4.12	202,000 ▲	500	0.25	70,480
BGF리테일	170,000	177,000 ▲	7,000	4.12	177,000 ▲	4,000	2.31	50,757
LIG넥스원	44,250	45,800 ▲	1,550	3.50	45,800 ▲	450	0.99	440,185
한화	30,350	31,300 ▲	950	3.13	31,300 ▼	150	-0.48	828,417

◆ 8월 5-13일 코스피200 하락률 상위 ◆

§ 이 기간 KOSPI200 하락률 상위는?

종목	2021/08/05 종가	2021/08/13 현재가	기간내 대비	기간내 등락	현재 현재가	현재 대비	현재 등락률	거래량
SK하이닉스	120,000	101,500 ▼	18,500	-15.42	101,500 ▲	1,000	1.00	11,622,957
코웨이	85,000	75,200 ▼	9,800	-11.53	75,200 ▼	900	-1.18	246,613
효성티앤씨	874,000	783,000 ▼	91,000	-10.41	783,000 ▼	26,000	-3.21	81,699
금호석유	214,500	192,500 ▼	22,000	-10.26	192,500 ▼	5,000	-2.53	394,132
CJ대한통운	183,000	165,500 ▼	17,500	-9.56	165,500 ▼	3,500	-2.07	62,208
삼성전자	82,100	74,400 ▼	7,700	-9.38	74,400 ▼	2,600	-3.38	61,270,643
쿠쿠홈시스	45,950	41,650 ▼	4,300	-9.36	41,650 ▼	750	-1.77	55,729
CJ제일제당	487,000	445,500 ▼	41,500	-8.52	445,500 ▼	3,500	-0.78	63,692
한국조선해양	130,000	119,000 ▼	11,000	-8.46	119,000 ▼	1,000	-0.83	351,432
롯데칠성	144,000	132,000 ▼	12,000	-8.33	132,000 ▼	3,500	-2.58	36,611
대한전선	2,840	2,610 ▼	230	-8.10	2,610 ▼	65	-2.43	12,240,937
LG디스플레이	22,600	20,800 ▼	1,800	-7.96	20,800 ▼	750	-3.48	3,904,060
LX하우시스	96,700	89,100 ▼	7,600	-7.86	89,100 ▼	1,800	-1.98	74,920
삼성물산	145,000	134,000 ▼	11,000	-7.59	134,000 ▼	1,000	-0.74	474,613
롯데케미칼	268,000	248,000 ▼	20,000	-7.46	248,000 ▼	9,000	-3.50	220,532

◆ 8월 5-13일 코스피 전체종목 상승률 상위 ◆

§ 이 기간 KOSPI 상승률 상위는?

| 전체 | KOSPI | KOSDAQ | KOSPI1200 | 기간 | 2021/08/05 ~ 2021/08/13 | ●상승률 순 ○하락률 순 |
| 업종 001 | KOSPI(종합) | | | 가격 | 0 ~ 0 | 거래량 0 이상 |

종목	2021/08/05 종가	2021/08/13 현재가	기간내 대비	기간내 등락	현재 현재가	대비	등락률	거래량
코스모화학	13,450	19,150 ▲	5,700	42.38	19,150 ▲	800	4.36	12,912,823
SK바이오사이언스	208,000	288,500 ▲	80,500	38.70	288,500 ▲	3,000	1.05	2,932,789
SK케미칼우	111,000	152,000 ▲	41,000	36.94	152,000 ▲	14,500	10.55	567,813
테이팩스	59,100	77,300 ▲	18,200	30.80	77,300 ▲	4,900	6.77	409,408
TCC스틸	6,430	8,100 ▲	1,670	25.97	8,100 ▲	200	2.53	1,050,720
에이엔피	2,225	2,680 ▲	455	20.45	2,680 ▲	200	8.06	3,414,934
PI첨단소재	53,000	63,700 ▲	10,700	20.19	63,700 ▼	400	-0.62	759,321
한일시멘트	175,000	207,000 ▲	32,000	18.29	207,000 ▲	1,500	0.73	24,295
코스모신소재	42,700	49,900 ▲	7,200	16.86	49,900 ▼	2,000	-3.85	1,789,893
덴티움	75,500	88,000 ▲	12,500	16.56	88,000 ▼	600	-0.68	229,272
신세계 I&C	192,500	222,500 ▲	30,000	15.58	222,500 ▲	7,000	3.25	49,362
인스코비	3,745	4,325 ▲	580	15.49	4,325 ▲	550	14.57	30,328,125
SK케미칼	256,500	296,000 ▲	39,500	15.40	296,000 ▲	3,000	1.02	528,615
삼성출판사	43,000	49,350 ▲	6,350	14.77	49,350 ▲	7,800	18.77	12,062,448
DI동일	311,000	356,000 ▲	45,000	14.47	356,000 ▼	1,000	-0.28	49,392

◆ 8월 5-13일 코스피 전체종목 하락률 상위 ◆

§ 이 기간 KOSPI 하락률 상위는?

| 전체 | KOSPI | KOSDAQ | KOSPI1200 | 기간 | 2021/08/05 ~ 2021/08/13 | ○상승률 순 ●하락률 순 |
| 업종 001 | KOSPI(종합) | | | 가격 | 0 ~ 0 | 거래량 0 이상 |

종목	2021/08/05 종가	2021/08/13 현재가	기간내 대비	기간내 등락	현재 현재가	대비	등락률	거래량
삼성공조	28,400	19,700 ▼	8,700	-30.63	19,700 ▼	50	-0.25	239,200
제이준코스메틱	2,090	1,575 ▼	515	-24.64	1,575 ▼	75	-4.55	1,779,775
하이트론	6,980	5,380 ▼	1,600	-22.92	5,380 ▲	200	3.86	681,903
!금강공업우	20,050	16,000 ▼	4,050	-20.20	16,000 ▼	1,200	-6.98	31,732
!켈릭시아에스엠	3,105	2,560 ▼	545	-17.55	2,560 ▼	140	-5.19	1,552,289
SK렌터카	15,100	12,700 ▼	2,400	-15.89	12,700 ▼	750	-5.58	294,877
웰바이오텍	2,815	2,370 ▼	445	-15.81	2,370 ▼	10	-0.42	523,009
한국주강	3,300	2,780 ▼	520	-15.76	2,780 ▼	70	-2.46	242,467
경인전자	34,400	29,050 ▼	5,350	-15.55	29,050 ▼	750	-2.52	11,324
한세엠케이	9,390	7,930 ▼	1,460	-15.55	7,930 ▼	470	-5.60	618,029
SK하이닉스	120,000	101,500 ▼	18,500	-15.42	101,500 ▲	1,000	1.00	11,622,957
삼성중공우	276,500	236,000 ▼	40,500	-14.65	236,000 ▼	8,500	-3.48	1,160
!대원전선우	4,690	4,030 ▼	660	-14.07	4,030 ▼	170	-4.05	37,417
씨아이테크	1,225	1,055 ▼	170	-13.88	1,055 ▼	15	-1.40	357,626
한신기계	3,820	3,295 ▼	525	-13.74	3,295 ▲	25	0.76	1,791,493

2장 각도는 비율을 내포하고 있다 **141**

시가총액 상위 종목의 위치 변화를 추적하라

이런 통계적 데이터를 중심으로 조사부터 하면서 시장의 구성종목이 어떻게 움직이는지 체크해야 하고, 그 에너지-각도에 의한 상승에너지 종목과 하락에너지 종목을 샘플링해야 한다. 그리고 어느 시점에 상승에너지 종목은 하락에너지로 전환되고 하락에너지 종목은 상승에너지 종목으로 전환되는지 시장에게 물어보는 버텀 업 방식이 실전투자자에게는 가장 중요하다.

실전투자자는 현장주의로 접근해서 매크로적 상황이 변화되는 가운데 중요한 대상종목이 실제 현장에서 어떻게 작동하는지 그 부분을 추적하면서 실전투자 전략을 수립해야 한다는 것이다.

8월 5~13일의 데이터가 9월 17일에는 아래와 같이 변화되었다.

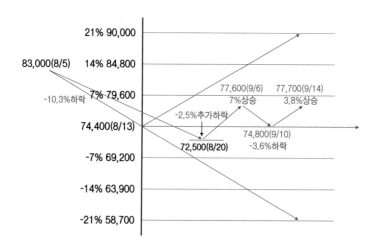

◆ 8월 5일~9월 17일 삼성전자 궤적 ◆

◆ 12월물-종합지수-삼성전자 위치 비교 ◆

◆ 코스피-코스닥 거래대금 ◆

(거래량:천주, 거래금액:백만원)

일자	지수	전일대비	등락률(%)	시가	고가	저가	거래량	거래금액	신실리도	이격도
2021/09/17	3,140.51 ▲	10.42	0.33	3,127.75	3,142.13	3,112.51	589,244	14,937,657	-8.54	99.60
2021/09/16	3,130.09 ▼	23.31	-0.74	3,165.38	3,167.68	3,126.65	612,873	12,259,518	-2.85	99.40
2021/09/15	3,153.40 ▲	4.57	0.15	3,147.21	3,164.01	3,138.80	616,557	12,162,693	-4.42	100.19
2021/09/14	3,148.83 ▲	20.97	0.67	3,137.32	3,164.31	3,137.32	713,227	15,787,292	-3.33	100.04
2021/09/13	3,127.86 ▲	2.10	0.07	3,117.35	3,139.13	3,109.01	732,270	13,505,433	6.34	99.38
2021/09/10	3,125.76 ▲	11.06	0.36	3,121.09	3,131.54	3,103.38	723,085	13,566,490	8.24	99.24
2021/09/09	3,114.70 ▼	48.29	-1.53	3,146.64	3,158.60	3,111.49	927,369	17,787,104	6.94	98.76
2021/09/08	3,162.99 ▼	24.43	-0.77	3,178.74	3,187.55	3,157.07	859,889	17,302,711	14.13	100.13
2021/09/07	3,187.42 ▼	15.91	-0.50	3,200.07	3,201.76	3,176.81	760,160	11,943,337	33.66	100.77
2021/09/06	3,203.33 ▲	2.27	0.07	3,196.30	3,206.25	3,186.79	726,190	12,313,477	56.68	101.16

(거래량:천주, 거래금액:백만원)

일자	지수	전일대비	등락률(%)	시가	고가	저가	거래량	거래금액	신실리도	이격도
2021/09/17	1,046.12 ▲	6.69	0.64	1,040.73	1,046.13	1,033.69	1,160,928	10,015,698	-6.08	101.10
2021/09/16	1,039.43 ▼	3.36	-0.32	1,047.85	1,048.37	1,037.72	1,131,796	9,824,587	-6.11	100.83
2021/09/15	1,042.79 ▲	5.05	0.49	1,039.57	1,044.26	1,038.80	1,438,562	10,981,025	7.40	101.40
2021/09/14	1,037.74 ▲	11.40	1.11	1,029.57	1,038.94	1,025.40	1,157,085	10,835,020	9.54	101.01
2021/09/13	1,026.34 ▼	11.57	-1.11	1,036.86	1,037.50	1,023.98	1,261,320	11,293,322	5.34	100.03
2021/09/10	1,037.91 ▲	3.29	0.32	1,035.86	1,039.73	1,026.97	1,378,879	11,346,323	32.90	101.09
2021/09/09	1,034.62 ▼	2.60	-0.25	1,033.97	1,042.04	1,027.64	1,414,153	11,120,049	32.76	100.69
2021/09/08	1,037.22 ▼	17.21	-1.63	1,053.46	1,053.46	1,037.22	1,479,336	11,490,320	47.47	100.86
2021/09/07	1,054.43 ▲	1.47	0.14	1,054.03	1,054.76	1,049.80	1,568,516	11,912,893	67.93	102.46
2021/09/06	1,052.96 ▼	0.89	-0.08	1,056.30	1,056.30	1,049.27	1,331,556	10,880,614	88.55	102.29

◆ 삼성전자 추이 ◆

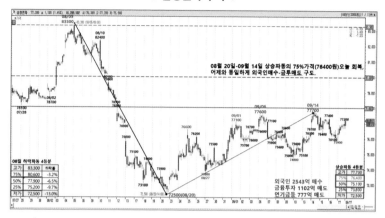

08월 20일-09월 14일 상승파동의 75%가격(76400원)오늘 회복,
어제와 동일하게 외국인매수-금투매도 구도.

외국인 2543억 매수
금융투자 1102억 매도
연기금등 777억 매도

08월 하락파동 4등분		
고가	83,300	하락률
75%	80,600	-3.2%
50%	77,900	-6.5%
25%	75,200	-9.7%
저가	72,500	-13.0%

상승파동 4등분		
고가	77,700	
75%	76,400	
50%	75,100	
25%	73,800	
저가	72,500	

◆ 삼성전자 매매추이 ◆

오늘도 외국인매수-금투매도.

현재가 77,200 ▲ 1,100 (1.45 %)
거래량(전일) 16,289,502 (13,067,622)

일자	종가	등락률	거래량	외국인	개인	기관종합	금융투자	투신(일반)	투신(사모)	은행	보험	기타금융	연기금등	국가지방	기타
2021/09/17	77,200	1.45	16,289,502	2,543	-1,097	-1,455	-1,102	332	208	4	-122		-777		8
2021/09/16	76,100	-1.17	13,067,622	362	1,310	-1,700	-1,149	-78	18	-1	-162	-2	-338		28
2021/09/15	77,000	0.52	12,829,128	1,470	-900	-568	-341	15	90	-1	-111	-4	-216		-2
2021/09/14	76,800	0.39	18,167,057	2,462	-3,897	1,251	1,659	321	-6	-1	-75	-4	-651		-16
2021/09/13	76,300	1.33	11,397,775	1,197	-1,898	806	896	53	77	-2	93	-1	-310		-105
2021/09/10	75,300	0.00	10,108,212	-978	228	755	1,197	65	3	-3	-17	5	-495		-6

현재가 77,200 ▲ 1,100 (1.45 %)
거래량(전일) 16,289,502 (13,067,622)

일자	종가	등락률	거래량	외국인	개인	기관종합	금융투자	투신(일반)	투신(사모)	은행	보험	기타금융	연기금등	키자	기타
2021/09/17	77,200	1.45	16,289,502	3,312,007	-1,423,386	-1,899,498	-1,440,797	433,514	272,401	5,145	-158,678	-17	-1,011,056		10,867
2021/09/16	76,100	-1.17	13,067,622	471,496	1,713,334	-2,221,404	-1,494,531	-101,170	24,079	5,000	-211,449	-2,075	-440,658		36,574
2021/09/15	77,000	0.52	12,829,128	1,905,766	-1,165,672	-737,351	-444,564	20,012	117,508	-1,348	-144,395	-5,571	-279,988		-2,743
2021/09/14	76,800	0.39	18,167,057	3,189,716	-4,775,860	1,612,792	2,140,852	414,576	-7,610	-1,702	-97,165	5,581	-841,740		-20,648
2021/09/13	76,300	1.33	11,397,775	1,577,159	-2,498,668	1,059,634	1,178,061	70,123	100,966	-2,000	122,145	-1,500	-408,161		-138,125
2021/09/10	75,300	0.00	10,108,212	-1,299,949	303,748	1,003,908	1,589,743	85,827	4,227	-3,349	-22,487	6,896	-656,878		-7,708

◆ 12월물 추이 ◆

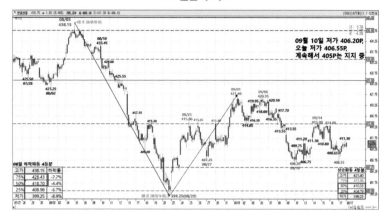

◆ 시가총액 상위 20개 종목 추이 ◆

8월 5일 기준으로 코스피200 상승상위-하락상위종목의 흐름의 변화도 비교해보자.

◆ 8월 5일~9월 17일 코스피200 상승률 상위 ◆

전체	KOSPI	KOSDAQ	✓KOSPI200		기간	2021/08/05	~ 2021/09/17			○ 상승률 순 ○ 하락률 순
업종	101 ▼ 🔍	KOSPI 200			가격	0 ⬍ ~	0 ⬍		거래량	0 ⬍ 이

종목	2021/08/05 종가	2021/09/17 현재가	기간내 대비	기간내 등락	현재 현재가	현재 대비	현재 등락률	현재 거래량
동원시스템즈	44,000	68,000 ▲	24,000	54.55	68,000 ▼	2,500	-3.55	99,564
후성	13,150	18,550 ▲	5,400	41.06	18,550 ▼	400	-2.11	3,272,705
코오롱인더	78,900	109,000 ▲	30,100	38.15	109,000 ▲	8,000	7.92	1,268,566
효성첨단소재	591,000	810,000 ▲	219,000	37.06	810,000 ▲	33,000	4.25	157,213
KCC	333,500	454,000 ▲	120,500	36.13	454,000 ▼	4,000	-0.87	51,681
아시아나항공	18,500	25,100 ▲	6,600	35.68	25,100 ▼	150	-0.59	1,608,919
SK바이오사이언	208,000	272,500 ▲	64,500	31.01	272,500 ▼	7,500	-2.68	1,610,697
롯데정밀화학	71,300	91,100 ▲	19,800	27.77	91,100 ▼	200	-0.22	410,254
한솔케미칼	265,500	333,500 ▲	68,000	25.61	333,500 ▼	1,500	-0.45	61,160
OCI	114,500	142,000 ▲	27,500	24.02	142,000 ▼	4,000	-2.74	300,830
LG넥스원	44,250	52,600 ▲	8,350	18.87	52,600 ▲	800	1.54	180,179
삼성엔지니어링	23,250	27,200 ▲	3,950	16.99	27,200 ▲	250	0.93	4,499,353
한화	30,350	35,050 ▲	4,700	15.49	35,050 ▼	250	-0.71	334,613
녹십자	310,500	358,500 ▲	48,000	15.46	358,500 ▼	6,500	-1.78	66,776
휴캠스	24,650	28,400 ▲	3,750	15.21	28,400	0	0.00	813,109

◆ 8월 5일~9월 17일 코스피200 하락률 상위 ◆

전체	KOSPI	KOSDAQ	✓KOSPI200		기간	2021/08/05	~ 2021/09/17			○ 상승률 순 ● 하락률 순
업종	101 ▼ 🔍	KOSPI 200			가격	0 ⬍ ~	0 ⬍		거래량	0 ⬍ 이

종목	2021/08/05 종가	2021/09/17 현재가	기간내 대비	기간내 등락	현재 현재가	현재 대비	현재 등락률	현재 거래량
두산인프라코어	16,600	10,150 ▼	6,450	-38.86	10,150 ▼	100	-0.98	1,644,588
지누스	109,000	73,000 ▼	36,000	-33.03	73,000 ▼	1,400	-1.88	197,721
엔씨소프트	817,000	587,000 ▼	230,000	-28.15	587,000 ▼	2,000	-0.34	197,939
카카오	149,000	119,500 ▼	29,500	-19.80	119,500 ▼	2,000	-1.65	4,807,631
한국조선해양	130,000	105,500 ▼	24,500	-18.85	105,500 ▼	13,000	-10.97	1,935,479
휠라홀딩스	56,700	46,300 ▼	10,400	-18.34	46,300 ▼	750	-1.59	334,111
LG화학	857,000	701,000 ▼	156,000	-18.20	701,000 ▼	15,000	-2.09	337,421
아모레퍼시픽	232,000	190,000 ▼	42,000	-18.10	190,000 ▼	1,000	-0.52	404,779
넥센타이어	9,560	7,980 ▼	1,580	-16.53	7,980 ▼	100	-1.24	191,564
효성티앤씨	874,000	733,000 ▼	141,000	-16.13	733,000 ▼	23,000	-3.04	46,142
쿠쿠홀딩스	26,300	22,500 ▼	3,800	-14.45	22,500 ▼	600	-2.60	44,195
KG동부제철	16,750	14,350 ▼	2,400	-14.33	14,350 ▼	350	-2.38	255,709
대웅제약	179,000	154,500 ▼	24,500	-13.69	154,500	0	0.00	31,110
현대홈쇼핑	83,500	72,400 ▼	11,100	-13.29	72,400 ▼	300	-0.41	15,114
DB하이텍	66,300	57,600 ▼	8,700	-13.12	57,600 ▲	900	1.59	526,996

◆ 8월 5일~9월 17일 코스피 전체종목 상승률 상위 ◆

| 전체 | ✓ KOSPI | KOSDAQ | KOSPI200 | 기간 | 2021/08/05 📅 ~ | 2021/09/17 📅 | ● 상승률 순 ○ 하락률 |
| 업종 | 001 ▼ 🔍 | KOSPI(종합) | | 가격 | 0 ↕ - | 0 ↕ | 거래량 0 ↕ |

종목	2021/08/05 종가	2021/09/17 현재가	기간내 대비	기간내 등락	현재가	대비	등락률	거래량
!조일알미늄	1,380	3,355 ▲	1,975	143.12	3,355 ▼	45	-1.32	4,568,850
!삼아알미늄	14,450	32,500 ▲	18,050	124.91	32,500 ▼	1,050	-3.13	343,092
코오롱플라스틱	7,440	16,600 ▲	9,160	123.12	16,600 ↑	3,800	29.69	24,812,135
흥아해운	1,555	3,410 ▲	1,855	119.29	3,410 ↑	785	29.90	2,163,385
!엔케이물산	829	1,515 ▲	686	82.75	1,515 ▲	70	4.84	5,147,876
세아제강지주	78,400	142,000 ▲	63,600	81.12	142,000 ▼	1,000	-0.70	18,001
동원시스템즈	44,000	68,000 ▲	24,000	54.55	68,000 ▼	2,500	-3.55	99,564
인스코비	3,745	5,690 ▲	1,945	51.94	5,690 ▼	330	-5.48	6,496,448
!DSR	6,440	9,730 ▲	3,290	51.09	9,730 ▼	1,120	-10.32	1,231,286
!DSR제강	6,240	9,410 ▲	3,170	50.80	9,410 ▼	1,340	-12.47	1,640,349
!무학	8,070	12,000 ▲	3,930	48.70	12,000 ▼	850	-6.61	539,580
!SK가스	115,000	171,000 ▲	56,000	48.70	171,000 ▼	500	-0.29	85,738
코오롱인더우	34,000	49,850 ▲	15,850	46.62	49,850 ▲	4,850	10.78	238,731
!동양피스톤	6,470	9,450 ▲	2,980	46.06	9,450 ▼	700	-6.90	1,736,706

◆ 8월 5일~9월 17일 코스피 전체종목 하락률 상위 ◆

| 업종 001 ▼ 🔍 | KOSPI(종합) | | | 가격 | 0 ↕ - | 0 ↕ | 거래량 | 0 ↕ 0 |

종목	2021/08/05 종가	2021/09/17 현재가	기간내 대비	기간내 등락	현재가	대비	등락률	거래량
한세엠케이	9,390	5,700 ▼	3,690	-39.30	5,700 ▼	200	-3.39	83,158
두산인프라코어	16,600	10,150 ▼	6,450	-38.86	10,150 ▼	100	-0.98	1,644,588
제이준코스메틱	2,090	1,330 ▼	760	-36.36	1,330 ▼	5	-0.37	314,870
마니커	687	458 ▼	229	-33.33	458 ▼	2	-0.43	1,192,378
지누스	109,000	73,000 ▼	36,000	-33.03	73,000 ▼	1,400	-1.88	197,721
STX	7,150	4,820 ▼	2,330	-32.59	4,820 ▼	75	-1.53	232,647
!금강공업우	20,050	13,600 ▼	6,450	-32.17	13,600 ▼	100	-0.73	5,675
%하이트론	6,980	4,840 ▼	2,140	-30.66	4,840 ▲	50	1.04	85,544
삼성공조	28,400	19,900 ▼	8,500	-29.93	19,900 ▼	1,000	-4.78	172,209
엔씨소프트	817,000	587,000 ▼	230,000	-28.15	587,000 ▼	2,000	-0.34	197,939
갤럭시아에스엠	3,105	2,240 ▼	865	-27.86	2,240 ▲	50	2.28	255,630
국동	3,720	2,695 ▼	1,025	-27.55	2,695 ▼	15	-0.55	1,488,591
남양유업우	317,500	231,500 ▼	86,000	-27.09	231,500 ▼	4,500	-1.91	333
수산중공업	3,950	2,885 ▼	1,065	-26.96	2,885	0	0.00	320,745
덕성우	29,800	21,850 ▼	7,950	-26.68	21,850 ▲	1,000	4.80	137,830

　　K자패턴으로 무엇이 상승을 주도했고 무엇이 하락을 주도했는지 종목 군집패턴에서 찾아보는 것이 중요하다. 이것을 지속적으로 하다 보면 종합지수 상승과 하락의 전체적인 부분보다 그런 과정에서 어느 종목의 종합지수 상승-하락과 상관없이 추세적으로 상승 또는

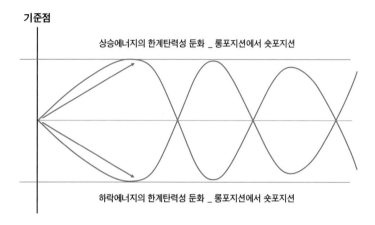

◆ k자패턴장세 _ 롱-숏의 변곡점 ◆

기준점

상승에너지의 한계탄력성 둔화 _ 롱포지션에서 숏포지션

하락에너지의 한계탄력성 둔화 _ 롱포지션에서 숏포지션

하락하고 있는지 데이터를 통해서 체크할 수가 있다.

　앞의 군집현상 패턴에서 위의 그림을 생각해서, 상승에서 하락으로 전환되는 섹터와 종목은 무엇이고 하락에서 상승으로 전환되는 섹터와 종목은 무엇인지 초기에 파악하는 훈련을 해나가는 것이 필요하다.

　어느 구간에 어느 이벤트를 이용해서 롱에서 숏으로 변화된 종목이 무엇이고 숏에서 롱으로 변화된 종목이 무엇인지 추적해가는 것이다. 코스피200종목을 추적해야 하는데, 시간적 한계나 능력이 안 되는 분들은 시가총액 상위 20개 종목만이라도 고가-저가의 흐름과 종합지수 중요 변곡점 기준으로 위치의 변화를 추적해가야 한다.

　간단하게 2021년 9월 17일 시가총액 상위 20개종목과 2022년 1월 7일 시가총액 상위 20개 종목의 수치를 다시 비교해보자.

시총	종목명 2021-09-17	현재가(원) (A)	시총	종목명 2022-01-07	현재가(원) (A)	대비(원)	대비(%)	52주최고대비 등락률(%)
1	삼성전자	77,200	1	삼성전자	78,300	1,400	1.82	-19.11
2	SK하이닉스	107,000	2	SK하이닉스	127,000	2,000	1.60	-15.61
3	NAVER	403,000	3	삼성바이오로직스	844,000	6,000	0.72	-19.39
4	삼성바이오로직스	933,000	4	NAVER	338,000	-500	-0.15	-27.31
5	카카오	119,500	5	LG화학	719,000	29,000	4.20	-31.52
6	삼성SDI	725,000	6	현대차	215,000	1,000	0.47	-25.61
7	LG화학	701,000	7	카카오	100,000	0	0.00	-42.20
8	현대차	209,000	8	삼성SDI	636,000	-6,000	-0.93	-23.19
9	셀트리온	275,500	9	기아	86,700	1,100	1.29	-15.00
10	기아	84,100	10	POSCO	305,000	500	0.16	-26.24
11	POSCO	362,500	11	카카오뱅크	55,000	-1,000	-1.79	-41.74
12	현대모비스	267,500	12	현대모비스	269,500	0	0.00	-33.46
13	삼성물산	129,500	13	셀트리온	182,500	1,500	0.83	-52.32
14	LG전자	139,500	14	KB금융	55,700	-100	-0.18	-6.86
15	SK이노베이션	240,000	15	SK이노베이션	247,000	-500	-0.20	-24.58
16	SK텔레콤	301,000	16	LG전자	137,500	2,500	1.85	-28.76
17	KB금융	52,100	17	삼성물산	116,500	1,500	1.30	-27.19
18	LG생활건강	1,358,000	18	신한지주	37,650	350	0.94	-12.95
19	SK바이오사이언스	272,500	19	크래프톤	394,500	-7,500	-1.87	-31.98
20	신한지주	38,700	20	SK	245,500	1,500	0.61	-31.90

삼성전자와 SK하이닉스는 상승했다. 특히 SK하이닉스는 18.6% 상승한 상황인데, 2021년 9월 17일 종합지수 3140p가 2021년 1월 7일에 2954p로 인덱스는 -5.9% 하락하는 구간에서 삼성전자와 SK하이닉스는 상승한 것이다.

그런데 삼성전자도 9월 17일 77,200원에서 10월 13일 68,000원까지 급락한 후 2021년 1월 7일 78,300원이고, SK하이닉스도 10월 13일 90,500원에서 2021년 1월 7일 현재 127,000원인 것이다.

카카오는 9월 17일 119,000원, 2021년 1월 7일 10만원으로 -15.9% 하락한 상황인데, 고점인 6월 13일 173,000원 기준으로는 42.2%가 급락한 상황이다.

LG에너지솔루션으로 물적분할한 LG화학도 2021년 9월 17일 701,000원인데 현재 주가는 719,000원으로 상승한 수준이다. 실제파동을 보면 10월 28일 868,000원까지 되반등 상승파동이 나타난 후 2021년 1월 27일 LG에너지솔루션 상장이 가까워지면서 급락파동이 전개되어 12월 30일 납회일 611,000원까지 급락한 후 되반등중인 것으로 주가의 흐름을 체크할 수 있다.

시가총액 상위 20개 종목의 롱-숏의 변화를 추적하고 상단이 낮아지는지 높아지는지, 마찬가지로 하단이 낮아지는지 높아지는지 체크해가면 외국인-금융투자 중심으로 대상종목을 롱 포지션으로 갖고 가는지, 숏포지션으로 갖고 가는지 판단할 수 있다.

앞의 데이터상으로 가장 확실하게 추세적으로 나타나는 것은 IT의 대장주인 삼성전자-SK하이닉스가 추세상승에너지를 보이는 중이고 네이버-카카오가 제일 강하게 숏에너지가 발생중이라는 것이다. 그러나 어디서 하단이 완성되는지는 추적해야 할 것이다.

현대차, 현대모비스, 기아는 2021년 10~12월중으로 하단이 완성되면서 추세전환의 흐름이 나타나고 있는것도 체크할 수 있다.

150

◆ ◆ ◆

투자의 절대법칙을 찾지 마라. 나의 투자호흡과 기준을 갖는 것이 제일 중요하다. 그것은 결국 꾸준히 시행착오를 거치면서 나의 투자실력을 만들어가는 과정이다. 투자란 멘탈 투자다. 수많은 투자책과 동영상을 보아도 중심은 내가 되어야 한다. 시장이라는 전쟁터에서 누구에게도 의지하지 말고 나의 투자 호흡과 투자실행 능력을 키우는 훈련과정이 필요하다.

들숨 날숨 호흡으로
매매하는 투자자를 위한
가이드라인

3장

◆ ◆ ◆

저자직강 동영상 강의로 이해 쑥쑥!

3장의 핵심 내용을 이해하기 쉽게 풀어낸

저자의 동영상 강의입니다

＊ ＊ ＊

　필자의 제자 중에도 투자호흡이 너무 짧은 이가 있어, "너는 숨을 들이쉴 때 매수하고 내쉴 때 매도하냐"고 혼낸 적이 있다. 의외로 그런 투자자들이 많다. 주가의 고가-저가 변동성에 멘탈이 붕괴되고 안절부절못하고, 어제의 주가수준에서 내가 산 종목의 총액이 얼마였는데 오늘은 주가가 더 하락해서 손해가 얼마인지 계산하느라 안절부절못하는 것이다.

　주가변동성은 대부분의 초보투자자들이 넘어야 하는 산이다. 주가변동성에 감정이입해서 이로 인해 심장박동수가 변화되는 상황이 빈번해지면 우울증과 화병까지 생기는 경우가 많다. 그래서 "투자는 멘탈싸움이다"라는 격언이 있을 정도다.

　이 부분은 시간단위별-가격변동율별로 훈련을 시킨다. 일차적인 방법은 20일을 하루로 생각하게 하는 훈련이다. 거래일수 기준으로

20일이면 한 달이라 월봉 캔들 하나가 된다.

들숨 날숨 호흡으로 투자하는 그 제자는 HTS 혹은 MTS의 분봉으로 주가의 움직임을 본다. 그러니 조그만 변동이 크게 보이고, 하락각도와 상승각도가 크게 나타나서 들숨에 매수하고 날숨에 매도하는 상황까지 간다.

여기에 적합한 시장도 있다. 바로 옵션매매시장과 fx시장이다. 레버리지가 10~100배 정도 되는 시장에서는 들숨 날숨의 호흡으로 분봉을 기준으로 체크하면서 전략을 수립하는데, 이와는 달리 주식매매를 그렇게 했다가는 잔파동에 내 귀중한 자산이 다 털려 나간다.

주식시장에서는 적어도 주봉-월봉-연봉의 투자호흡으로 매매전략을 수립하기를 권한다. 개인적으로 '얼마나 멀리, 길게 보는가' 하는 부분에서 돈 그릇이 정해진다고 생각한다.

분봉-일봉의 호흡에서 벗어나야 한다

각자의 팔자가 있듯이 투자에서도 주식투자 팔자가 있다. 다른 말로 표현하면 돈 그릇이 큰가 작은가 하는 부분이다. 돈 그릇을 크게 하려면 분봉-일봉의 호흡에서 벗어나야 한다. 그런데 실전에서는 쉽지가 않다. 분봉-일봉의 호흡을 평생 못 고치는 투자자도 많다.

제자 중 헤어숍 원장과 대학교수의 투자방식을 비교해보자. 헤어숍 원장의 투자호흡은 단순하고 간단하다. '먹고 나온다.' 주가가 생각대로 안 되고 생각보다 더 하락하는 경우 대부분은 손절하고 다른 종목으로 갈아타야 하는지를 고민하는데, 헤어숍 원장이 물리면 자주 하는 말이 "냅둬유"다. "언젠가 올라가겠쥬" "더 하락하면 더 사면 돼유" 충청도 사투리를 섞어가며 단순하게 전략을 세운다.

언뜻 보면 단순할 것 같지만 실은 엄청난 내공이 필요하고, 추가 자금이 계속 조달되는 사업구조를 갖고 있기 때문에 가능한 투자호흡이다. 더 하락하면 계속 사업으로 버는 돈을 더 투입해서 전보다 더 싸게 산다. 헤어숍 원장은 그렇게 할 수 있는 종목을 선정하는 선구안과 미래지도를 스스로 그리고 있는 것이다.

헤어숍이라는 사업체를 운용하는 대표로 20년 이상 그 업에서 쌓인 내공과 본인이 선택한 대상종목에 대한 공부가 철저하게 이루어진 후에 투자가 결정된 것이기 때문에 주가의 변동성에 연연하지 않고 평균적으로 3~5년 정도 그 종목을 보유한다. 그리고 그 종목이 생각보다 너무 급등했으면, 더 상승한다는 내용의 분석보고서나 추천이 많아도 매도하고 나온다.

헤어숍 원장은 투자호흡을 가르쳐준 대로 묵묵히 따르고 그것을 발전시켜 자신이 잘 아는 미용 비즈니스와 연관된 종목으로 큰 부를 이룬 제자다. 화장품-미용-의류-식품-헬스케어에 대한 업력에서 나온 에너지를 통해 2000년 초반에 인연이 되었으니 현재 20년이 넘었는데, 모 화장품주와 식품주는 아직도 보유하고 있다. 주식을 연봉으로 보라고 하는 나의 투자호흡을 실전에서 실행하고 있는 제자다.

한 해의 고가-저가는 이런 투자 그릇에는 아무 의미가 없는 것이 된다. 아모레퍼시픽은 그 제자가 현재 보유하고 있는 종목이다. 2005~2006년도에 매수한 것이 대부분이다. 아모레퍼시픽을 40만원

◆ 아모레퍼시픽 연봉 차트 ◆

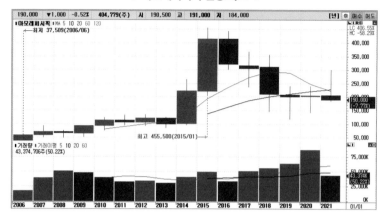

고가에 매도하라고 하니 "그냥 냅둬유" 한다. 40만원에서 반토막이
된 20만원 초반에 더 매수하고 있다. 최초에 매수해서 묻어둔 단가가
5만~6만원이니 가능한 투자호흡이다.

다른 종목은 더 드라마틱하다. 자신이 사업을 하면서 제일 많이 쓰
는 제품을 만드는 회사가 바로 LG생활건강이다.

2006~2007년도에 매수한 LG생활건강을 아직도 보유하고 있으니
말이다. 이런 묵직한 투자호흡에서 투자의 그릇이 결정된다고 본다.

여기서 참고할 만한 것은 다음과 같다. 흔히 "저는 초보투자자인
데요, 아무것도 몰라요. 정답을 가르쳐주세요" 하는데, 38년 동안 주
식시장과 싸워온 필자 또한 경험의 내공만 세졌지 아직 투자의 정답
이 있는지는 모르겠다. 처음 투자하는 투자자들이 시장에 무슨 정답
이 있는 것 같은 착각에 고점과 저점을 맞추려고 하고, 그것을 알려
주는 멘토를 찾으려고 난리를 친다.

158

◆ **LG생활건강 연봉 차트** ◆

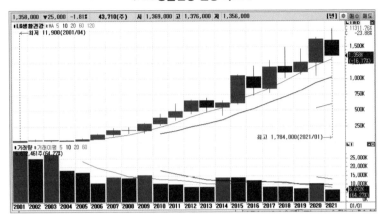

◆ **LG생활건강 연봉 차트** ◆

하지만 세상에 그런 멘토는 없다. 고가와 저가를 맞추고 리딩하는 에너지는 언젠가는 정반대의 호흡으로 전달되어 구좌를 망가지게 만든다. 그 사이 본인의 투자에너지나 기업을 보는 눈과 시간여행하는 내공을, 스스로 주식시장이라는 전쟁터에서 근력을 키우는 것이 중요하다.

다시 한 번 생각해보라. 주식시장에서는 아무리 초보투자자라도 인생 초보가 아닐 것이다. 20세 이상 되었으면 살아온 동안의 자신의 경험치와 잘하는 것이 있을 것이다. 처음 투자는 자신이 잘 아는 것과 연결되는 종목을 찾아서 투자를 시작하기 바란다.

어떤 멘토가 이 종목 매수하라, 저 종목 매수하라 해도 남에게 휘둘리지 말고, 본인이 잘 아는 업의 종목인데 그것을 좋다고 이야기하는 사람이 있다면 무슨 근거와 기준으로 그 대상종목을 좋다고 하는지 체크해보기 바란다. 그리고 그 기업의 사업보고서부터 찾아보면서 과거 3~5년 동안의 영업을 어떻게 해왔고, 현재 상황은 어떻고,

미래 영업환경은 어떻게 변화될 것인지 판단해보자. "무슨 그래프가 좋다"고 하는 전문가는 그냥 걸러서 보고, 기업의 업력과 미래성장성에 대해서 재무적 시각이나 자신이 모르는 부분을 이야기해주는 동영상이나 자료를 읽고 보면서 자신의 것으로 만들어야 한다.

앞서 말한 헤어숍 원장은 자신이 하는 미용업에 대한 업력의 경험을 바탕으로 자신이 사용하는 제품을 많이 생산하는 회사의 주식을 사는 것으로 주식투자를 시작했다. 즉 주식시장에 입문한 그 시점에 시장의 주도주나 가장 인기 있는 급등종목 기준으로 종목을 선택하지 않고, 자신이 잘 아는 업종부터 시작했던 것이다. 현재 보유하고 있는 것은 2005~2006년 사이 시장에 입문하면서 매수한 것이다.

매수하고 나서 1~2개월간 주가가 하락하거나 잘 안 가면 안달내는 투자자는 이해가 잘 안 되고, 실천이 잘 안 되는 투자호흡이다. 그런데 필자가 강조하는 투자호흡이 바로 이런 투자호흡이다.

아모레퍼시픽의 경우 2015년 중국 상해증시가 5000p를 넘어서고 너무 과열인 것 같아 매도하라고 조언했었다. 그런데 그의 대답은 "제가 현재 하는 미용업을 접으면 매도할게요"였다. 이에 필자는 "알았다. 대단하다. 그 생각 그대로 밀고가라. 응원하겠다"라고 했다.

그 사이 중국 증시가 급락하고 한한령 사태도 터지는 등 다양한 이벤트의 변동성에 40만원 고가에서 2019년 1월에는 12만~13만원까지 급락하는 상황도 나왔다. 이런 변동성에도 그 제자는 아모레퍼시픽을 매도하지 않았다.

일반적 상승이라면 그가 바보 같고 미련하다고 생각할 것이다. 하지만 개인적인 생각은 다르다. 그것이 돈 그릇의 차이에서 나오는 투자호흡 같은 것이다. 그는 오히려 12만~15만원에 그동안 모은 돈을 더 투자해지속적으로 보유하면서, 미용업을 마감할 때까지 갖고 가는 투자전략을 실행하고 있다.

여기서 투자의 자금배분이 나오고 그 자금을 은행에 적금 부은 것, 만기 돌아온 것, 일부는 중간에 해약해서 주가가 싸졌을 때 추가매수하고 부동산을 기초자산 담보로 일정 자금 만들어서 추가매수하는 식의 에너지가 되기에 가능한 투자호흡인 것이다.

생계형 트레이더의 가장 큰 약점이 매수한 것이 하락할 때 손절해서 다른 종목을 찾아가는 것인데, 자산가가 되려면 이런 생계형 트레이더의 단점을 극복하는 과정을 겪어서 투자자-자산가의 수준으로 레벨업해야 한다.

그러기 위해서는 하락 시 추가 투입하는 씨드머니 계획을 세워야 하고, 매매하는 종목이 목표단가에 이를 때까지 궁둥이 힘으로 버티는 내공이 필요하다. 그 궁둥이의 힘이 각자에 따라 다르겠지만 초보 투자자는 적어도 3년을 한 번으로 해서 10년은 기본적으로 가는 훈련을 반드시 해보기를 권한다.

현재 그 제자의 보유자산을 평가하면, 2015년 아모레퍼시픽이 40만원일 때보다 엄청나게 더 커진 상태다. 일반적으로 이 시점에 수익이 크게 난 LG생활건강을 팔아 수익을 챙기고 이동해 아모레퍼시픽을 매수하는 것도 합리적인 투자전략이었을 것이다. 그런데 그는 그렇게 하지 않았다. 그렇게 했다면 LG생활건강도 현재의 가격을 구경하지 못했을 것이다.

변동성 칼날에 흔들리지 마라

투자의 정답은 없다. 하지만 자신의 돈 그릇에 따라 각자 알아서 사업적 시각으로 투자하는 투자호흡이 제일 크다는 것은 명확하다. 그래서 트레이딩 능력보다 미래의 성장성이 보이는 종목을 싸게 매수해서 목표를 달성할 때까지 산 넘고 물 건너의 변동성을 조절해가면서 실행하는 능력이 중요한 것이다.

최근에 투자호흡이 잘 안 되는 이들이 주가의 변동성에 멘탈이 흔들리는 경우가 많이 생기는 것 같다. 필자가 네이버 카페의 '다인경제'를 만든 목적은 단순히 종목을 찍어주고 리딩을 하기 위함이 아니다. 투자이론과 함께 헤어숍 원장 같은 묵직한 투자호흡을 대부분의 투자가가 자신의 것으로 만들 때까지 다양한 방법으로 전달하고 공부하게 하기 위함이다.

변동성 칼날에 흔들리지 말아야 한다. 주식투자의 세상에 들어왔다면 변동성은 비일비재한 일이다. 주가가 늘 우상향하면 얼마나 좋겠는가만, 앞의 아모레퍼시픽과 LG생활건강도 중간중간에 30~50% 급락하는 경우가 다반사로 일어났다.

이런 변동성에 멘탈이 흔들려서 매도하고 다른 종목으로 갈아탔다면, 나중에 이 종목이 만들 에너지를 자신의 것으로 만들 수가 없었을 것이다. 그런데도 대부분의 투자자가 이런 변동성 칼날에 휘둘려 투자자의 무덤이 생기는 것으로 주식투자가 결론이 나는 것이다. 오죽하면 "투자도 운빨 기운빨이 있는 것 같고, 투자 팔자가 있는 것 같고, 그 투자 팔자는 남이 만드는 것이 아니라 본인 스스로가 만든다"고 이야기하겠는가.

지금부터는 헤어숍 원장의 반대편에서 투자그룹을 만들어준 대학 교수 이야기를 하려고 한다. 필자가 과거에 제자들을 적극적으로 받아들이고 같이 스터디그룹을 만들어서 할 때 2~3명을 한 조로 해서 공부를 했다. 그래서 거쳐간 제자(스터디그룹을 통해서 온라인·오프라인에서 같이 공부한 투자자를 편의상 제자라고 부른다)가 전에 기록한 장부의 숫자를 보니 157명이다. 그런데 그중에 내 스스로 제자라고 명명한 사람은 이제 36호이니 157명 중의 36명에 불과하다. 그런데 36명 중에 내 옆에 아직 있거나 같이 투자여행하는 사람은 15명 정도밖에 안된다.

결혼해서 이 업계를 완전히 떠난 분도 있고, 자신이 스스로 더 잘할 수 있어서 독립해서 현재 전문가 활동을 하는 분도 있다. 모두 투자의 세상에서 38년 동안 한 우물을 파는 과정에서 만난 인연들이다. 그중에서 가장 똑똑하고 열정적인 제자가 이 대학교수다. 이 제자는 명문대학 교수인데, 실전투자 실력은 항상 헤어숍 원장과 비교되는 대상이다.

대학교수 제자가 스스로도 한탄을 한 적이 있다. 초기에는 헤어숍 원장과 자신의 자산이 비슷했는데, 현재는 자신은 월급 받는 대학교수로 겉보기에 명예는 있지만 항상 쪼들리고 피곤한 인생을 산다는 내용이었다. 비교심리가 작동해서 그런 것이다.

헤어숍 원장은 현재 건물주로서 보유한 자산도 '0'이 여러 개 붙은 자산가가 되었는데, 자신은 20년 동안의 투자인생에서 그렇게 열심히 노력하고 공부하고 집중했는데도 왜 자신이 생각한 만큼 자산이 커지지 않는지 모르겠다고 한참을 나를 찾아와 한탄했다. 그런데 그렇게 한탄하는 대학교수 제자도 자신의 문제점을 너무 잘 알고 있다. 왜냐하면 함께 스터디하면서 둘 다 최초에 진입한 투자종목이 같았기 때문이다.

그 당시 스터디그룹을 할 때 '실전투자를 하면서 공부하자'는 모토로 투자자금이 얼마가 되든지 시작하는 종목 2~3개를 같이 선정해서 투자하면서 스터디하는 방법으로 공부를 했으니, 대학교수도 최초에 투자한 종목이 헤어숍 원장과 똑같은 아모레퍼시픽과 LG생활건강이었다.

대학교수는 아모레퍼시픽과 LG생활건강을 1년도 안 돼서 수익이 크게 났다고 매도하고, 다른 종목으로 갈아타 다른 세상에 갔다. 그러면서 스터디를 할 때 자신의 실력과 실적을 자랑하면서 헤어숍 원장에게 "미련한 투자방법"이라고 훈수까지 두는 것을 보고 그때 크게 야단을 친 적이 있다. 헤어숍 원장은 학력과 지식이 적더라도 지혜가 있고 자기 일에 대한 끈기와 성실함으로 큰 자산가의 그릇이 보이는 데 비해 대학교수는 자신의 생각과 투자 호흡 때문에 구좌가 커지지 못할 것이라고 말해주었다.

결론적으로 대학교수 제자는 아직도 돈을 벌기 위해 여기저기 아르바이트도 하면서 본캐-부캐 속에 열심히 일하며 투자와 싸우고 있고, 헤어숍 원장 제자는 본업에 충실하면서 자신이 보유한 종목은 가끔 확인하거나 어떤 때에는 몇 개월 동안 시세도 안 보는 경우도 있을 정도로 투자를 즐기고 있다.

여러분은 어떤 투자자가 되고 싶은가? 무엇이든지 첫 발자국(첫 투

자종목)과 첫 투자호흡이 중요하다. 안달바이러스, 징징바이러스의 창
궐로 힘든 투자자에게는 두 제자의 투자인생 소개가 도움이 되리라
생각한다. 이 부분은 스스로 체득하고 스스로 만들어가야지, 남이 대
신 싸워주는 것이 아니다.

반드시 지켜야 할 매매 철칙

투자호흡이 들숨 날숨 수준인 투자자는 다음 기준이라도 철저히
지켜서 매매하기 바란다.
첫째, 상승각도 종목만 매매한다.

◆ 하락하다가 상승전환 시 ◆

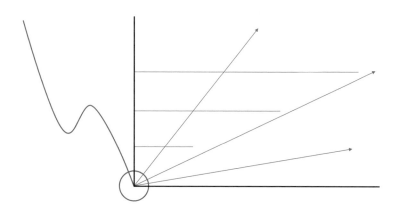

◆ 겨울-봄-여름의 3단계 과정을 시스템 구조로 만들기 ◆

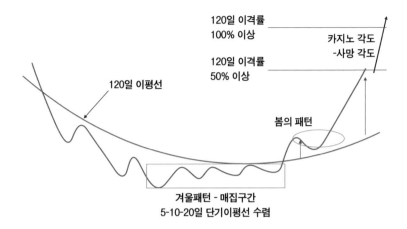

120일 이격률
100% 이상

카지노 각도
-사망 각도

120일 이격률
50% 이상

120일 이평선

봄의 패턴

겨울패턴 - 매집구간
5-10-20일 단기이평선 수렴

◆ 매매하지 마 기준 _ 상승률과 120일 이격률 기준으로 만들기 ◆

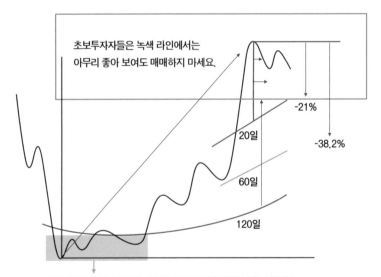

초보투자자들은 녹색 라인에서는
아무리 좋아 보여도 매매하지 마세요.

-21%

-38.2%

20일

60일

120일

매수는 역배열에. 단기이평선 5-10-20일 이평선이 밀집 패턴을 보이는 것만 매수.
손절단가를 정하고, 손절단가를 붕괴하면 매도해서, 다시 거기서 10-20% 추가하락하면 재진입.
애매하게 하락한 후 손절단가를 다시 돌파 시엔 재진입.

둘째, 상승각도 매수위치는 저점에서의 상승률과 120일 이격률로 위험도를 측정한다.

저점에서 100% 이상으로 잡거나, 시가총액 기준으로 각자 스스로 위험도를 측정해 어디서부터는 매매하지 말거나, 정배열에서 매매할 때 매수진입기준 시 손절 기준은 각자 위치 높이에 따라 3-5-7% 손절 기준을 스스로 정한다. 왼쪽 페이지의 그림에서 직관을 얻자.

모든 이평선이 이격이 넓어지고 정배열에서 매수진입 시 매수단 가에서 3-5-7% 손절단가를 정해야 한다. 120일 이격이 크지 않거나 10-20% 정도로 상승초기 저점에서 0~20% 이내 상승률을 보인 종목에 매수 진입 시, 매수단가에서 3~5%가 붕괴하면 일단 손절한다 (들숨 날숨 호흡이니). 그 다음 재매수진입위치를 스스로 정하고, 직전 저점을 안 깨고 쌍바닥 유지 시 홀딩하고, 직전저점을 붕괴 시 손절 라인을 잡는다. 이런 식으로 진입-청산의 룰을 스스로 만들어서 매매해야 한다.

120일 이격이 50% 이상 이미 급등한 종목에 매수진입 시에는 손절단가를 3%로 잡고 대응해야 한다. 120일 이격이 이미 100% 이상 저점에서 100% 이상 급등한 종목은 각자 알아서 매매해야 하는데, 손절단가 3-5-7% 기준으로 정하고 매매한다.

셋째, 생각대로 매수 후 상승세가 보이는데 내가 매도하고 싶은 단가가 되지 않는 상황에서 조정 시엔 일단 매도한다.

물량비율 및 매도기준 데드라인은 각자 알아서 정하고, 고점에서 3-5-7% 룰기준을 정해서 스스로 매매한다. 데드라인이 붕괴된 후에 재매수하는 단가 설정도 그 사이 상승한 진폭으로 재매수기준을 설

◆ SK케미칼 하락기준 ◆

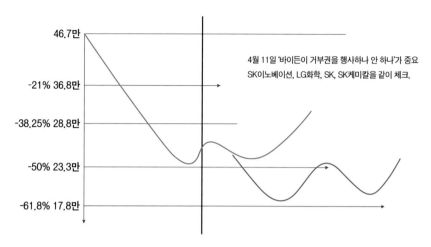

46.7만

-21% 36.8만

-38.25% 28.8만

-50% 23.3만

-61.8% 17.8만

4월 11일 '바이든이 거부권을 행사하나 안 하나'가 중요
SK이노베이션, LG화학, SK, SK케미칼을 같이 체크.

◆ 120일 이평선 기준 바닥패턴 ◆

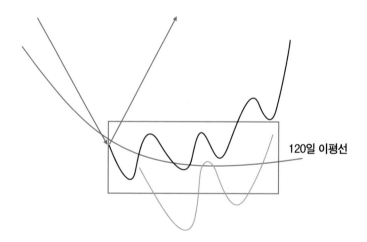

120일 이평선

정한다(4등분법칙을 이용해서 재매수위치 설정). 그런데 원하는 조정이 오지 않고 끊어준 데드라인을 다시 돌파 시엔 재매수하는 감각도 잊지 말아야 한다. 만약 그 데드라인이 다시 붕괴하면 기계적으로 재매도 해야 한다(들숨 날숨 호흡이므로 여기서 매매가 3~5번 되어도 기계적으로 하길 권한다).

실전에서 SK케미칼 매수진입 전략을 수립하고, 실제로 상승파동이 나타나서 목표단가에 매도하고, 매도 후 어디서 재진입하는지 그 기준으로 설정하고 실행하는 것이다.

◆ SK케미칼 일봉 차트 ◆

실전에서 SK케미칼은 고점에서 38.2~50% 하락한 위치에서 25만 원부터 23만원 영역을 분할매수해서 30만~32만원에 매도하는데, 데드라인을 30만원으로 잡고 100% 매도한 종목이다.

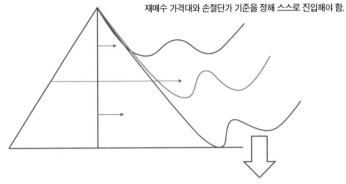

◆ **50% 중심가격과 a-b-c 파동감각** ◆

어디까지 조정하고 어디에서 터닝할지는 시장만 알 수 있음.
기계적인 재매수 로직을 만들어서
재매수 가격대와 손절단가 기준을 정해 스스로 진입해야 함.

상승파동 시 35만원을 목표로 잡아도 30만~32만원에 비율매도하고, 남은 물량이 35만 돌파 시 매도계획을 잡았어도 데드라인 30만원 붕괴 시 일단 다 매도한다. 그리고 그 다음 전략으로 235,000원과 325,000원 상승파동을 1로 놓고 4등분법칙을 이용해서 재매수 영역을 스스로 알아서 찾아봐야 한다.

오른쪽 페이지의 SK케미칼 차트를 보면, 30만원 데드라인 붕괴 이후 2021년 9월 17일까지 SK케미칼의 추가적인 파동이다. 25만~27만원대는 매수영역으로, 32만원은 매도영역으로 작동하고 있다.

이후 실제 파동도 여러 번 기회를 준다. 2021년 10월 8일 현대모비스의 영종도 1조 3천억 수소연료전지 공장건설 기공식에 대통령과 수소연맹 그룹 총수들이 다 모였다. 수소경제를 위한 미래 비전을 발표하는 시점에 수소연결고리 종목이 급등하는 과정에서 SK케미칼

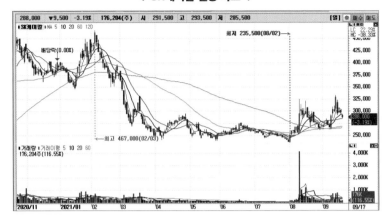

◆ SK케미칼 일봉 차트 ◆

도 329,000원까지 급등했다.

실전에서 그 파동을 이용해 물량 늘리기 전략을 실행시켰다. 전체 시장이 불확실하고 시가총액 상위종목인 삼성전자-SK하이닉스가 하락조정하거나 갇혀 있는 장세에서는 주도주 종목이라고 해도 추세적으로 강하게 치고 나가지 못하고 작은 변동을 주면서 상승추세가 늦게 전개되는 경우가 많다.

이런 파동을 이용해서 보유한 물량의 50% 정도를 가지고서 고점 매도하고, 그 매도한 금액으로 주가변동성을 이용해서 재매수하는 전략을 실전에서 자주 실행하는데 개인적으로 이런 전략을 '물량 늘리기 전략'이라고 표현한다.

그날의 SK케미칼 분봉 차트를 보면 다음과 같다.

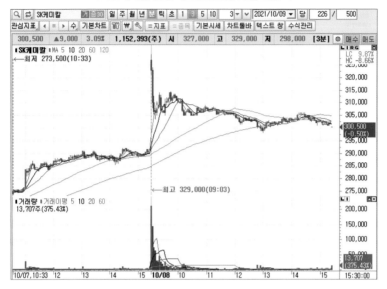

◆ SK케미칼 분봉 차트(2021년 10월 8일) ◆

시가가 고가로 329,000원을 형성하고 장중 저점 298,000원까지 하락한 후 종가는 30만원으로 마감했다. 32만원에 100주 매도해서 30만원에 매수했다면 대충 109주를 매수할 수 있다.

여기는 개인차가 있고 실제 시가총액 사이즈에 따라 주가변동성이 달라서 10~20% 물량을 늘리는 경우가 허다하다. 나중에 그런 상황이 나올 경우 각자 실전에서 실행해보기 바란다. 전체 물량을 다 매도-재매수하지 않는 이유는 실패하는 경우도 많기 때문이다. 그렇게 된다면 같은 섹터 종목 중 매수대상을 설정해 그 종목을 매수한다.

SK케미칼의 물량 늘리기 전략과 같이 병행해서 대응하는 종목으로 대한유화, 롯데케미칼이 있다.

◆ SK케미칼 일봉 차트 ◆

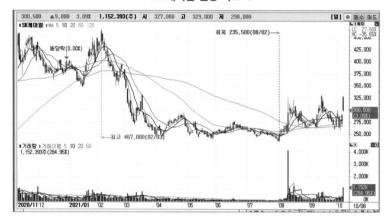

변동성을 이용해서 물량 늘리기 전략을 수립해준 SK케미칼의 2021년 12월 12일 위치다.

◆ SK케미칼 일봉 차트(2021년 12월 12일) ◆

50% 무상증자를 한 가격이다.

◆ SK케미칼의 무상증자 결정 ◆

1. 신주의 종류와 수	보통주식 (주)	5,869,384
	기타주식 (주)	656,759
2. 1주당 액면가액 (원)		5,000
3. 증자전 발행주식총수	보통주식 (주)	11,751,396
	기타주식 (주)	1,458,670
4. 신주배정기준일		2021년 10월 22일
5. 1주당 신주배정 주식수	보통주식 (주)	0.5
	기타주식 (주)	0.5
6. 신주의 배당기산일		2021년 12월 31일
7. 신주권교부예정일		-
8. 신주의 상장 예정일		2021년 11월 09일
9. 이사회결의일(결정일)		2021년 10월 07일
- 사외이사 참석여부	참석(명)	4
	불참(명)	0
- 감사(감사위원)참석 여부		-

10월에 32만원이 저항이 된 것은 '정보의 비대칭성'으로 무상증자를 50% 할 것을 아는 투자층의 집중매도로 판단되며, 권리락 이후 주가는 14만원 영역에서 바닥패턴을 보이는 중이다.

이제 SK케미칼, 롯데케미칼, 대한유화 같은 종목은 바닥패턴 완성 이후 상승추세 전환과정에서 2022~2025년까지 추세적 주도주로 부상하는지 추적해야 할 것이다.

◆ 대한유화 주봉 차트 ◆

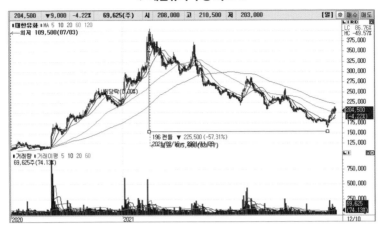

대한유화 기준으로 고점-저점의 시간이 고점 2월 17일 405,000원에서 저점 11월 29일 163,000원까지 196일 하락했다. 그러므로 이번에 형성된 저점기준 11월 29일 기준으로 1대1 대등수치 감각으로 196일 후에 대한유화 주가 위치를 파악하듯이, 그 시점에 SK케미칼-롯데케미칼 주가도 전광판을 켜서 시세를 확인하고, 그 사이에는 수면제 모드로 다른 일을 하길 권해드린다.

이렇게 시간의 대등과 각도를 측정하면서 시간여행 종목을 인내심을 가지고 기다리는데, 전체 시장의 판세를 읽는 기준이 시가총액 상위 20개 종목의 주가 흐름과 그것을 이용하는 파생시장의 흐름을 면밀히 파악하는 것이다.

시장의 전체적인 흐름을 결정하는 시가총액 상위 20개 종목의 롱-숏 에너지를 파악해야 하고, 그 20개 종목에서 1-2등을 차지하는 삼성전자와 SK하이닉스의 숨소리도 체크하는 노력이 필요하다. 여기서 파생되는 레버리지 전략과 변동성 전략이 다른 종목에 크게 영향을 미친다.

삼성전자-SK하이닉스의 숨소리를 체크하는 법

"삼성전자, SK하이닉스의 숨소리를 어떻게 판단하는데요?"

필자는 개인적으로 4등분법칙을 이용해서 중심이 어떤 방향을 이동하는지 세밀하게 분석하고, 그것을 기준으로 다른 IT 종목의 변동성을 측정한다.

최근 삼성전자, SK하이닉스의 하락삼각형 4등분법칙을 만들어서 대응하고 DB하이텍 저점매수 되반등 시 매도 및 재매수 위치를 찾을 때도 상승삼각형-하락삼각형 기준을 만들어서 스스로 알아서 싸워야 한다.

이때 의미 있는 저점과 고점을 찾고 거기서 현재 위치를 찾는 것이 중요한데, 2021년 10월을 기준으로 1년 전인 2020년 10월 30일 종합지수 2266p기준 시 삼성전자와 SK하이닉스의 의미 있는 저점을 갖고 판단해서 대응하는 것이 필요하다. 그것을 기준으로 DB하이텍, 에스앤에스테크 등 시스템반도체 연결고리 종목도 같은 기준으로 대응하는 것이 필요하다.

그렇다면 삼성전자와 SK하이닉스를 4등분법칙에 따라 위치를 파악해보면 다음과 같다.

◆ 삼성전자 4등분법칙 ◆

삼성전자		상승률	하락률		
96,800	최고	73%	0%		
		68%	-3%	94,250	75%
		64%	-5%	91,700	50%
		59%	-8%	89,150	25%
86,600	75%	55%	-11%		
		50%	-13%	84,050	75%
		46%	-16%	81,500	50%
		41%	-18%	78,950	25%
76,400	50%	36%	-21%		
		32%	-24%	73,850	75%
		27%	-26%	71,300	50%
		23%	-29%	68,750	25%
66,200	25%	18%	-32%		
		14%	-34%	63,650	75%
		9%	-37%	61,100	50%
		5%	-40%	58,550	25%
56,000	최저	0%	-42%		

◆ 삼성전자 일봉 차트(10월 5일) ◆

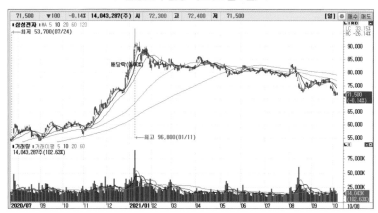

◆ SK하이닉스 4등분법칙 ◆

sk하이닉스		상승률	하락률		
150,500	최고	90%	0%		
		84%	-3%	146,044	75%
		79%	-6%	141,588	50%
		73%	-9%	137,131	25%
132,675	75%	68%	-12%		
		62%	-15%	128,219	75%
		56%	-18%	123,763	50%
		51%	-21%	119,306	25%
114,850	50%	45%	-24%		
		39%	-27%	110,394	75%
		34%	-30%	105,938	50%
		28%	-33%	101,481	25%
97,025	25%	23%	-36%		
		17%	-38%	92,569	75%
		11%	-41%	88,113	50%
		6%	-44%	83,656	25%
79,200	최저	0%	-47%		

◆ SK하이닉스 일봉 차트(10월 5일) ◆

이번 하락조정 파동이 어디서 멈추고 다음 상승파동은 어디까지 전개될 것인지 미리 생각해보고, 그것이 가능하게 될 상황을 시나리오 식으로 열거해보면서 동태적으로 추적해보는 것이다.

　　이런 흐름으로 SK하이닉스가 10월 13일 90,500원까지 급락하는 과정에서 모 경제방송을 통해 "떨어지는 칼날을 잡으라"는 전략을 수립해드렸다. 외국인 매도가 매수로 전환될 가능성과, 3월 2일 고점 15만원에서 10월 13일 90,500원까지 39.6% 급락하면서 일차 매수기순인 시가총액 상위종목이 고점에서 38.2% 하락하는 구간부터 매수 시작하는 시스템로직을 가동해드린 것이다.

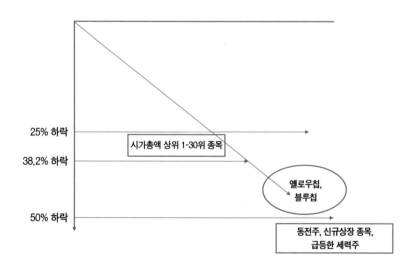

◆ 하락시스템 구조화 ◆

◆ SK하이닉스 일봉 차트 ◆

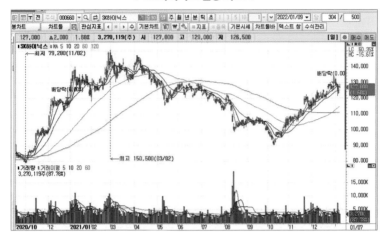

SK하이닉스의 하락파동을 4등분해서 되반등한 주가 위치가 어디인지 체크해보라.

SK하이닉스는 10월 중순 '9만 전자' 수준으로 급락했을 때 공포를 매수하는 전략을 실행했다. 저점에서 40% 이상 급등한 13만원 수준에서는 수익을 실현하거나 비율 매도를 통해서 보유한 물량의 일정 부분을 매도하고, 가격의 변동성을 측정하면서 매도한 물량을 재매수하는 기준을 만들어냈다. 이처럼 실제로 어디까지 조정할지, 그리고 어디까지 상승할지 물 흐르듯이 시장에 적응해가면서 대응능력을 키워가는 것이다.

SK하이닉스를 52주 최고가 15만원과 52주 최저가 90,500원을 기준으로 4등분해서 75% 능선 수준인 13만원에서 물량 50%를 일단 매도해본다. 그리고 25% 능선 수준인 10만원대에서 다시 재매수하

180

◆ SK하이닉스 4등분법칙 ◆

sk하이닉스		상승률	하락률		
150,500	최고	66%	0%		
		62%	-2%	146,750	75%
		58%	-5%	143,000	50%
		54%	-7%	139,250	25%
135,500	75%	50%	-10%		
		46%	-12%	131,750	75%
		41%	-15%	128,000	50%
		37%	-17%	124,250	25%
120,500	50%	33%	-20%		
		29%	-22%	116,750	75%
		25%	-25%	113,000	50%
		21%	-27%	109,250	25%
105,500	25%	17%	-30%		
		12%	-32%	101,750	75%
		8%	-35%	98,000	50%
		4%	-37%	94,250	25%
90,500	최저	0%	-40%		

는 매매가 가능할 때가 있고, 중심이 높아져서 50% 중심가격 수준인 12만원을 강력하게 지지하고 13만원 저항을 돌파해서 새로운 상승 에너지가 나오는지 실전매매를 해보면서 지지-저항의 에너지를 느껴보는 것이다.

SK하이닉스 기준으로 10월 13일 저점 기준으로는 40% 이상 상승한 후에 조정중이다. 75% 중심가격 135,000원과 직전 고점 15만원을 돌파하려면 저점에서 어느 정도의 에너지-상승률이 나와야 가능하고, 그것을 가능하게 하는 매매주체별 동향상 외국인-금융투자의 수급과 실적 그리고 M&A재료가 연결되는지 동태적으로 계속 추적해가는 것이다. 즉 삼성전자-SK하이닉스의 중심가격 변화가 시장의 흐름을 결정하는 것이다.

따라서 앞으로도 4등분법칙 기준에서 상승삼각형-하락삼각형의 중심가격을 체크하고, 중심이 실적 수급 재료 이벤트에 어떻게 작동하는지 2022년 10월(1년 후), 2023년 10월(2년 후) 움직임을 추정하고 추적해보는 것이다.

이처럼 현재 팩트와 주가 위치에서 의사결정을 하면 안 된다. 미래의 변화가 현재 위치보다 더 낮을 것인가, 높을 것인가를 고민하고 투자실행 전략을 수립해야 하는 것이다.

이것과 연결해서 시스템반도체 DB하이텍도 중심가격의 변화를 체크해보면 다음과 같다.

3월의 위치와 10월의 위치를 비교해보자.

3월의 삼성전자 하락파동에서 DB하이텍을 같이 재매수 설정해드

◆ DB하이텍 일봉 차트(10월 5일) ◆

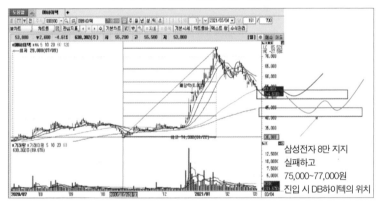

삼성전자 8만 지지
실패하고
75,000~77,000원
진입 시 DB하이텍의 위치

린 기준을 올려드린 그래프다.

실제 3월 저점 이후 DB하이텍의 실제파동을 보면 48,000~52,000원 영역에서 매수해서 65,000~70,000원 영역에서 매도가 가능했으며 다시 재매수 위치를 잡는 종목으로, 8월 21일 현재 삼성전자 하락 속도를 기준으로 눌림목 저점 기준 찾기 로직을 만들어서 실전대응 해보는 것이 중요하다.

상승 시 끊어주는 기준으로 설정하든지, 매수단가 기준으로 설정하든지, 현재까지 형성된 고점기준으로 하든지 각자 알아서 정해 실행하면 된다. 기준은 3-5-7%잣대에서 위치를 보고 스스로 결정해야 할 것인데, 추세상승에너지와 추세하락에너지의 기준은 아래 그림을 통해 스스로 정해서 조절해야 한다.

2021년 10월, 다시 하락각도에서 체크해야 하는 위치에 있다. 2021

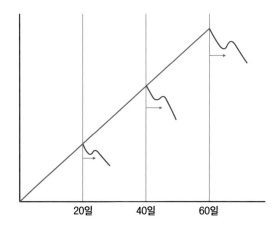

◆ 상승추세 시 데드라인 설정 ◆

20일　　40일　　60일

◆ 4등분법칙 ◆

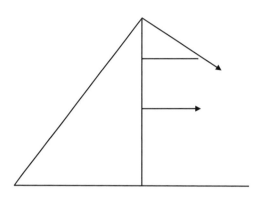

• 분석하는 기준일까지 상승진폭을 1로 놓고 4등분해, 75% 능선 붕괴 시 상승추세에서 하락추세로 전환되었다고 판단해 매도 대응

• 75% 능선 위치와 20일 이동평균선 위치를 비교해서 20일 이평선이 높으면 20일 이동평균선 붕괴 시 매도

• 단기급등율이 높아서 20일 이동평균선과 고가의 이격률이 20%를 초과하는 경우에는 고가와 20일 이동평균선의 진폭을 4등분해서 50% 중심가격 붕괴 시 매도

◆ DB하이텍 일봉 차트 ◆

◆ DB하이텍 4등분법칙 ◆

db하이텍		상승률	하락률		
74,300	최고	145%	0%		
		136%	-4%	71,553	75%
		127%	-7%	68,806	50%
		118%	-11%	66,059	25%
63,313	75%	109%	-15%		
		100%	-18%	60,566	75%
		91%	-22%	57,819	50%
		81%	-26%	55,072	25%
52,325	50%	72%	-30%		
		63%	-33%	49,578	75%
		54%	-37%	46,831	50%
		45%	-41%	44,084	25%
41,338	25%	36%	-44%		
		27%	-48%	38,591	75%
		18%	-52%	35,844	50%
		9%	-55%	33,097	25%
30,350	최저	0%	-59%		

◆ DB하이텍 4등분법칙 _ 저점 48,900원 기준 ◆

db하이텍		상승률	하락률		
74,300	최고	52%	0%		
		49%	-2%	72,713	75%
		45%	-4%	71,125	50%
		42%	-6%	69,538	25%
67,950	75%	39%	-9%		
		36%	-11%	66,363	75%
		32%	-13%	64,775	50%
		29%	-15%	63,188	25%
61,600	50%	26%	-17%		
		23%	-19%	60,013	75%
		19%	-21%	58,425	50%
		16%	-24%	56,838	25%
55,250	25%	13%	-26%		
		10%	-28%	53,663	75%
		6%	-30%	52,075	50%
		3%	-32%	50,488	25%
48,900	최저	0%	-34%		

◆ DB하이텍 4등분법칙 _ 고점 69,500원 기준 ◆

db하이텍		상승률	하락률		
69,500	최고	42%	0%		
		39%	-2%	68,213	75%
		37%	-4%	66,925	50%
		34%	-6%	65,638	25%
64,350	75%	32%	-7%		
		29%	-9%	63,063	75%
		26%	-11%	61,775	50%
		24%	-13%	60,488	25%
59,200	50%	21%	-15%		
		18%	-17%	57,913	75%
		16%	-19%	56,625	50%
		13%	-20%	55,338	25%
54,050	25%	11%	-22%		
		8%	-24%	52,763	75%
		5%	-26%	51,475	50%
		3%	-28%	50,188	25%
48,900	최저	0%	-30%		

◆ 하락각도에서 상승각도 전환기준 ◆

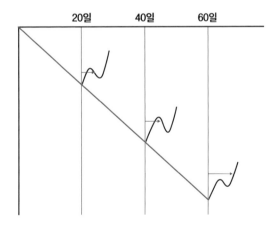

186

년 3월 9일 48,900원에서 8월 13일 69,500원까지 상승각도에너지에 의한 상승추세가 75% 능선 64,350원을 붕괴한 후 직전 저점 수준까지 조정하고 있다.

상승삼각형-하락삼각형의 4등분 기준은 다음과 같다. 상승삼각형은 상승진폭을 1로 놓고 하락조정 시 어디서 하락파동이 멈추는지 동태적으로 추적해보는 감각이다. 하락삼각형은 하락진폭을 1로 놓고 되반등 에너지가 어느 정도 나타나는지 체크하는 감각으로 실전에서 사용하는 것이다. 다음의 그림들을 살펴보면 상승삼각형과 하락삼각형의 개념이 잘 이해될 것이다.

◆ **상승삼각형의 개념** ◆

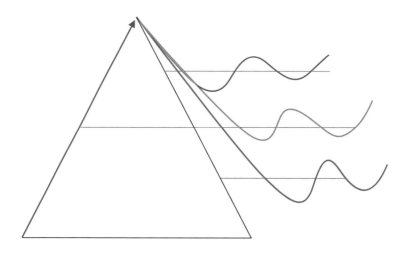

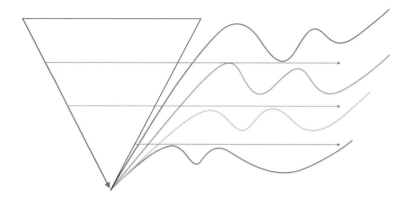

    DB하이텍을 갖고 상승삼각형-하락삼각형 기준을 체크해가면서 실전에 응용해보기 바란다.

    2021년 10월 DB하이텍은 판단의 기준이 되는 삼성전자가 하락파동 전개하는 중에 같이 하락삼각형 패턴을 보이고 있다.

    바닥이 확인되고 되반등이 전개되는지, 그렇지 않고 저점이 새롭게 형성되면 저점가격을 변경해서 언제 하락4등분의 25% 능선 가격을 돌파하는지 추적해보기 바란다.

    25% 능선을 돌파하면 전쟁터에서 매도세의 공격을 막아내고 새로운 영역으로 전진하는 것 같은 감각으로 50% 능선을 향해서 목표치를 높이는 것이다. 이런 식으로 직전 고점을 돌파하는지 실제 시장에게 물어보는 것이다. 주가가 상승할 때 각 능선을 돌파하면 그 능선이 지지선으로 확보되는 것으로 판단하면서 상승각도와 시간의 감각도 체크해서 투자해야 한다.

◆ DB하이텍 4등분법칙 _ 고점 69,500, 저점 49,600원 ◆

db하이텍		상승률	하락률		
69,500	최고	40%	0%		
		38%	-2%	68,256	75%
		35%	-4%	67,013	50%
		33%	-5%	65,769	25%
64,525	75%	30%	-7%		
		28%	-9%	63,281	75%
		25%	-11%	62,038	50%
		23%	-13%	60,794	25%
59,550	50%	20%	-14%		
		18%	-16%	58,306	75%
		15%	-18%	57,063	50%
		13%	-20%	55,819	25%
54,575	25%	10%	-21%		
		8%	-23%	53,331	75%
		5%	-25%	52,088	50%
		3%	-27%	50,844	25%
49,600	최저	0%	-29%		

◆ DB하이텍 하락삼각형 ◆

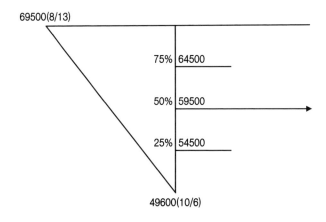

삼성전자-SK하이닉스의 상승률이 지속될 경우 삼성전자 상승률보다 3~5배 더 크게 상승할 가능성이 높은 종목이 DB하이텍, 칩스앤미디어 같은 종목이다. 여기서 차량용반도체의 연결고리와 시스템반도체 주도주 물줄기에 대장주로 부상할 수 있는 DB하이텍을 갖고서 상승각도와 하락각도를 체크하고 중요한 기준점에서 상승률을 체크해가면서 실전매매에 응용해보는 것이다.

삼성전자가 대규모 M&A를 실행하고 미국의 시스템반도체 부분에 대해 집중투자하면서 '10만 전자'의 벽을 돌파하는 시기가 올 때, DB하이텍의 주가는 어느 정도 수준에서 가격을 형성하고 있을 것인지 미리 판단해보고 실제 파동과 예상하는 목표가격과의 괴리를 동태적으로 추적해보는 것이다.

여기서 기준이 되는 급등종목을 샘플링해서 이를 나스닥의 의미

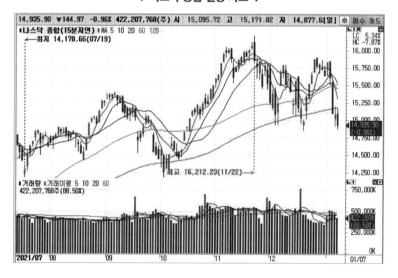

◆ 나스닥 종합 일봉 차트 ◆

있는 저점과 고점의 궤적과 비교해가면서 상대속도전략을 실행해보는 것이다.

나스닥의 의미 있는 저점과 고점의 궤적을 체크하면 다음과 같다.

2021년 10월 4일 14181p

2021년 11월 22일 16212p

2021년 12월 20일 14860p

2021년 12월 28일 15901p

2022년 1월 7일 14935p

그 구간에 LG이노텍, DB하이텍, 코리아써키트, 칩스앤미디어의 상승률을 비교해보고, 중요한 고점과 저점에서 각 분석하는 대상이 어떻게 움직였는지 체크하고, 현재 수준에서 가장 매력적인 위치에 있는 대상을 찾는 훈련을 해보는 것이다.

◆ LG이노텍 일봉 차트 ◆

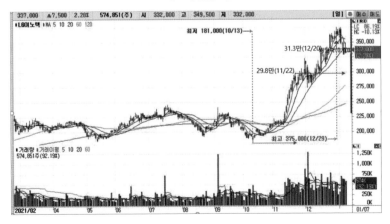

◆ 코리아써키트 일봉 차트 ◆

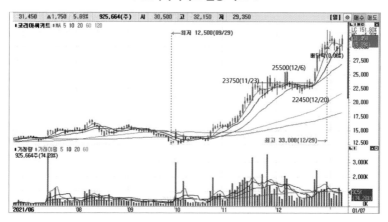

◆ 칩스앤미디어 일봉 차트 ◆

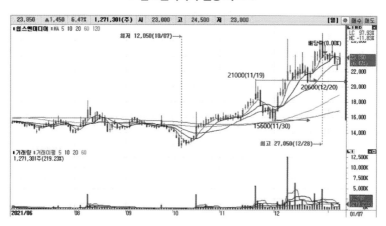

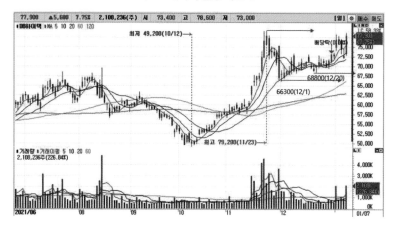

◆ DB하이텍 일봉 차트 ◆

실전매매에서 LG이노텍을 100% 매도해서 그것을 DB하이텍으로 매수이동해드리고, 코리아써키트를 100% 매도해서 칩스앤미디어로 이동해드렸다.

이처럼 같은 구간에서 100% 이상 급등한 종목과 상승률이 그것보다 못한 종목 중에 앞으로 매도한 것보다 더 크게 상승할 가능성이 높은 대상을 찾아서 이동하는 전략을 상대속도 전략이라고 한다.

◆ ◆ ◆

실전투자에서 가장 중요한 것은 '시장이 정답이다'라
는 시장근본주의적 시각으로부터 시작하는 것이다.
매매대상 종목이 만들어내는 고가-저가를 기준으로
4등분법칙 25%-50%-75% 능선의 위치-가격을 찾
아내고, 상승-하락 이동이 진행되는 과정에서 75%
능선 지지-저항 시 실전투자 기준을 만들어내서 실행
하는 것이다.

실전투자에서
가장 중요한 기준인
4등분법칙

4장

◆ ◆ ◆

저자직강 동영상 강의로 이해 쑥쑥!

4장의 핵심 내용을 이해하기 쉽게 풀어낸

저자의 동영상 강의입니다

4등분법칙은 필자가 실전에서 가장 중요하게 생각하는 기준이다. 개념은 아주 단순하다. 상승삼각형과 하락삼각형을 만들어서 상승진폭-하락진폭을 4등분해 실제 매매대상의 주가가 어디서 지지와 저항이 만들어지고 다시 새로운 패턴을 만드는지 수학적·기하학적 사고로 접근하는 것이다.

여기서 하나하나 시작해보자. 먼저 직선이 생기고, 각도가 생기고, 각도는 모든 변수를 함축하는 에너지로 표현된다. 각도는 거창하게 보면 '모든 정보가 시세에 반영되어 있다'는 효율적 시장가설을 기초로 두면서 우리가 아는 정보와 모르는 정보가 녹아드는 것이다. 4등분법칙은 그것을 평균과 중심의 기준으로 세분화시켜서 시장에게 물어본다는 의미가 내포되어 있다.

평균의 감각은 20-60-120일 이동평균선의 흐름에서 체크해보지만, 중심의 감각은 52주 최고가-최저가를 4등분해서 25-50-75% 가격수준을 구하고 어디에서 지지-저항이 작동하는지 한 달 기준으로 체크해보면 시세의 흐름을 느낄 수가 있다.

투자호흡이 짧으신 분은 20일의 고가-저가, 60일의 고가-저가를 4등분해서 그 구간에서 매매하면 된다. 투자의 전쟁터에서 싸우는 도구나 기준을 스스로 정하는 것이다.

상승삼각형 4등분의 직관적 그림은 다음과 같다.

◆ 상승삼각형 _ 4등분 중심 ◆

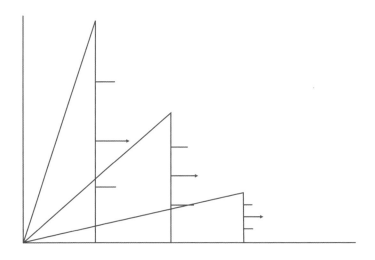

하락삼각형의 4등분은 위의 이미지를 180도 거꾸로 뒤집어서 보면 된다.

그런데 상승삼각형과 하락삼각형만 생기면 좋겠지만 각도-에너지가 생기는 구간이 있는 반면에 상당한 기간 동안 박스-사각형의 세상이 지배하는 공간도 많다.

그런데 4등분법칙이 나오게 하는 초기조건이 엘리어트 파동이다. 따라서 엘리어트 파동에 대한 기본적인 이론을 숙지하고 4등분법칙을 혼용해서 같이 사용하는 방법을 종합지수 위치로 파악하는 기준을 통해 생각해보자.

엘리어트 파동을 맹신하면 안 된다

엘리어트 파동이론과 관련해서는 수많은 자료와 책이 시중에 나와 있다. 필자가 주식이론과 관련해 처음 접한 외국 도서는 『엘리어트 파동이론』이었다. 이 책에 나오는 분석기법은 필자의 젊은 시절 약 10년 동안 영향을 미쳤고, 그런 만큼 이 책은 남다른 애정을 가지고 있다.

현재는 엘리어트 파동을 참고만 하는 수준이 되었지만 기본적으로는 '엘리어트 파동을 아는 것이 좋다'는 입장이다. 즉 현재는 엘리어트 파동이론 역시 하나의 투자기법 정도로만 생각할 뿐 이를 특별히 맹신하지도, 부정하지도 않는다.

주식시장에서 38년 동안 한 우물을 파면서 느낀 것은 모든 투자기법은 결국 일맥상통하며 황금알을 낳는 투자 시스템이나 기법이 따로 있는 것은 아니라는 점이다. 투자의 성패는 기법에 있는 것이 아니라 나 자신에게 있다. 절대기법은 없고, 그것을 사용하는 나 자신의 판단능력과 대응능력이 중요하다.

실전에서 기법에 너무 의존하다가 한동안 너무 잘 맞던 기법이 어느 순간 엄청난 손실을 가져온 경우도 있었다. 또 어느 때는 일목균형표가 잘 맞더니 또 어느 때는 엘리어트 파동이론이 잘 맞기도 하더라는 것이다.

중요한 것은 그것을 활용하는 나 자신의 투자호흡과 매매원칙이다. 그래서 매매 시 심리상태를 통제할 수 있는 리스크 매니지먼트가 더없이 중요한 것이다.

그럼에도 기본적인 예측기법은 시장을 읽을 수 있는 능력을 키우는 데 도움을 준다. 그래서 중요한 기술적 분석기법으로 여겨지고 있는 엘리어트 파동법칙을 여기서 소개해보겠다.

"철학적 관점에서 생각해볼 때 20세기 최대의 발견은 상대성 이론, 양자역학 원자의 분리 등이 아니라 우리가 아직 궁극적 실체(ultimate reality)에 도달하지 못했음을 깨달은 것이다. 우리는 다만 변화를 주재하는 법칙에 따라 진행되어 외부 세계에 나타난 현상을 규정 지을 뿐이다. 모든 생명체와 움직임은 진동(vibration)으로 구성되어 있으며 주식시장도 예외일 수 없다."

엘리어트(R. N. Elliot)가 쓴 『우주의 비밀(Nature's Law-The Secret of the Universe)』이라는 책에서 발췌한 내용이다. 엘리어트는 자연의 현상은 모두 파동으로 이루어진다고 보았다. 따라서 그는 주식시장도 매수와 매도의 에너지가 충돌하면서 이루어지는 파동으로 형성되고 그 파동의 주기와 진폭에는 정형화된 패턴이 있지 않을까 하는 의구심을 갖고 연구를 시작했다. 그 결과 그는 상승 5파와 하락 3파를 기본 패턴으로 잡고, 거기에 불규칙 파동을 설정함으로써 미래를 예측할 수 있는 잣대를 만들어냈다.

이후 다양한 추가 분석기법이 연구되었는데, 컴퓨터를 통한 파동의 통계적인 접근이 가능한 기법이며 현재까지도 변하지 않고 있다.

엘리어트 파동이론의 기본 철학은 자연현상을 파동으로 읽고 그러한 파동에는 원칙이 있다고 보는 것이다. 그는 그 원칙을 기본으로 삼아 피보나치 수열에 의한 황금비율의 현상을 주가파동에 도입해 수치적으로 체계화하고 엘리어트 파동을 어떻게 읽을 것인지 집대성했다.

과거 피타고라스 학파의 황금비율 사상과 피보나치 수열을 통해 파동의 미래를 예측하고, 그 변동성을 측정하려 시도한 그의 이론은 기술적 분석에 있어 하나의 획을 그은 것으로 받아들여지고 있다. 그러나 문제는 수치론에 치중하다 보니 신비주의적인 면이 있고, '반드시 이렇게 된다'는 결정론적 사고의 늪에 빠지기 쉽다는 점이다.

실전에서 싸우다 보면 결정론적 사고에 빠져 대응이 늦고 몸과 마음이 무거워졌을 때 내상을 크게 입거나 다치는 경우가 항상 발생한다. 실전매매 시 그러한 원칙만을 고수하다가는 역으로 치명적인 손실을 보는 상황이 발생할 수도 있다는 점을 꼭 기억해야 한다. 이 문제에 대해서는 마지막에 실례를 들어 살펴볼 예정이다.

여기서는 먼저 엘리어트 파동이론의 기본이 되는 황금비율과 그 원리가 적용된 직사각형부터 공부하기로 하겠다.

엘리어트 파동이론과 피보나치 수열

이탈리아의 수학자 피보나치(E. Fibonacci)가 고안해낸 피보나치 수열은 다음과 같은 특성을 갖는다.

- 특징1 : 이어지는 앞의 두 숫자를 더하면 그 다음의 숫자가 되는 수 배열이 있다. 1+1=2, 1+2=3, 2+3=5, 3+5=8······ 즉 1, 1, 2, 3, 5, 8, 13, 21, 34, 55, 89······ 등의 수 배열을 피보나치 수열이라 한다.
- 특징2 : 인접하고 있는 두 숫자의 비율은 앞의 수를 뒤의 수로 나누면 0.618에 수렴하고, 뒤의 수를 앞의 수로 나누면 1.618에 수렴하는 특징이 있다. 예를 들면 이렇다. 5/8=0.618, 144/89=1.618.
- 특징3 : 한 숫자를 건너 뒤의 수로 나누면 그 값이 0.382에 수렴한다. 0.618의 역수는 1.618이고, 0.382의 역수는 2.618이다.

주가를 분석할 때는 의미 있는 고점과 의미 있는 저점을 찾아내는 것이 매우 중요하다. 엘리어트 파동이론은 피보나치 황금비율을 기준으로 그 위치를 찾으려는 노력이라고 할 수 있다.

황금비율은 황금분할에 의해서 얻어지는 수치인데, 황금분할이란 어떤 직선상에서 'A:B=B:(A+B)'의 등식을 충족시켜주는 점을 기준으로 직선을 분할하는 것을 말한다. 그 점은 전체의 61.8%에 해당하는 점으로, 이 비율을 이용한 것이 황금직사각형이다. 이 비율로 이루어진 사각형 구도는 심리적으로 가장 편안하고 안정된 느낌을 준다. 영화관의 스크린이나 기타 훌륭한 건축물들, 심지어 신용카드까지도 이러한 황금비율을 활용해서 만들어졌다.

그렇다면 증권사의 증권 프로그램인 HTS 상에서 보이는 그래프 화면이나 17~19인치 LCD 모니터 등이 어떻게 심리적 안정을 유도하고, 투자심리에 어떤 영향을 미치는지 살펴보겠다.

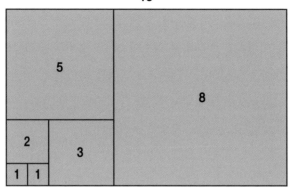

한 변을 공유하는 2개의 단위 정사각형을 이웃해 직사각형을 만들고, 그 직사각형에 2×2 정사각형을 이웃해 다시 직사각형을 만들고, 또 그 직사각형에 3×3 정사각형을 이웃해 새로운 직사각형을 만드는 과정을 계속 하다가 8×8 정사각형에서 멈추면, 위와 같은 그림이 완성된다. 그런데 이 직사각형의 면적은 지금까지 그려진 모든 정사각형의 면적의 합, 즉 다음과 같다.

$$1×1+1×1+2X2+3×3+5×5+8×8 =8×13$$

이것은 어느 단계에서 멈추어도 항상 성립하는데, 여기에서 정사각형의 한 변을 차례차례 적어나가면 피보나치 수열이 이루어진다.

위 직사각형을 HTS라고 가정하고, 각자의 LCD 모니터가 일단 직사각형 모양을 갖고 있다는 점을 염두에 두자.

대부분의 그래프는 130~150개의 캔들이 일봉상으로 보일 수 있게 데이터가 조정되어 있다. 또한 모니터 화면은 픽셀(pixel)이라는 것으로 구성되어 있다. 픽셀이란 그림(picture)과 요소 (element)의 합성어인데, 이미지를 분해하는 최소의 점, 즉 공간적인 화상의 구성요소로서 그림을 구성하기 위한 최소 단위를 의미한다. 픽셀은 1×1인치의 정사각형으로 구성되어 있고, 그 1인치의 공간에는 가로와 세로 각각 72픽셀로 총 5,184픽셀이 들어간다.

엘리어트 파동을 공부하다가 왜 갑자기 LCD 모니터 얘기를 꺼내는지 의아해 할 독자도 있을 것이다. 그런데 앞서 1×1의 정사각형을 가지고 직사각형을 만들어가는 과정을 통해 피보나치 수열이 어떻게 이루어지고 적용되고 있는가를 살펴보았음을 다시 떠올려보자.

"보이는 것만 볼 수 있다"라는 말이 있다. 투자를 결정하는 데 있어 보이는 것만으로 의사를 결정하는 대다수의 투자자들은 어느 상황에서는 그마저도 보지 못하고 무의식적으로 특정 상황에 지배당한 채 의사결정을 하곤 한다. 이런 상황을 역설적으로 강조하기 위한 예라고 보면 된다.

정확하지는 않지만 17인치 모니터에서 화상이 보이는 크기는 가로 34센티미터, 세로 27센티미터 정도이며, 15인치 모니터는 가로 30센티미터, 세로 23센티미터 정도가 된다.

또한 가격대는 각 종목의 가격수준에 따라 간격이 다르게 표시되어 나타난다. 즉 동일한 가격탄력성이지만 각 종목의 가격수준의 간격에 따라 시각적으로는 다르게 비칠 수 있다는 것이다.

화면 크기에 따라 대상이 되는 동일한 추세선의 각도도 서로 다르게 받아들여질 수 있다. 따라서 이런 시각적 차이를 감안해 황금 직사각형의 감각을 체크하며 각 종목의 변동성을 체크해야 한다.

아래 그림은 추세선의 각도가 정사각형으로 이루어져 있을 경우와 HTS 상에서처럼 직사각형으로 이루어져 있을 경우, 시각적으로 얼마나 차이가 날 수 있는지를 보여주고 있다.

◆ 시각적 차이 _ 정사각형과 직사각형 ◆

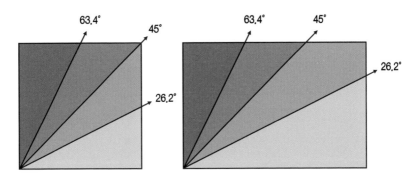

이는 가격대별로 상한가 진폭이 다르게 나타날 경우에도 마찬가지다. 즉 실전매매에서도 그러한 차이를 감각적으로 익혀야 한다.

엘리어트 파동이론의 상승 5파와 하락 5파

엘리어트 기본파동은 다음과 같이 상승 5파와 하락 3파로 구성된다. 구체적인 내용은 다음과 같다.

- 상승 5파 : 1, 3, 5번 파동은 상승파동으로 충격파동이며, 2, 4번 파동은 하락파동으로 조정파동이다. 충격파동은 주가의 진행방향과 같은 방향으로 움직이며 그 흐름을 강화시키고, 조정파동은 주가의 움직임과 반대방향으로 움직인다.
- 하락 3파 : 1번 파동에서 5번 파동까지의 상승국면이 끝나면 하락국면이 시작되는데, 하락국면은 다시 3개의 파동으로 나뉜다. 이 파동들은 각각 a, b, c파동이라 불린다.

◆ 엘리어트 기본파동 _ 상승 5파와 하락 3파 ◆

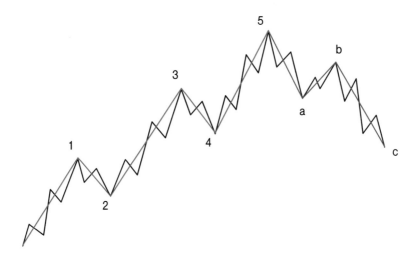

1) 상승 5파

- 1번 파동 : 추세가 전환되는 시점으로, 이제까지의 하락추세가 끝나고 새로운 추세가 시작된다. 5개의 파동 중 가장 짧다. 1번 파동은 충격파동이므로 반드시 5개의 파동으로 구성된다.

- 2번 파동 : 2번 파동은 조정파동으로 1번 파동과 반대방향으로 형성된다. 2번 파동은 1번 파동의 38.2% 또는 61.8% 비율만큼 되돌리는 경향이 높다.

- 3번 파동 : 3번 파동은 5개의 파동 중에서 가장 강력하고 가격변동도 활발하게 일어나는 파동으로, 파동의 길이도 가장 길다. 다른 파동의 길이가 3번 파동보다 길 수는 있어도, 3번 파동이 가장 짧은 경우는 없다. 반드시 3번 파동은 1번 파동에 비해 길어야 하는데, 일반적으로 3번 파동은 1번 파동의 1.618배 길이에 해당한다. 그리고 3번 파동은 충격파동이므로 5개 작은 파동으로 구성되어야 하며, 다른 형태로 연장될 수도 있다.

- 4번 파동 : 4번 파동은 조정파동으로서 3번 파동을 38.2% 되돌리는 경우가 많으며, 3번 파동을 5개의 작은 파동으로 나누었을 때 그 중에서 네 번째 파동만큼 되돌아가는 경우가 많다. 엘리어트 파동이론에서 '4번 파동은 결코 1번 파동과 겹치지 않는다'는 불변의 법칙이 있다. 따라서 4번 파동의 최저점은 반드시 1번 파동의 최고점보다 높아야 한다.

- 5번 파동 : 상승 5파의 마지막 파동인 5번 파동은 이제까지 진행되어온 상승추세가 마침내 막바지에 이르는 국면으로, 3번 파동에 비해 가격 움직임이 그리 활발하지 못하며 거래량도 3번 파동에 비해 적게 형성된다. 5번 파동 역시 충격파동이므로 5개의 작은 파동으로 세분되는데, 일반적으로 1번 파동과 똑같은 길이로 형성되거나 1번에서 3번 파동까지 길이의 61.8%만큼 형성되는 경향이 높다.

2) 하락 3파

- **a파동** : 이제까지 전개되던 상승추세와는 반대방향의 새로운 추세가 a파동으로부터 시작된다. a파동으로 생각되는 파동은 새로운 추세가 시작되는 충격파동이므로 반드시 5개 파동으로 구성되어야 한다. 따라서 만약 a파동이라고 생각되었던 파동이 3개의 파동만 구성한 채 기존의 움직임이 재개된다면, 이는 a파동이 아니라 상승 5파에서의 5번 파동이 지속되고 있는 것으로 보아야 한다.

- **b파동** : b파동은 하락추세의 시작인 a파동에 반대하는 매입세력으로 인해 잠시 상승추세가 이어지는 조정파동이며, 3개의 작은 파동으로 구성된다. b파동은 1번 파동의 상승추세가 다시 시작되는 것으로 오인되기 쉽지만, 사실은 이제까지의 보유주식을 매도할 마지막 기회로 이 시기를 놓치면 매도 기회를 찾기가 어렵다.

- **c파동** : c파동은 하락파동의 마지막 파동으로, 이때 거래는 활발하고 가격의 변동폭도 크게 나타난다. 가격의 하락추세가 지속될 것이라는 두려움이 투자자들의 마음을 지배하는 시기이다. 보통 c파동은 파동의 최저점을 돌파해 진행되는데, 패턴 분석의 관점에서 보면 5번 파동과 a파동으로 구성되는 머리를 중심으로 머리어깨 패턴의 오른쪽어깨가 형성되는 것으로 나타난다. 이 파동은 충격파동이므로 5개의 작은 파동으로 구성되고, 추세선 패턴과 연결해서 파악할 수 있다.

◆ 조정파동 패턴 ◆

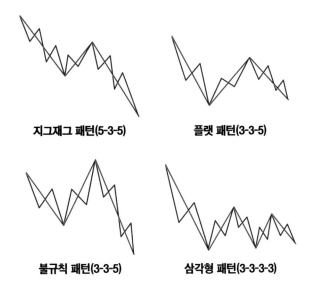

지그재그 패턴(5-3-5)   플랫 패턴(3-3-5)

불규칙 패턴(3-3-5)   삼각형 패턴(3-3-3-3)

◆ 파동 세분화 ◆

구분	상승국면	하락국면	합계
기본파동	1	1	2
1차 세분	5	3	8
2차 세분	21	13	34
3차 세분	89	55	144

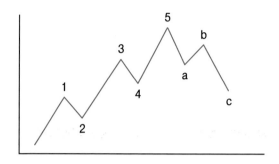

◆ 상승 5파와 하락 3파 ◆

상승 5파는 순서대로 1번에서 5번까지의 숫자국면이고, 하락 3파
는 a, b, c의 문자로 표시되는 문자국면이다. 각 파동은 다음과 같이
다시 세분화될 수 있다.

• 충격파동(impulse wave) : 1, 3, 5, a, c파(5개)
• 조정파동(corrective wave) : 2, 4, b파(3개)

엘리어트 파동이론을 실전에서 적용하다 보면 파동을 정확하게
계산하는 일에 큰 어려움을 느낀다. 엘리어트 파동이론에는 많은 예
외가 존재하기 때문이다. 심하게 이야기하면, 정확하게 상승 5파동,
조정 3파를 그대로 만드는 종목을 찾는 것이 너무 어렵다는 것이다.

그래도 엘리어트 파동이론이 실전에 유용하게 사용되는 이유는 비
슷비슷한 구간에서 파동의 수를 세다 보면 실전에서 위험감지 능력
이 커지는 것을 경험할 수 있기 때문이다. 다행히도 61.8%니 38.2%니

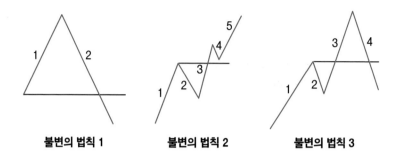

◆ 엘리어트 파동 불변의 법칙 ◆

불변의 법칙 1   불변의 법칙 2   불변의 법칙 3

하는 비율을 적용할 수 있는 3대 불변의 법칙이 있어 파동계산에 결정적 도움을 주고 있다.

- 불변의 법칙 1 : 2번 파동이 1번 파동을 100% 이상 되돌리는 경우는 없으며, 대개 1번 파동의 38.2% 혹은 61.8%를 되돌리는 경향이 있다.
- 불변의 법칙 2 : 1, 3, 5번 파동의 충격파동 중에서 3번 파동이 가장 짧은 파동일 수는 없다. 보통 3번 파동은 충격파동 중 가장 강력한 파동이어서 파동의 길이가 가장 길고, 거래량도 활발한 경우가 많다.
- 불변의 법칙 3 : 4번 파동은 결코 1번 파동과 겹치지 않는다. 즉 4번 파동의 최저점이 1번 파동의 최고점보다 반드시 높아야 한다. 보통 충격파동 중 하나의 파동에서 연장파동이 나타날 수 있다. 즉 1, 3, 5파동 중에서 연장파동이 나타나는데, 일반적으로 3파동이 연장파동이 나타날 확률이 제일 높다.

연장파동의 일반적인 패턴은 다음과 같다.

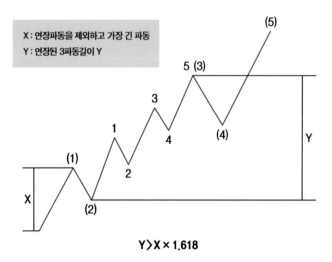

◆ 연장파동 ◆

X : 연장파동을 제외하고 가장 긴 파동
Y : 연장된 3파동길이 Y

Y>X×1.618

단, 불변의 법칙의 예외도 존재한다. 조정파동에서만 나타나는 삼각형의 파동이 변형되어 충격파동인 5번 파동에서 나타나는 경우가 있다.

이는 오른쪽 페이지의 그림처럼 5번 파동의 주가흐름이 삼각 쐐기 형태로 나타나는 경우이다. 5번 파동에서 지지선과 저항선이 모두 상향으로 형성되고 있는 삼각 쐐기 패턴의 주가흐름을 그리고 있다. 삼각 쐐기형은 모두 5개의 작은 파동으로 구성되는데, 이 중에서 4번 파동이 1번 파동과 겹치는 형태로 나타나므로 불변의 법칙 중 유일한 예외가 된다.

◆ 불규칙 파동 ◆

5파동 연장의 경우 예외 파동(쐐기 패턴)

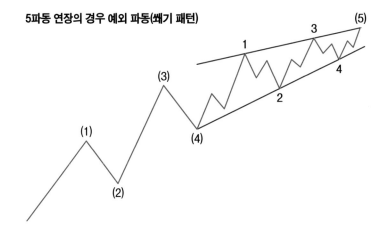

지금까지의 내용을 보면 일목균형표의 기본 철학이라고 할 수 있는 패턴, 균형, 대칭, 변화 등과 거의 유사한 개념이 엘리어트 파동이론에도 나타나고 있음을 알 수 있다. 즉 시간론을 집중적으로 다루지 않았을 뿐, 엘리어트 파동이론도 기본적인 가격의 변동성과 시간의 주기론을 내포해서 파동법칙을 만들었다는 것을 잊지 말자.

엘리어트 파동이론의 3요소는 다음과 같다.

- 패턴 : 상승 5파, 하락 3파의 기본 패턴과 다양한 변형 패턴을 연구한다.
- 비율 : 파동 간의 변화비율, 그리고 주가의 목표치 및 조정폭을 계산한다.
- 시간 : 파동의 피보나치 비율을 이용해 시간구간을 설정한다.

엘리어트 파동이론으로 종합지수 분석해보기

이제 실전사례를 통해 엘리어트 파동이론이 얼마나 시장의 예측 상황과 부합되는지 살펴보자. 최근까지의 종합지수 주봉으로 현재의 위치를 파악하는 데 중요한 단서를 제공해준다.

먼저 2021년 9월 17일까지의 종합지수 파동의 위치를 엘리어트 파동이론 기준으로 세보는 것부터 시작해보자.

◆ 엘리어트 파동으로 종합지수 읽기 ◆

위와 같이 인위적으로 엘리어트 파동 1-2-3-4-5-a-b-c 기본파동기준으로 읽어보았다. 3파동이 가장 강력하다고 했는데 5파동이 가장 강력하게 보이고, 1파동에서 2조정파동이 너무 작아 보이고, 5파동 다음에 조정파동 a-b-c에서 b파동이 5파동 고점을 돌파하는 모습이 보인다.

위와 같이 보면 무엇인가 이론에도 배치되고, 2021년 9월 17일 현재 파동위치가 c파동 조정위치 지속형인지, 5파동 다음에 연장파동이 전개되는 것인지 헷갈릴 정도다.

1-2파동을 구체적으로 세분화해서 보면 아래와 같다.

◆ 엘리어트 파동 구조화 ◆

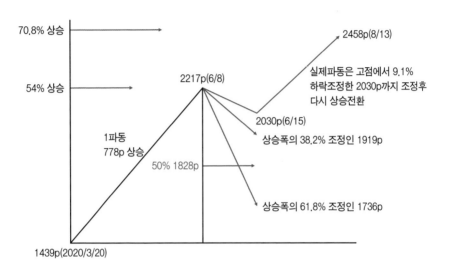

엘리어트 파동법칙으로 읽어보면 2020년 코로나19 사태로 시장이 갑자기 급락한 후에 상승파동으로 전환되면서 그 에너지도 일반적 상황이 아닌 것으로 생각된다.

일반적으로 1파동을 1439p에서 6월 8일 2217p까지로 읽는 것보다 8월 13일 2458p까지의 파동을 1파동으로 읽으면 엘리어트 파동 기법으로 종합지수 파동 읽기가 다음과 같이 변화된다.

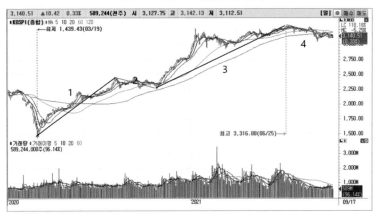

◆ 엘리어트 파동으로 종합지수 읽기 ◆

즉 엘리어트 파동 읽기 순서를 위처럼 바꾸면 이야기가 크게 달라진다. 214쪽의 차트에 표시한 처음 그림에서는 현재 종합지수 위치가 c파동 조정과정을 거치고 있는데, 위 차트의 그림으로 읽으면 4파동 조정파동 후에 5파동 상승파동이 나타날 것이라는 긍정적인 기대감을 갖게 한다.

어느 것이 맞을지는 동태적으로 추적해야 할 것이다. 엘리어트 파동의 장점이자 단점이기도 한 대목인데, 미리 '이렇게 될 것이다'라는 생각에 몸과 마음의 중심으로 쏠리게 함으로써 실전에서 오차를 대응하지 못하게 하는 경우가 비일비재하기 때문이다.

그래서 4등분법칙으로 찾아낸 가격이 25%-50%-75% 중심가격에서 지지-저항을 형성하는지 실제 주가의 움직임을 파악해가는 것이다.

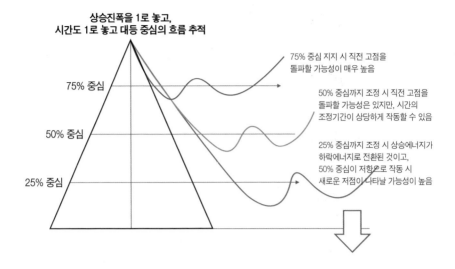

◆ **4등분법칙** ◆

상승진폭을 1로 놓고,
시간도 1로 놓고 대등 중심의 흐름 추적

75% 중심

50% 중심

25% 중심

75% 중심 지지 시 직전 고점을
돌파할 가능성이 매우 높음

50% 중심까지 조정 시 직전 고점을
돌파할 가능성은 있지만, 시간의
조정기간이 상당하게 작동할 수 있음

25% 중심까지 조정 시 상승에너지가
하락에너지로 전환된 것이고,
50% 중심이 저항으로 작동 시
새로운 저점이 나타날 가능성이 높음

종합지수의 실제파동은 3월 20일 1439p에서 6월 8일 2217p 상승 진폭을 1로 놓고 4등분한 결과, 75% 능선-중심 수준인 2030p를 6월 15일 저점으로 형성하고 바로 직전고점을 돌파해서 8월 13일 2458p 까지 급등하는 모습을 보인다. 즉 4등분법칙의 기준 중 하나인 '상승 진폭의 75% 능선을 깨지 않고 상승전환 시엔 직전고점을 돌파할 가 능성이 매우 높다'는 기준을 만족하고 새로운 상승파동이 나타난 것 이다.

갑작스런 초대형 악재인 코로나19로 시장이 투매를 맞으면서 2020년 1월 20일 2277p에서 3월 20일 1439p까지 하락률 36.8%의 급락파동을 형성한 후에 직전 고점 부근인 2217p수준까지 되반등이 V자 패턴으로 나타났다. '추가 상승장세가 지속될 것'이라면서 상승

◆ 종합지수의 4등분법칙 ◆

종합지수		상승률	하락률		
2,217	최고	54%	0%		
		51%	-2%	2,168	75%
		47%	-4%	2,120	50%
		44%	-7%	2,071	25%
2,023	75%	41%	-9%		
		37%	-11%	1,974	75%
		34%	-13%	1,925	50%
		30%	-15%	1,877	25%
1,828	50%	27%	-18%		
		24%	-20%	1,779	75%
		20%	-22%	1,731	50%
		17%	-24%	1,682	25%
1,634	25%	14%	-26%		
		10%	-29%	1,585	75%
		7%	-31%	1,536	50%
		3%	-33%	1,488	25%
1,439	최저	0%	-35%		

◆ 4등분법칙의 25-50-75% 중심 ◆

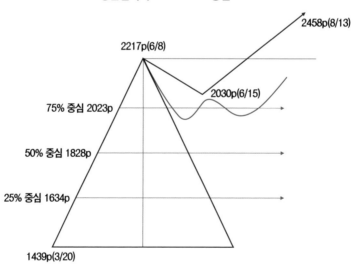

2458p(8/13)

2217p(6/8)

2030p(6/15)

75% 중심 2023p

50% 중심 1828p

25% 중심 1634p

1439p(3/20)

을 주장하는 에너지와 '다시 직전 저점을 붕괴할 것'이라는 하락론자들의 시각이 시장에서 충돌하면서 KODEX인버스곱이 대량으로 거래된 시점이기도 하다.

이 시점에 필자는 코덱스인버스곱을 매수하라고 했는데, 다시 봐도 합리적인 의사결정이었다. 급락 이후 단기간에 종합지수가 1438p에서 2217p까지 인덱스로 54% 급등했고 직전 고점 1월 20일 2277p에 60p정도 남은 상황이었으니 급등 후 급락한다는 데 베팅하는 것은 자연스러운 의사결정이었다고 생각된다.

그런데 문제는 6월 8일 2217p고점 형성 후 6월 15일 2030p까지 조정파동이 나타났는데 인덱스 기준으로 8.4% 하락한 에너지가 나온 것이다. 그런 후 7월 20일까지 하락하지 않고 반대로 수렴과정을 거치면서 새로운 상승파동이 형성된 것이다. 직전 고점 6월 8일 2217p을 돌파하는 모습을 보인 7월 20일 시장에너지를 보면서 하락추세로 판단했어도 실전에서는 상방 스위칭해야 하는 결단력이 필요했던 기점이다.

코덱스인버스곱 기준으로 6월 8일 4875원 저점을 붕괴해서 새로운 저점을 만드는 기준일이었던 것이다. 여기서부터 거침없는 새로운 상승에너지가 나타났고, 코덱스인버스곱에 투자한 투자자는 크게 손실을 보는 상황에 직면하게 된 것이다.

현재에도 필자에게 상담해오는 투자자 중에는 5,000~7,000원 구간에서 코덱스인버스곱을 매수했는데 1,850~2,200원 박스권에 움직이는 현재의 가격 수준에서 어떻게 대응해야 하는지 질문을 하는 경우가 있다.

◆ 종합지수의 4등분법칙 ◆

종합지수		상승률	하락률		
3,266	최고	127%	0%		
		119%	-3%	3,152	75%
		111%	-7%	3,038	50%
		103%	-10%	2,923	25%
2,809	75%	95%	-14%		
		87%	-17%	2,695	75%
		79%	-21%	2,581	50%
		71%	-24%	2,467	25%
2,353	50%	63%	-28%		
		56%	-31%	2,238	75%
		48%	-35%	2,124	50%
		40%	-38%	2,010	25%
1,896	25%	32%	-42%		
		24%	-45%	1,782	75%
		16%	-49%	1,667	50%
		8%	-52%	1,553	25%
1,439	최저	0%	-56%		

◆ KODEX200 선물인버스2x 일봉 차트 ◆

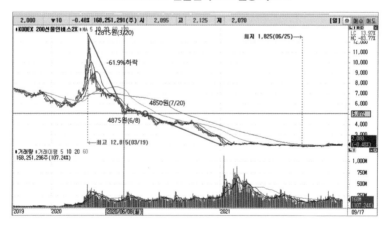

파생상품 구조를 갖고 있는 종목은 의미 있는 고점-저점을 설정하고 그것을 돌파하거나 붕괴하는 상황이 나타나면 시장에 순응하는 전략으로 빨리 포트를 전환하는 감각이 필요하다. 이런 상황에 대응을 잘 하지 못하는 경우에는 파생상품구조(레버리지 비율이 높은 상품)를 갖춘 종목은 손실이 어마하게 크게 나타날 수 있기 때문에 '리스크 관리'가 제일 우선의 전략이 되어야 하는 것이다.

아무튼 그 이후 종합지수는 2021년 1월 11일 3266p까지 급등파동을 시현했다. 그 기점에서 4등분법칙을 통해서 중심가격의 변화를 추적해보면 다음과 같다.

◆ 종합지수의 4등분법칙 ◆

종합지수		상승률	하락률		
3,266	최고	127%	0%		
		119%	-3%	3,152	75%
		111%	-7%	3,038	50%
		103%	-10%	2,923	25%
2,809	75%	95%	-14%		
		87%	-17%	2,695	75%
		79%	-21%	2,581	50%
		71%	-24%	2,467	25%
2,353	50%	63%	-28%		
		56%	-31%	2,238	75%
		48%	-35%	2,124	50%
		40%	-38%	2,010	25%
1,896	25%	32%	-42%		
		24%	-45%	1,782	75%
		16%	-49%	1,667	50%
		8%	-52%	1,553	25%
1,439	최저	0%	-56%		

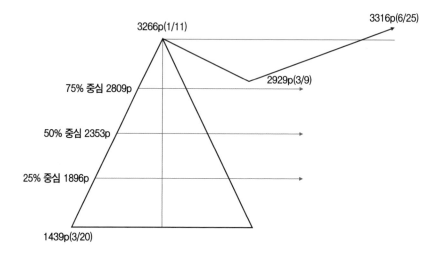

◆ 상승삼각형의 중심 ◆

3266p(1/11)

3316p(6/25)

2929p(3/9)

75% 중심 2809p

50% 중심 2353p

25% 중심 1896p

1439p(3/20)

　이번에도 75% 능선 위에서 저점이 형성되었다. 2929p로 3월 9일 저점 형성 후 상승탄력성은 둔화되었지만 3월부터 9월까지 6~7개월 동안에 박스-지그재그파동을 보이면서 새로운 상승파동이 전개될 것인지, 하락파동으로 전환될 것인지 다시 한 번 방향성에 대한 불확실성이 시장을 강타하고 있다.

　실제로 75% 능선이 지지하면 1월 11일 고점 3266p를 돌파할 가능성이 높다는 것이다. 실전에서도 6월 25일 3316p로 직전 고점을 돌파하는 모습을 보였다. 그런데 75% 능선을 지지하지 못하고 하향 돌파되면 그때는 상승추세가 무너지고 하락추세로 전환될 가능성이 높다.

◆ 종합지수의 4등분법칙 ◆

종합지수		상승률	하락률		
3,316	최고	130%	0%		
		122%	-4%	3,199	75%
		114%	-7%	3,081	50%
		106%	-11%	2,964	25%
2,847	75%	98%	-14%		
		90%	-18%	2,729	75%
		82%	-21%	2,612	50%
		73%	-25%	2,495	25%
2,378	50%	65%	-28%		
		57%	-32%	2,260	75%
		49%	-35%	2,143	50%
		41%	-39%	2,026	25%
1,908	25%	33%	-42%		
		24%	-46%	1,791	75%
		16%	-50%	1,674	50%
		8%	-53%	1,556	25%
1,439	최저	0%	-57%		

◆ 상승삼각형의 중심 ◆

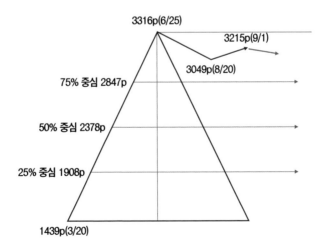

3316p(6/25)

3215p(9/1)

3049p(8/20)

75% 중심 2847p

50% 중심 2378p

25% 중심 1908p

1439p(3/20)

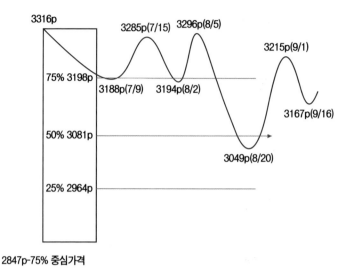

◆ 75% 중심 _ 고점 4등분 ◆

3316p

3285p(7/15)　3296p(8/5)

3215p(9/1)

75% 3198p

3188p(7/9)　3194p(8/2)

3167p(9/16)

50% 3081p

3049p(8/20)

25% 2964p

2847p-75% 중심가격

　이제 종합지수의 아주 중요한 맥점은 8월 20일 3049p와 8월 4일 3049p에서 9월 1일 3215p까지 상승한 후 조정 시 눌림목을 형성한 3167p다.

　그리고 4등분법칙의 75% 능선-중심가격이 2847p이고, 75% 능선 가격을 저점으로 고점 3316p진폭을 4등분한 중심가격 3081p가 나온다.

　앞으로 엘리어트 파동상 새로운 상승파동이 나올 것인지, 아니면 하락파동 지속인지 그 여부는 매일매일 코스피200 종목의 상승-하락에너지와 파생시장과 연계한 매매주체별 동향을 보면서 체크해가겠지만 8월 20일 3049p와 위 수치에서 구한 3081p는 중요한 마디이다. 여기가 저항으로 작동하는지, 지지로 작동하는지 동태적으로 추

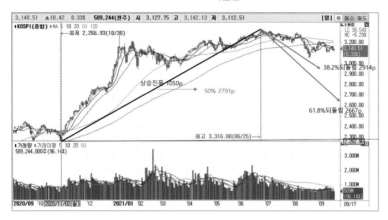

◆ 38.2~61.8% 되돌림 ◆

◆ 종합지수의 4등분법칙 ◆

종합지수		상승률	하락률		
3,316	최고	46%	0%		
		43%	-2%	3,250	75%
		41%	-4%	3,185	50%
		38%	-6%	3,119	25%
3,054	75%	35%	-8%		
		32%	-10%	2,988	75%
		29%	-12%	2,922	50%
		26%	-14%	2,857	25%
2,791	50%	23%	-16%		
		20%	-18%	2,725	75%
		17%	-20%	2,660	50%
		14%	-22%	2,594	25%
2,529	25%	12%	-24%		
		9%	-26%	2,463	75%
		6%	-28%	2,397	50%
		3%	-30%	2,332	25%
2,266	최저	0%	-32%		

적해서 시장에게 물어보는 직관이 필요하다. 이 의미 있는 지지-저항의 수치를 엘리어트 파동을 가지고도 찾아보자.

3파동 시작점인 2020년 10월 30일 저점과 고점 3316p을 갖고 상승진폭을 1로 놓고 4등분한 가격과 엘리어트 파동비율 38.2-50-61.8%수치가 어느 가격인지 찾아보는 방법을 체크해볼 수 있다.

엘리어트 파동의 38.2% 되돌림 수치로 이번 조정 시 일차 가능한 저점이 2914p가 나온다. 그 전에 4등분법칙으로 실제로 75% 능선인 3054p수준에서 8월 20일 3049p저점을 형성한 데이터가 있기 때문에 이번 조정파동의 중요한 마디는 8월 20일 3049p기점에 나타난 시가총액 상위 종목의 위치와 코스피200의 위치, 최근 월물의 위치를 갖고 판단해보는 것이다.

이렇게 동태적으로 추적해가면서 종합지수의 중심이동을 체크해보는 것이다. 이것을 필자는 '매트릭스 분석'이라고 이야기한다. 매일 매일 60~70개 정도의 빅데이터를 갖고 점검해가는데 기본적으로 시가총액 상위 20개 종목의 평균값, 최근 월물과 코스피200의 위치와 포지션 변화, 매매주체별 동향, 미결제약정, 원-달러 동향, 상승-하락종목의 구성성분 등 데이터의 변화를 매일 추적해간다.

이렇게 하면서 한 달 기준으로 종합지수의 위치를 비교분석해 가는데, 앞서 9월 16일까지 분석한 종합지수위치와 10월 8일까지 변화된 위치를 비교해보는 작업을 한다. 그 사이 삼성전자-SK하이닉스의 매매동향과 최근 월물의 동향도 같이 비교해보는 것이다.

시간이 동태적으로 변화되면서 종합지수의 흐름이 어떻게 전개되는지 추적해가고, 그것에 영향을 주는 코스피200종목의 구성성분의

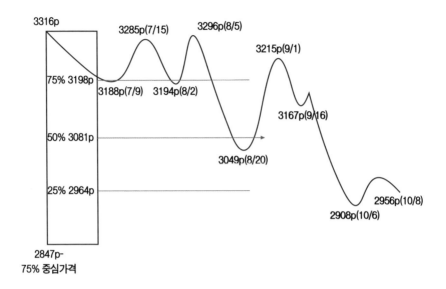

◆ 75% 중심 _ 고점 4등분 ◆

주가변화와 흐름을 같이 추적해가는 것이다.

그 흐름에 가장 영향을 주는 것이 삼성전자-SK하이닉스 등 시가 총액 상위 종목이다. 200개 종목을 다 분석하고 체크하는 데 한계가 있으니 200개 중에 시가총액 상위 1~20위 종목의 흐름을 매일매일 체크하고 그 변화의 흐름을 분석하는 것이다.

그래서 나타난 중심-평균의 에너지 변화를 읽어내는 것이다. 이 책을 집필한 목적이 그 과정을 하나 하나 설명해가면서 필요한 기술적 분석 도구를 이용해보기 위함이다.

다시 시간이 흘러 2021년 12월 19일 종합지수는 3017p이다. 마지막으로 체크한 종합지수가 10월 6일 2908p 저점을 형성했는데 그

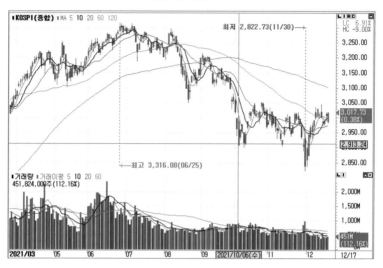

사이 종합지수의 움직임을 보면 다음과 같다. 10월 6일 2908p와 10월 12일 2901p을 저점으로 10월 26일까지 3051p까지 되반등이 나타났으나, 다시 외국인의 삼성전자 매도로 11월 12일 2903p까지 다시 한번 2900p지지력 테스트를 하는 하방공격이 나타났다.

그러나 다시 11월 24일 3017p까지 되반등 시도가 나타났고 상승에너지가 전개되었으나, 미국시장의 급락과 중국 헝다사태로 인한 상해종합지수-홍콩-홍콩H지수의 급락파동이 나타나면서 11월 30일에 2822p까지 급락하는 모습을 보였다.

그래서 다시 4등분법칙의 중심가격의 이동을 변경해보면 오른쪽 페이지의 내용과 같다.

이 2개의 4등분법칙의 50%중심축이 3109p에서 3069p로 낮아졌다는

◆ 10월 12일 2901p 기준으로 종합지수의 4등분법칙 ◆

종합지수		상승률	하락률		
3,316	최고	14%	0%		
		13%	-1%	3,290	75%
		13%	-2%	3,264	50%
		12%	-2%	3,238	25%
3,212	75%	11%	-3%		
		10%	-4%	3,186	75%
		9%	-5%	3,160	50%
		8%	-5%	3,134	25%
3,109	50%	7%	-6%		
		6%	-7%	3,083	75%
		5%	-8%	3,057	50%
		4%	-9%	3,031	25%
3,005	25%	4%	-9%		
		3%	-10%	2,979	75%
		2%	-11%	2,953	50%
		1%	-12%	2,927	25%
2,901	최저	0%	-13%		

◆ 11월 30일 2822p 기준으로 종합지수의 4등분 법칙 ◆

종합지수		상승률	하락률		
3,316	최고	18%	0%		
		16%	-1%	3,285	75%
		15%	-2%	3,254	50%
		14%	-3%	3,223	25%
3,193	75%	13%	-4%		
		12%	-5%	3,162	75%
		11%	-6%	3,131	50%
		10%	-7%	3,100	25%
3,069	50%	9%	-7%		
		8%	-8%	3,038	75%
		7%	-9%	3,007	50%
		5%	-10%	2,976	25%
2,946	25%	4%	-11%		
		3%	-12%	2,915	75%
		2%	-13%	2,884	50%
		1%	-14%	2,853	25%
2,822	최저	0%	-15%		

것을 확인할 수 있다. 즉 이번 시장이 상승추세로 전환되려면 3069p의 50% 중심가격이 저항이 아니라 지지로 전환되는 에너지가 나와야만 가능하다는 이야기다.

여기서 2개의 4등분 기준에서 50% 중심가격이 변화되었다. 그 원인은 중국 홍콩-홍콩H 시장의 급락에너지가 11월 30일 2822p까지 새로운 하방에너지를 주었고, 50% 중심가격이 3069p로 내려왔기 때문이다. 그리고 2022년 1월 기준 종합지수는 아직도 3064p를 돌파하지 못하고 변동성장세 속에서 투자심리를 악화시키고 있다. 미국 테이퍼링 조기 실시와 양적 긴축 이야기도 나오고 있으며, 금리인상 속도가 빨라지면서 나스닥의 하락 가능성이 대두되고 있기 때문이다.

급격한 금리인상이 기술주 하락의 트리거가 될 가능성도 제기되고 있으며, 그런 가운데 종합지수도 직전 저점 2021년 11월 30일 2822p 붕괴가능성이 대두되고 있다. 문제는 코스닥 시가총액 상위 종목은 급락하는데 코스피 시가총액 상위 종목 중에 1-2등을 차지하는 삼성전자-SK하이닉스는 지속적인 외국인의 매수세가 나오면서 상승추세를 보이고 있다는 것이다.

그렇다면 2021년 11월 30일 2822p부터 2022년 1월 15일 2921p까지 종합지수의 궤적과 중요하게 영향을 미치는 나스닥, 상해종합지수, 홍콩, 홍콩H 시장, 원달러 환율은 어떻게 전개되었으며, 미국국채 10년물은 어떤 모양을 보였고, 서부텍사스 중질류는 어떠했는지 체크해보자.

판단 기준을 2021년 11월 20일 종합지수 2822p저점을 형성했을 때 각각 비교하는 데이터에서 위치를 체크해 어떤 직관이 얻어지는지 보자.

◆ 종합지수 일봉 차트 ◆

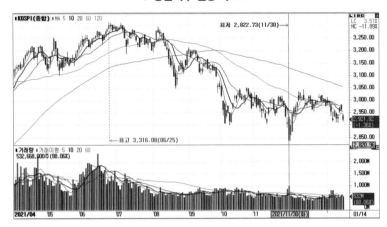

◆ 코스닥 일봉 차트 ◆

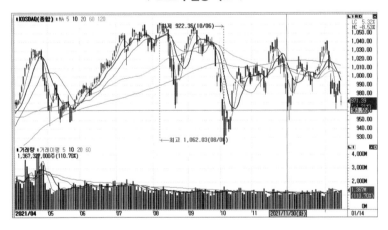

◆ 나스닥 종합 일봉 차트 ◆

◆ 상해종합지수 일봉 차트 ◆

◆ 항생 일봉 차트 ◆

◆ 항생H 일봉 차트 ◆

◆ 원-달러 일봉 차트 ◆

◆ 미국 국채 10년 일봉 차트 ◆

◆ 서부텍사스중질류 일봉 차트 ◆

여기서 직관적으로 알 수 있는 것은 미국 국채10년물이 급등하면서 조기 금리인상 속도와 기술주의 급락가능성이 대두되고 있고, 유가가 급등하면서 인플레이션 속도도 시장에 큰 부담을 주고 있다는 점이다. 재미있는 것은 항생-항생H지수가 11월 30일 부근을 전후해서 지속적인 하락추세를 보였는데 헝다부채 문제와 미중 갈등문제가 지속되는 상황에서 2022년 1월부터 상승 전환되는 모습이 나타나고 있다는 점이다.

상해종합지수는 상대적으로 강하게 지지하지만 3300~3700p 박스 속에 박스의 중간 수준인 3550p를 기준으로 지그재그 파동만 보이고 있다.

세부적인 수치분석을 통해 이런 흐름을 동태적으로 추적하는 빅데이터를 판단해보는 것이다. 어느 일정한 날짜를 기준으로 비교하는 데이터가 어떻게 변화되는지 추적해보는 것이다. 또한 그 상황을 지배하는 거시적 변수와 미시적 변수를 체크해가면서 그 흐름에 최종적으로 구성성분인 종목의 흐름이 어떻게 변화되는지 계속 추적해가는 것이다.

실제로 2022년 1월 5일까지 확인된 데이터를 비교해가면서 무엇이 변화되었는지 동태적으로 추적해보자.

실제 수치가 3550p를 지지하지 못하고 붕괴되면 다음 지지선으로 후퇴하는데 다음 지지선이 상승진폭을 4등분해서 얻은 25% 능선이 되는 것이다. 거기서도 지지에 실패하면 직전 저점으로 지지선을 변경해가면서 실제 시장에 적응해가는 것이다.

◆ 삼성 전자 시장 수급 동향(10월 8일) ◆

§ 외국인 234억/32만주 매수, 기관 2103억 매도, 금융투자 1127억 매도, 연기금등 913억 매도.

일자	종가	등락률	거래량	외국인	개인	기관종합	금융투자	투신(일반)	투신(사모)	은행	보험	기타금융	연기금등	국가지방	기타
2021/10/08	71,500	-0.14	14,043,287	234	1,876	-2,103	-1,127	31	-27	2	-64	-6	-913		-7
2021/10/07	71,600	0.42	13,683,532	-1,904	907	999	1,309	50	-5	-1	-65	4	-292		-2
2021/10/06	71,300	-1.25	18,956,962	-769	989	-250	172	74	-48	1	-18	-1	-432		30
2021/10/05	72,200	-1.37	24,013,921	-2,166	1,277	902	845	45	-16	-34	-4	-7	73		-14
2021/10/01	73,200	-1.21	15,803,395	-566	2,151	-1,903	-1,166	-82	-53	10	-25	36	-325		18
2021/09/30	74,100	1.00	19,919,361	-30	888	-951	-655	93	27	1	1	34	-350		-8

일자	종가	등락률	거래량	외국인	개인	기관종합	금융투자	투신(일반)	투신(사모)	은행	보험	기타금융	연기금등	기타
2021/10/08	71,500	-0.14	14,043,287	320,351	2,612,855	-2,923,031	-1,565,044	42,805	-37,285	3,341	-88,549	-8,642	-1,269,657	-10,175
2021/10/07	71,600	0.42	13,683,532	-2,655,002	1,266,151	1,391,358	1,821,608	69,692	-6,756	-1,689	-90,182	5,770	-407,085	-2,507
2021/10/06	71,300	-1.25	18,956,962	-1,074,037	1,374,960	-342,467	244,117	102,550	-67,033	1,669	-24,935	924	-599,759	41,544
2021/10/05	72,200	-1.37	24,013,921	-3,020,259	1,783,237	1,255,911	1,173,732	62,299	-21,960	-47,544	-5,740	-9,339	104,473	-18,889
2021/10/01	73,200	-1.21	15,803,395	-776,162	2,936,755	-2,107,817	-1,591,761	-112,125	-72,132	13,842	-33,856	49,601	-441,586	24,224
2021/09/30	74,100	0.00	19,919,361	-42,575	1,200,402	-1,147,256	-983,310	124,655	34,921		942	45,141	-469,605	-10,571

◆ 삼성 전자 시장 수급 동향(8월 30일) ◆

§ 외국인 최근 삼전 매매흐름 : 1.8조 매수 → 1조 매도 → 오늘 234억 매수.

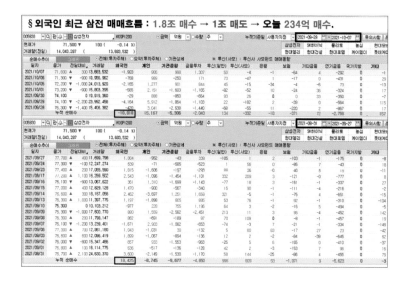

◆ 삼성 전자 시장 수급 동향(12월 23일) ◆

§ 외국인 1277억/159만주 매수, 기관 1646억 매수, 금융투자 1586억 매수, 연기금등 103억 매도.

◆ 삼성전자 60분봉 차트(10월 8일) ◆

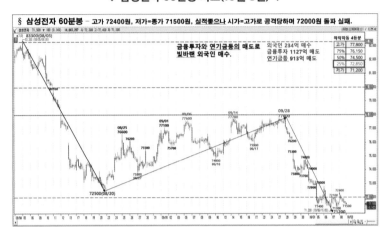

§ 삼성전자 60분봉 - 고가 72400원, 저가=종가 71500원, 실적좋으나 시가=고가로 공격당하며 72000원 돌파 실패.

◆ 삼성전자 60분봉 차트(12월 23일) ◆

§ 삼성전자 60분봉 - 저가 79300원, 고가 8만원, 종가 79900원, 이번 주 저가-고가를 높여가면서 상승 중.

◆ 선물 60분봉 차트(10월 8일) ◆

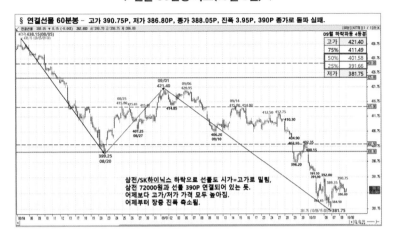

§ 연결선물 60분봉 – 고가 390.75P, 저가 386.80P, 종가 388.05P, 진폭 3.95P, 390P 종가로 돌파 실패.

삼전/SK하이닉스 하락으로 선물도 시가=고가로 밀림,
삼전 72000원과 선물 390P 연결되어 있는 듯.
어제보다 고가/저가 가격 모두 높아짐.
어제부터 장중 진폭 축소됨.

◆ 선물 60분봉 차트(12월 23일) ◆

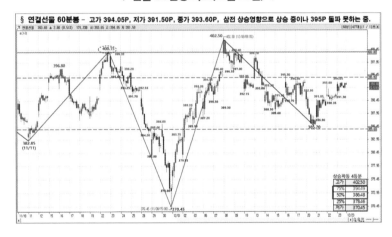

§ 연결선물 60분봉 – 고가 394.05P, 저가 391.50P, 종가 393.60P, 삼전 상승영향으로 상승 중이나 395P 돌파 못하는 중.

※코스피/코스닥 모두 거래금액 증가하며 하락.

일별	주별	월별						(거래량:천주, 거래금액:백만원)		
일자	지수	전일대비	등락률(%)	시가	고가	저가	거래량	거래금액	신심리도	이격도
2021/10/08	2,956.30 ▼	3.16	-0.11	2,977.82	2,978.08	2,949.01	668,946	12,634,091	-47.85	95.81
2021/10/07	2,959.46 ▲	51.15	1.76	2,936.87	2,961.53	2,927.60	595,382	11,906,736	-48.53	95.53
2021/10/06	2,908.31 ▼	53.86	-1.82	2,986.06	2,993.47	2,908.30	901,722	15,668,592	-60.10	93.52
2021/10/05	2,962.17 ▼	57.01	-1.89	2,998.17	2,998.17	2,940.59	840,557	15,315,537	-58.87	94.84
2021/10/01	3,019.18 ▼	49.64	-1.62	3,056.21	3,062.60	3,015.01	855,482	12,944,006	-43.50	96.29
2021/09/30	3,068.82 ▲	8.55	0.28	3,054.87	3,079.43	3,046.43	885,819	14,942,853	-17.91	97.59
2021/09/29	3,060.27 ▼	37.65	-1.22	3,055.50	3,069.04	3,030.60	821,558	15,137,007	-20.67	97.20
2021/09/28	3,097.92 ▼	35.72	-1.14	3,133.40	3,134.46	3,095.72	894,913	14,658,731	3.64	98.28
2021/09/27	3,133.64 ▲	8.40	0.27	3,121.70	3,146.35	3,119.26	883,229	12,266,966	-0.16	99.37
2021/09/24	3,125.24 ▼	2.34	-0.07	3,140.73	3,146.86	3,119.40	753,222	12,558,236	-19.38	99.08

일별	주별	월별						(거래량:천주, 거래금액:백만원)		
일자	지수	전일대비	등락률(%)	시가	고가	저가	거래량	거래금액	신심리도	이격도
2021/10/08	953.11 ▲	0.32	-0.03	959.81	961.72	948.02	1,339,875	11,200,342	-47.63	94.14
2021/10/07	953.43 ▲	31.07	3.37	932.65	953.48	932.32	1,353,557	10,685,912	-46.97	93.71
2021/10/06	922.36 ▼	33.01	-3.45	962.62	967.67	922.36	1,651,916	13,277,921	-63.16	90.21
2021/10/05	955.37 ▼	27.83	-2.83	974.24	974.24	950.09	1,346,265	11,661,441	-61.25	92.87
2021/10/01	983.20 ▼	20.07	-2.00	998.70	1,002.68	982.26	1,371,271	11,792,051	-42.78	95.16
2021/09/30	1,003.27 ▲	1.81	0.18	1,001.92	1,010.03	999.58	1,290,217	10,376,953	-15.48	96.84
2021/09/29	1,001.46 ▼	11.05	-1.09	994.61	1,004.85	989.07	1,313,134	10,231,071	-31.63	96.53
2021/09/28	1,012.51 ▼	22.31	-2.16	1,034.04	1,034.07	1,012.51	1,396,083	11,058,077	-14.45	97.49
2021/09/27	1,034.82 ▼	2.21	-0.21	1,037.21	1,039.63	1,031.93	1,045,960	9,391,058	-2.11	99.60
2021/09/24	1,037.03 ▲	0.77	0.07	1,040.43	1,045.21	1,034.80	1,306,784	11,609,040	-12.12	99.90

※ 코스피/코스닥 모두 거래금액 증가한 상승.

일별	주별	월별						(거래량:천주, 거래금액:백만원)		
일자	지수	전일대비	등락률(%)	시가	고가	저가	거래량	거래금액	신심리도	이격도
2021/12/23	2,998.17 ▲	13.69	0.46	2,998.02	3,000.70	2,980.91	483,838	9,319,626	0.27	100.90
2021/12/22	2,984.48 ▲	9.45	0.32	2,993.50	3,000.79	2,976.65	461,755	8,835,649	5.06	100.42
2021/12/21	2,975.03 ▲	12.03	0.41	2,981.67	2,984.56	2,955.90	410,980	9,108,501	5.26	100.13
2021/12/20	2,963.00 ▼	54.73	-1.81	3,001.33	3,001.33	2,962.07	377,585	8,621,305	7.19	99.69
2021/12/17	3,017.73 ▲	11.32	0.38	2,985.20	3,017.73	2,984.19	451,824	11,650,092	38.62	101.45
2021/12/16	3,006.41 ▲	17.02	0.57	3,013.26	3,018.20	2,989.63	402,825	8,524,314	41.17	101.15
2021/12/15	2,989.39 ▲	1.44	0.05	2,979.83	2,992.30	2,973.00	432,874	8,253,059	45.93	100.67
2021/12/14	2,987.95 ▼	13.71	-0.46	2,983.95	3,001.74	2,976.16	581,570	9,856,789	52.07	100.67
2021/12/13	3,001.66 ▼	8.57	-0.28	3,019.67	3,043.83	3,000.51	375,828	8,629,448	35.99	101.12
2021/12/10	3,010.23 ▼	19.34	-0.64	3,008.70	3,017.64	2,998.29	451,599	8,434,890	32.01	101.41

일별	주별	월별						(거래량:천주, 거래금액:백만원)		
일자	지수	전일대비	등락률(%)	시가	고가	저가	거래량	거래금액	신심리도	이격도
2021/12/23	1,003.31 ▲	3.18	0.32	1,004.45	1,007.42	1,001.48	1,435,842	11,870,959	-17.70	100.54
2021/12/22	1,000.13 ▲	3.53	0.35	1,004.10	1,005.23	999.05	1,182,499	10,925,724	-4.29	100.16
2021/12/21	996.60 ▲	6.09	0.61	994.53	997.30	982.43	1,371,818	11,768,347	-0.03	99.71
2021/12/20	990.51 ▼	10.75	-1.07	1,001.17	1,004.75	990.51	1,009,821	10,568,760	-0.93	99.01
2021/12/17	1,001.26 ▼	6.60	-0.65	1,001.51	1,005.36	995.93	1,095,248	10,335,780	2.01	99.88
2021/12/16	1,007.86 ▲	4.34	0.43	1,013.05	1,016.32	1,006.90	1,336,914	12,447,275	28.17	100.34
2021/12/15	1,003.52 ▲	0.71	0.07	1,002.18	1,007.44	999.21	1,125,306	10,406,638	26.55	99.78
2021/12/14	1,002.81 ▼	3.15	-0.31	1,001.11	1,007.73	996.85	1,081,581	10,304,040	30.54	99.57
2021/12/13	1,005.96 ▼	5.61	-0.55	1,014.27	1,014.90	1,005.96	1,339,323	11,497,779	15.97	99.72
2021/12/10	1,011.57 ▼	11.30	-1.10	1,016.34	1,018.42	1,010.02	1,153,421	11,060,444	12.33	100.16

◆ 원/달러 일봉 차트(10월 8일) ◆

◆ 원/달러 일봉 차트(12월 23일) ◆

◆ 원/위안/엔/WTI 일봉 차트(10월 8일) ◆

◆ 원/위안/엔/WTI 일봉 차트(12월 23일) ◆

◆ 선물-종합지수-삼성전자 위치 비교(10월 8일) ◆

◆ 선물-종합지수-삼성전자 위치 비교(12월 23일) ◆

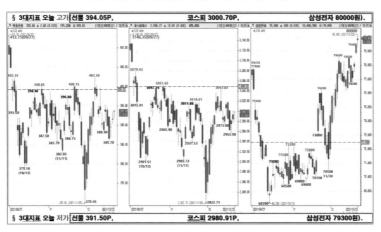

이 그림들의 변화를 매일 체크해가면서 시장의 총체적인 에너지가 위로 움직이는지, 아래로 움직이는지 체크해가는 것이다. 이렇게 시장의 빅데이터와 엘리어트 파동을 갖고 현재 파동의 위치를 체크

할 때 보는 사람의 관점이나 시각에 따라 인위적 잣대가 작동할 수 있다. 이것이 엘리어트 파동이론에서 주의해야 할 점이다.

이것을 보완하는 다양한 방법을 스스로 찾아야 하는데, 필자는 4등분법칙으로 의미 있는 중심가격의 변화를 갖고 체크해본다.

여기서 기준이 되는 것은 헝다그룹 부실문제로, 홍콩-홍콩H 시장이 급락 중이고 상해종합지수는 그런대로 홍콩증시보다는 양호하지만 3700p직전 고점까지 상승하다가 조정 중이다. 중국증시의 변동성이 종합지수에 영향을 미칠 것이고, 나스닥도 영향을 미칠 것이다. 따라서 보완적으로 상해종합지수-항생지수-나스닥 지수도 엘리어트 파동과 4등분법칙을 통해서 의미 있는 지지-저항의 변곡점을 찾고 이것을 비교해가면서 국내증시의 흐름을 같이 체크해야 한다. 시가총액 상위 20개 종목은 코스피 200개의 10%밖에 안 되지만 차지하는 비중으로는 58~60%정도 되기 때문에 중심의 이동이 어떻게 전개되는지 비교해가면서 실전 대응하는 감각이 필요하다.

이럴 때는 X-Y-Z축으로 삼각형을 만들어 그 삼각형의 크기가 어디로 확산되는지 또는 축소되는지 추적해 종합지수가 어디에 더 영향을 받는지 측정해보는 것이다. 이것도 동태적으로 끊어서 비교해가는 것이 중요한데, 필자는 5일 단위로 비교한다. 그런데 시간이 안 되는 투자자는 적어도 한달 기준으로는 비교해 위치에너지를 파악해야 현재 전투상황이 어떻게 전개되는지 체크하는 데 도움이 될 것이다.

다음 데이터는 2021년 추석 연휴 전 9월 17일 상해종합지수 나스닥 홍콩-홍콩H지수다. 이것을 추석 전과 추석 이후의 흐름과 3개월 지난 12월 23일 흐름과 비교해보자.

◆ 나스닥 종합 일봉 차트(9월 17일) ◆

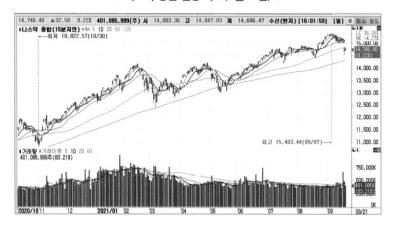

◆ 나스닥 종합 일봉 차트(12월 23일) ◆

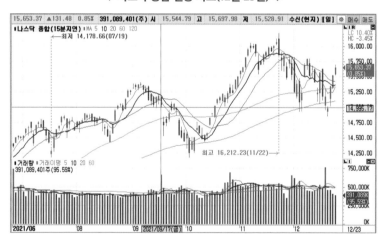

◆ 항생 차이나 일봉 차트(9월 17일) ◆

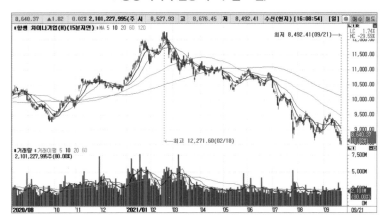

◆ 항생 차이나 일봉 차트(12월 23일) ◆

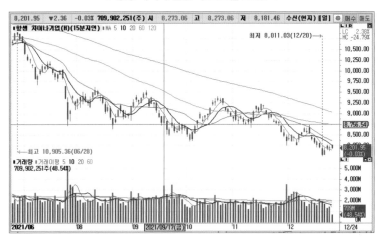

◆ 항생 일봉 차트(9월 17일) ◆

◆ 항생 일봉 차트(12월 23일) ◆

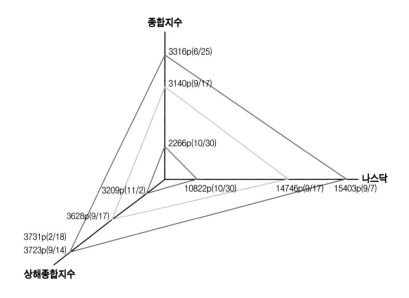

◆ 나스닥-종합지수-상해종합지수 X-Y-Z축 기법(9월 17일) ◆

위의 그림처럼 X-Y-Z축 기법으로 중심의 변화를 체크하고 최근 수치가 어디로 근접하는지 추적해보는 것이다.

나스닥의 50% 중심가격은 2020년 10월 30일 10822p와 2021년 9월 7일 15403p의 반으로 13113p인데, 현재는 75% 능선 14259p 이상 수준에서 강하게 지지하는 모습을 보이고 있다.

중국시장만 X-Y-Z축으로 그려보면 오른쪽 페이지의 그림과 같다.

X-Y-Z축이 항생H-항생-상해종합지수를 그리면서 같은 방향으로 움직이는지, 다른 방향으로 움직이는지 동태적으로 체크해가는 것이다.

◆ 항생H-항생-상해종합지수 X-Y-Z축 기법(9월 17일) ◆

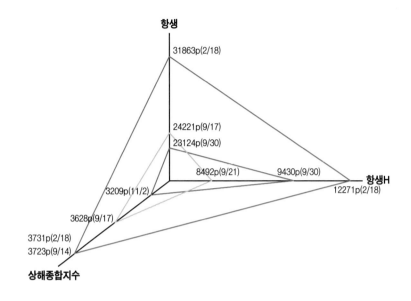

항생
31863p(2/18)
24221p(9/17)
23124p(9/30)
8492p(9/21)   9430p(9/30)
항생H
12271p(2/18)
3209p(11/2)
3628p(9/17)
3731p(2/18)
3723p(9/14)
상해종합지수

◆ 상해종합지수 일봉 차트(12월 23일) ◆

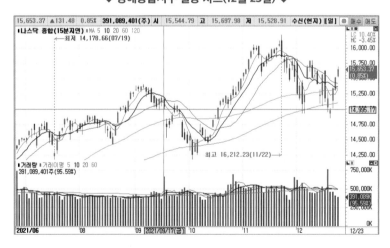

중국증시의 흐름을 보면 항생지수는 2020년 9월 30일 저점 23124p보다 2021년 9월 17일 현재 24221p로 그 위에 위치해 있는데 항생H지수는 2020년 9월 30일 9430p에서 추가적으로 9.9% 급락한 8492p수준을 보이고 있어 헝다부채문제가 항생지수보다 항생H지수를 더 급락시키고 있는 것을 체크할 수 있다.

이 부분은 홍콩H로 구성된 국내 ELS와도 연계되어 있다. 따라서 지속적으로 부실문제가 전염되어 국내증시로 확산되는지 아니면 막아내는지 추적해야 할 것이다. 홍콩H ELS 문제가 확산된 시기가 있었는데 2016년의 홍콩H지수 7400~7500p수준까지 급락한다면 국내 증시로 문제가 확산될 것이다. 이 부분을 가장 중요하게 체크해야 할 것이다.

중국의 헝다부채 문제 리스크, 미국의 셧다운(예산안 처리 지연으로 인한 정부의 일시적 업무 정지 상태) 문제와 부채한도 문제가 추석 전에는

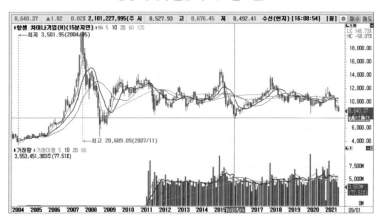

◆ 항생 차이나 월봉 차트(10월 11일) ◆

시장에 불확실성과 공포를 주는 중요 이벤트로 작동했고 그것이 시장의 흐름을 하향으로 전개시키는 결정적 역할을 했다.

그런데 10월 8일 현재 미국의 셧다운 문제나 미국의 부채한도 문제는 없어지거나 시간이 지연되는 상황으로 전개되었다. 헝다부채 문제도 마찬가지다. 홍콩-홍콩H지수는 추가 하락하고 있지만 하락 속도가 둔화되다가 10월부터 상승전환 시도 중이고, 국경절 연휴로 긴 휴장을 보인 상해종합지수는 10월 8일 국경절 연휴 첫 거래일에 상승하는 모습을 보이고 있다.

상해종합지수-나스닥-홍콩-홍콩H지수를 10월 11일 기준으로 보면 다음과 같다.

◆ 상해종합지수 일봉 차트(10월 11일) ◆

◆ 나스닥 종합 일봉 차트(10월 11일) ◆

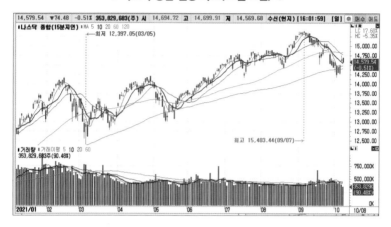

◆ 항생 일봉 차트(10월 11일) ◆

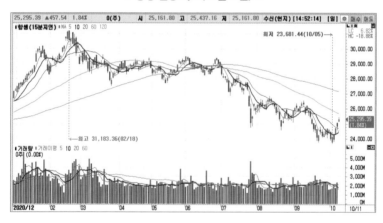

◆ 항생 차이나 일봉 차트(10월 11일) ◆

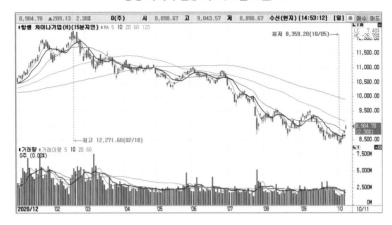

◆ 항생 차이나 일봉 차트(10월 11일) ◆

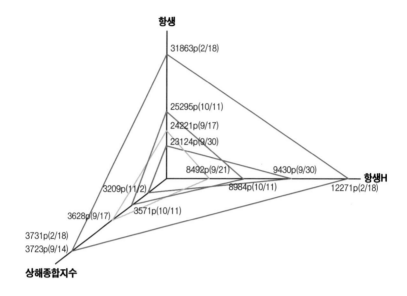

◆ 항생H-항생-상해종합지수 X-Y-Z축 기법(10월 11일) ◆

항생

31863p(2/18)

25295p(10/11)
24221p(9/17)
23124p(9/30)

8492p(9/21)   9430p(9/30)   항생H

3209p(11/2)   8984p(10/11)   12271p(2/18)

3628p(9/17)   3571p(10/11)

3731p(2/18)
3723p(9/14)

상해종합지수

    10월 11일까지 보면 문제가 되는 홍콩-홍콩H종목이 저점을 확인하고 되반등중에 있다. 헝다리스크 외에 다른 불확실성으로 석탄부족에 따른 전력수급이 문제가 되어 제한적 송전사태까지 발생하고 있는데, 그럼에도 불구하고 홍콩-홍콩H지수는 되반등중이고 상해종합지수가 국경절 연후 첫거래일에 하락하지 않고 상승하면서 무엇인가 다른 모습을 보이는 중이다.

    삼각형의 변화를 추적하면, 중심이 하락으로 이동하다가 되반등중이다. 상해종합지수는 3500p 지지여부, 홍콩 24000p-홍콩H 8500p의 지지확인을 하면서 계속 체크해야 할 것이다. 이것을 상승삼각형-하락삼각형의 4등분법칙에 대입해보면 이번에 형성된 저점을 기준으로 하락폭의 50% 중심가격을 다시 돌파하는지, 아니면 저항으로 작동하고 다시 하락전환하는지 체크하는 것이 중요하다.

◆ 상해종합지수의 4등분법칙 ◆

상해종합		상승률	하락률		
3,723	최고	12%	0%		
		12%	-1%	3,697	75%
		11%	-1%	3,672	50%
		10%	-2%	3,646	25%
3,620	75%	9%	-3%		
		9%	-3%	3,595	75%
		8%	-4%	3,569	50%
		7%	-5%	3,543	25%
3,518	50%	6%	-6%		
		5%	-6%	3,492	75%
		5%	-7%	3,466	50%
		4%	-8%	3,440	25%
3,415	25%	3%	-8%		
		2%	-9%	3,389	75%
		2%	-10%	3,363	50%
		1%	-10%	3,338	25%
3,312	최저	0%	-11%		

◆ 항생의 4등분법칙 ◆

항생		상승률	하락률		
31,183	최고	32%	0%		
		30%	-2%	30,714	75%
		28%	-3%	30,245	50%
		26%	-5%	29,776	25%
29,308	75%	24%	-6%		
		22%	-8%	28,839	75%
		20%	-9%	28,370	50%
		18%	-11%	27,901	25%
27,432	50%	16%	-12%		
		14%	-14%	26,963	75%
		12%	-15%	26,494	50%
		10%	-17%	26,025	25%
25,557	25%	8%	-18%		
		6%	-20%	25,088	75%
		4%	-21%	24,619	50%
		2%	-23%	24,150	25%
23,681	최저	0%	-24%		

◆ 항생H의 4등분법칙 ◆

항생h		상승률	하락률		
12,271	최고	47%	0%		
		44%	-2%	12,027	75%
		41%	-4%	11,782	50%
		38%	-6%	11,538	25%
11,293	75%	35%	-8%		
		32%	-10%	11,049	75%
		29%	-12%	10,804	50%
		26%	-14%	10,560	25%
10,315	50%	23%	-16%		
		20%	-18%	10,071	75%
		18%	-20%	9,826	50%
		15%	-22%	9,582	25%
9,337	25%	12%	-24%		
		9%	-26%	9,093	75%
		6%	-28%	8,848	50%
		3%	-30%	8,604	25%
8,359	최저	0%	-32%		

위 4등분법칙의 매매감각은 급락 이후 되반등 에너지가 25% 중심 수준이 저항으로 되면 이번에 형성된 저점이 붕괴되거나 쌍바닥을 확인해야 하는 불확실성이 실제로 나타날 가능성이 높다는 것이다. 그 구간에서는 다시 하락한다는 예측이 난무하고 되반등 에너지가 약화되는 경우가 많다는 것이다.

그런데 25% 중심의 위치가 저항이 아니라 지지가 되면 이번 급락 을 유도했던 중국의 헝다사태 및 전력난 등의 불확실성이 개선되면 서 새로운 모멘텀이 등장했다는 이야기이다. 그렇게 된다면 시장은 하락에서 강한 상승에너지가 전개되면서 비관론이 축소되고 낙관론 이 힘을 받아 실제 시장도 주도주가 등장하면서 새로운 상승에너지 를 보이게 되는 것이다.

시장의 불확실성을 증폭시켰던 헝다사태는 중국인민은행장의 발언과 10월 23일 만기가 되는 미국달러표지 채권에 대한 이자를 지급하면서 어느 정도 불확실성이 개선되는 움직임이 나타나는 중이다.

2022년 2월 중국의 북경동계올림픽까지 위 4등분 구간을 나눈 홍콩-홍콩H지수가 50% 중심수준도 돌파하는지 동태적으로 추적해보는 것이 필요하다.

2021년 10월 24일 상해종합지수-홍콩-홍콩H지수를 5일 단위로 체크하면서 중심이 위로 가는지, 아래로 가는지 비교해보는 과정에서 실제 시장의 흐름을 판단하는 것이 중요하다.

앞서 250~253쪽에서 살펴본 10월 11일 기준 상해종합지수-홍콩-홍콩H지수가 10월 24일에 어떻게 변했는지 살펴보자.

◆ 상해종합지수 일봉 차트(10월 24일) ◆

◆ 항생 일봉 차트(10월 24일) ◆

◆ 항생차이나 일봉 차트(10월 24일) ◆

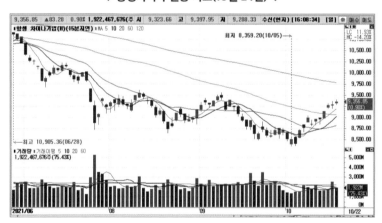

그리고 나스닥도 10월 24일 현재 제일 강하게 직전고점을 향해서
상승하고 있다.

◆ 나스닥 종합 일봉 차트(10월 24일) ◆

실제 파동도 4등분 고가 저가의 직전고점-75% 중심수준까지 상
승해서 50% 중심수준이 강하게 지지하면 새로운 상승에너지가 전개
되는 것으로 판단해보겠다.

이 말을 그림으로 표시하면 다음 페이지의 그림과 같다. 최고의 시
나리오 그림인데, 상승파동이 새로운 고점을 형성하려면 다음과 같
은 패턴이 나와야 한다.

여기서 기준은 25%-50%-75% 기준선이 지지-저항이 되는가에
따라 나스닥 종합지수의 조정시간-진폭이 결정되는 것이다. 통상적
으로 판단하는 기준 진폭을 1로 놓고 4등분해서 지지-저항의 흐름을
체크하고 '지지 시 매수전략, 저항 시 매도전략'으로 대응하면 된다.

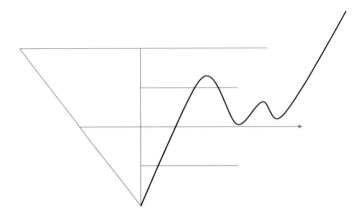

시간지연 패턴인데, 그래도 직전고점을 돌파하는 패턴으로 다음과 같은 모습을 보일 수도 있다.

◆ 4등분법칙 _ 50% 중심축 저항, 시간지연파동 ◆

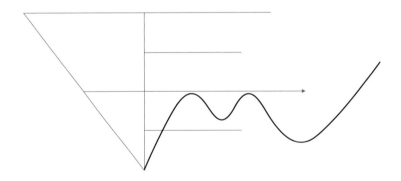

되반등에 불과하고 실패하는 패턴은 다양하게 전개되지만 아래의 모습으로 대표된다.

◆ 4등분법칙 _ 50% 중심축 저항, 실패파동 ◆

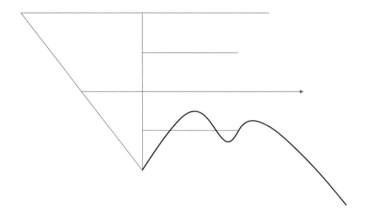

인덱스 지수만 적용되는 것이 아니고 모든 개별종목에도 적용 가능한 기준이니 보유한 종목을 52주 최고가-최저가 중심으로 4등분해서 어떤 패턴으로 움직이고 중심이 위로 올라가는지 아니면 아래로 내려가는지 추적해보는 것도 그 대상 종목의 투자 판단에 도움이 될 것이다.

모든 총체적인 정보(공개된 정보와 비공개된 정보의 총에너지)가 그 대상 종목에 참여하는 이해당사자의 방향이 중심으로 결정된다는 사고가 내포되어 있다. 시간이 지나면서 중심이 어디로 이동하는지, 이것이 제일 중요하다.

이렇게 동태적으로 중심이 어디로 이동하는지 추적해보면서 시장의 흐름이 2021년 10~11월 기준으로 큰 변화가 나타났다는 것을 감지할 수 있었다.

종합지수 기준으로 의미 있는 저점의 궤적이 다음과 같이 나타난다.

◆ 종합지수 일봉 차트 ◆

2021년 10월 12일 2901p-11월 11일 2903p

2021년 11월 30일 2822p

2021년 12월 13일 3043p

2022년 1월 11일 2909p

아직 2021년 11월 30일 저점 2822p을 붕괴하지 않았으나 고점 3316p와 저점 2822p의 50% 중심가격 3069p를 돌파하지 못하는 상황이다. 2021년 12월 13일 3043p까지 되반등이 시도되었지만 다시

◆ 종합지수의 4등분법칙 ◆

종합지수		상승률	하락률		
3,316	최고	18%	0%		
		16%	-1%	3,285	75%
		15%	-2%	3,254	50%
		14%	-3%	3,223	25%
3,193	75%	13%	-4%		
		12%	-5%	3,162	75%
		11%	-6%	3,131	50%
		10%	-7%	3,100	25%
3,069	50%	9%	-7%		
		8%	-8%	3,038	75%
		7%	-9%	3,007	50%
		5%	-10%	2,976	25%
2,946	25%	4%	-11%		
		3%	-12%	2,915	75%
		2%	-13%	2,884	50%
		1%	-14%	2,853	25%
2,822	최저	0%	-15%		

2900p 지지여부를 타진하는 변동성 장세가 지속되고 있는 것을 체크할 수 있다.

여기서 되반등에너지에 의해 11월 30일 2822p가 진바닥인지 아닌지 판단하는 것이다. 그 이후의 파동을 체크해보면 12월 13일 3043p까지 되반등 후 2022년 1월 28일 2591p까지 급락했다.

4등분법칙상 분석지점 기준 하락파동을 1로 놓았을 때 하락파동의 50% 수준 3069p가 지지가 되지 않고 저항이 되는 경우 '25% 중심 수준인 2946p, 직전 저점 2822p 수준'이 단계별 지지가 되지 않는 한 하방공격이 지속되면서 새로운 저점이 형성된다.

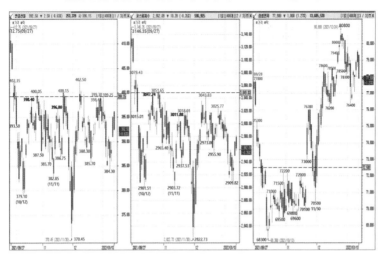

◆ 3월물 선물-종합지수-삼성전자 위치 비교(2022년 1월 13일) ◆

여기서 수치가 보여주는 패턴에서 다음과 같은 체크포인트가 나온다.

첫째, 2021년 1월부터 지속적으로 매도하던 삼성전자를 외국인이 1월 12일부터 매수로 전환한 이유는 무엇인가?

둘째, 그것부터 한 달 앞서서 10월 12일부터의 SK하이닉스 외국인 매수세 전환은 그 이유가 무엇인가?

SK하이닉스는 10월 12일 이후부터 매수로 전환된 이유가 무엇인지 동태적으로 추적해가는 것이 실전투자에서는 가장 중요하다. 투자의 세상은 평평한 운동장이 아닌 기울어진 운동장이기에, 각자의 정보를 얻는 위치 수준에 따라 유리한 가격에서 진입-청산할 수 있는 것이다.

그런데 초보투자자의 입장에서는 그런 고급정보를 얻을 확률이 낮기 때문에 기초적인 수치가 보여주는 내용을 갖고 판단하는 것이다. 어느 대상종목을 추세적으로 매수한 경우 시간이 지나면 그 이유를 확인하는 경우가 많기 때문이다.

따라서 시장에 영향력이 큰 외국인이나 금융투자가 어느 종목을 추세적으로 매수를 하고 그 규모도 크다면 그 대상종목을 매수하는 전략이 효과적이다. 그 반대로 실전에서 적용해보는 것이다. 외국인이 추세적으로 매도하는 것은 개인적으로 좋게 보더라도 리스크를 관리하는 것이 효과적이다.

◆ 삼성전자 시장 수급 동향(11월 12일~1월 15일) ◆

005930 ▼ Q ↻ 삼성전자	개 장중	당일 ▼	2021/11/12 📅 - 2022/01/15 📅	● 금액(백만원) ○ 수량(주) ○

일자	종가	매비	등락율	거래량	외국인	개인	기관계	투신	사모펀드	금융투자
합계					5,032,239	-3,418,046	-1,584,749	52,887	35,941	-638,657
22/01/14	77,300 ▼	600	-0.77	10,096,725	75,104	108,537	-189,985	-7,441	-6,930	-139,193
22/01/13	77,900 ▼	1,000	-1.27	13,809,401	-1,486	126,482	-127,152	-7,081	6,506	-50,032
22/01/12	78,900	0	0.00	11,000,502	-38,568	-65,788	101,839	-5,747	-21,314	157,330
22/01/11	78,900 ▲	900	1.15	13,221,123	287,135	-242,142	-36,364	15,151	-2,243	-29,794
22/01/10	78,000 ▼	300	-0.38	9,947,422	110,220	-17,957	-94,246	-7,239	-11,127	-48,445
22/01/07	78,300 ▲	1,400	1.82	15,163,757	340,429	-171,572	-165,044	6,467	11,568	-140,362
22/01/06	76,900 ▼	500	-0.65	12,931,954	170,804	-3,255	-171,751	13,986	-13,284	-106,154
22/01/05	77,400 ▼	1,300	-1.65	25,470,640	-45,785	649,420	-598,004	-6,363	-117,518	-382,375
22/01/04	78,700 ▲	100	0.13	12,427,416	112,018	91,959	-206,327	7,151	20,127	-242,045
22/01/03	78,600 ▲	300	0.38	13,502,112	138,671	184,943	-329,792	9,593	-5,273	-278,652

삼성전자의 위 데이터를 보면 11월 12일부터 1월 15일까지 외국인이 5조 322억 매수, 금융투자가 6,386억 매도, 개인이 3조 4,180억 매도한 것을 알 수 있다.

000660 ▼ Q 점 SK하이닉스	체결30	▼	2021/10/12 📅 - 2022/01/15 📅	○ 금액(백만원) ○ 수량(주) ○

일자	종가	대비	등락률	거래량	외국인	개인	기관계	투신	사모펀드	금융투자
합계					2,513,130	-3,045,455	629,330	235,316	129,262	193,973
22/01/14	128,500 ▼	1,000	-0.77	3,769,648	-9,474	23,626	-13,844	-3,104	17,194	-30,377
22/01/13	129,500 ▲	1,000	0.78	4,155,984	103,869	-38,394	-64,670	2,492	51,835	-80,815
22/01/12	128,500 ▲	500	0.39	3,552,174	-17,007	-9,687	26,530	1,667	3,468	25,028
22/01/11	128,000 ▲	3,500	2.81	3,958,787	138,154	-133,741	-4,028	3,806	7,418	-8,549
22/01/10	124,500 ▼	2,500	-1.97	3,449,192	17,398	59,958	-80,010	-5,370	-12,755	-33,491
22/01/07	127,000 ▲	2,000	1.60	3,270,119	95,648	-60,956	-33,788	6,270	6,155	-37,771
22/01/06	125,000 ▼	500	-0.40	3,725,569	109,640	-31,152	-79,069	6,657	-2,103	-63,612
22/01/05	125,500 ▼	3,000	-2.33	7,414,954	54,646	85,104	-140,584	-758	-35,063	-74,611
22/01/04	128,500	0	0.00	3,622,369	41,922	-3,339	-41,988	4,913	10,017	-53,803
22/01/03	128,500 ▼	2,500	-1.91	3,782,213	10,364	109,088	-121,255	1,353	-49,388	-71,994

　　SK하이닉스는 2021년 10월 12일부터 2022년 1월 15일까지 외국인이 2조 5,131억 매수, 개인이 3조 454억 매도, 금융투자가 1,939억 매수한 것을 알 수 있다.

　　그런 가운데 두 종목의 상승에너지는 10월 13일로 저점이 같고, 상승률을 보면 삼성전자보다 SK하이닉스의 상승에너지가 대단하다는 것을 알 수 있다. 또한 그 구간 속에 코리아써키트, 칩스앤미디어, LG이노텍 등 차량용반도체-전장사업 관련 종목의 상승에너지는 더 크게 나타난 것을 확인할 수 있다.

　　삼성전자가 10월 13일 68,300원에서 고점 12월 24일 80,800원까지 18.3% 상승하는 동안에, SK하이닉스는 10월 13일 90,500원에서 12월 20일 133,000원까지 47.2% 상승했다. 그 구간에 코리아써키트는 121% 이상 상승했고, 칩스앤미디어는 124%, LG이노텍은 119%, DB하이텍은 73% 상승한 것을 체크할 수 있다.

　　반면에 2021년 10~11월 급등에너지를 보였던 2차전지 소재, 메타버스, 게임·NFT 관련주가 급락하는 모습을 보여 시장의 흐름이 변

종목	2021/10/13 종가	2022/01/14 현재가	기간내 대비	기간내 등락
LG이노텍	190,500	384,500 ▲	194,000	101.84
DB하이텍	49,850	84,500 ▲	34,650	69.51
메리츠금융지주	32,650	51,900 ▲	19,250	58.96
한전기술	49,300	77,000 ▲	27,700	56.19
LIG넥스원	48,100	71,500 ▲	23,400	48.65
SK하이닉스	92,000	128,500 ▲	36,500	39.67
LG디스플레이	17,500	24,050 ▲	6,550	37.43
메리츠증권	4,875	6,390 ▲	1,515	31.08
우리금융지주	11,800	15,000 ▲	3,200	27.12
현대미포조선	64,200	80,700 ▲	16,500	25.70
삼성전기	156,000	188,000 ▲	32,000	20.51
LG전자	122,000	146,000 ▲	24,000	19.67
대웅제약	135,500	160,000 ▲	24,500	18.08
두산	95,500	112,500 ▲	17,000	17.80
KB금융	53,700	62,200 ▲	8,500	15.83

화되는 양상을 보였다.

위메이드는 나스닥이 고점을 형성한 날인 11월 22일 245,000원에서 1월 14일 137,000원까지 -44%, 카카오게임즈는 11월 17일 116,000원에서 1월 14일 68,300원까지 -41.1%, 에코프로는 11월 11일 157,000원에서 1월 11일 95,500원까지 -39.1% 하락하는 등 미국의 급격한 테이퍼링과 금리인상 속도가 예상보다 빨라진다는 불확실성 속에 성장주의 대표종목이 급락하는 패턴을 보였다. 반면 삼성전자와 SK하이닉스, LG이노텍 등 반도체-전장관련 IT 대표주가 급등하는 주도주의 재편현상이 나타났다.

미국 국채 10년 금리가 1.8대를 돌파하면서 조기 금리인상 속도가

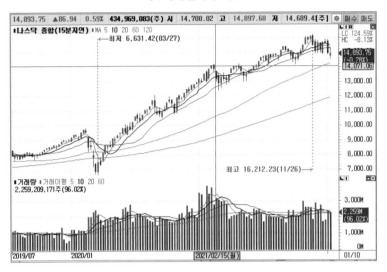

빨라질 것이고 양적긴축까지 전개되면서 미국도 기술주가 급락하는 패턴이 나타날 것이라는 전망이 우세해졌다. '장기적으로 상승한 나스닥이 조정한다'는 예상이 강도 있게 나타나고 있다.

코로나19 팬데믹으로 급락했던 나스닥이 2020년 3월 6631p에서 2021년 11월 22일 16212p로 상승률 144%을 보인 후 조정양상을 보이고 있다.

의미 있는 고점: 2021년 2월 16일 14175P, 2021년 4월 29일 14211p

의미 있는 저점: 2021년 10월 4일 14181P, 2022년 1월 10일 14530p

◆ 미국 국채 10년 일봉 차트 ◆

◆ 서부텍사스중질류 10년 일봉 차트 ◆

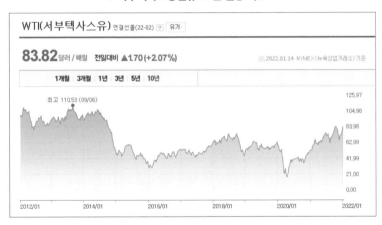

◆ 서부텍사스중질류 일봉 차트 ◆

나스닥 조정이 14000p을 지지하는지 아니면 붕괴하는지는 미국이 실제 금리인상을 실행하는 시점까지 추적해야 할 것이다. 14000~14500p영역에서 지지하고 다시 상승추세로 전환되는지 아니면 14000p를 붕괴해서 120일 이동평균선 수준인 12000p대 수준까지 하락하는지 2022년 내내 미국시장을 지속적으로 체크해야 할 것이다. 그 흐름속에 금리인상 속도가 결정될 것이고, 미국 국채 10년 금리의 흐름에서 판단해야 한다.

그 이후 실제 수치의 변화를 보면 의미 있는 점은 2021년 10월 4일 14181p를 2022년 1월 20일 붕괴하면서 1월 24일 13094p까지 단기 급락파동이 나타난 것이다. 2022년 1월 FOMC에서 제롬 파월 연준 의장의 강경발언을 통해 '인플레이션 문제를 해결하기 위한 금리인상 속도가 시장이 예상하는 속도보다 빨라질 것'이라는 전망이 지배하면서 급락파동이 전개된 것이다.

　나스닥의 급락 원인인 인플레이션 문제가 2022년 내내 전 세계를 강타하는 중이다. 이 부분이 미국의 금리인상 속도를 결정하는 데 영향을 미칠 것이다.

　여기서 체크해야 할 것이 서부텍사스 중질류의 흐름이다. 85~90달러에서 고점이 형성되고 다시 하락전환될 것인지, 아니면 100달러를 돌파하면서 고유가 시대를 열 것인지 동태적으로 추적해야 하는 2022년이다.

◆ ◆ ◆

이동평균선 매매기법은 개인적으로 4등분 매매법칙
과 함께 기술적 분석의 가장 기본적이고 기초적인 툴
로 사용한다. 진입과 청산의 기준 설정에 도움이 되며
매매하지 않는 위치를 설정하는 데 기준을 제공해준
다. 초보투자자는 이동평균선 매매기법과 4등분 매매
법칙만 습득해도 리스크를 관리하는 데 큰 도움이 될
것이다.

이동평균선을
매매에 활용하는
방법

5장

◆ ◆ ◆

저자직강 동영상 강의로 이해 쑥쑥!

5장의 핵심 내용을 이해하기 쉽게 풀어낸

저자의 동영상 강의입니다

이번 장에서는 중심-시간-평균의 개념을 도입시키고 중심의 가격이 이동하는 평균의 개념과 작동원리도 체크해보고자 한다. 이때 우리가 일반적으로 알고 있는 이동평균선도 같이 사용하면서 평균과 이동의 감각을 실전에 투영해야 한다.

이동평균은 시간의 흐름에 따라 가장 오래된 변수를 빼고 새로운 변수를 추가해 구한 평균이다. 여기서 핵심은 시간이 움직이는 과정에서 새로운 수치를 편입시키고 과거에 정해진 기준의 수치를 제외하면서 평균을 내는 것이다. 전체 변수의 숫자가 변하지 않으므로 분모는 일정하고 분자는 최근 숫자로 계속 교체되기 때문에 변수들의 움직임을 시계열로 나타낸다. 이동평균선의 특징은 다음과 같다.

① 이동평균은 변수들의 움직임을 부드럽게 만들어 추세를 알기 쉬운 지표로 전환시켜준다.
② 이동평균은 대상 변수의 움직임보다 완만하게 움직인다.
③ 이동평균 기간이 길수록 변동성은 작아진다.

④ 이동평균은 구하는 방법에 따라 단순, 가중, 기하, 지수 이동평
   균으로 나누어진다.

이동평균선 계산방법은 다음과 같다.

1) 단순이동평균(simple moving average)

일정기간 동안의 종가를 모두 더한 다음 그 기간의 수로 나누어
계산한다. 이동평균은 종가를 사용하는 것이 보통이나 고가나 저가,
거래량 등 목적에 따라 얼마든지 대체할 수 있다.

$$Mt = (Pt+Pt-1+Pt-2+\cdots+Pt-n+1)/n$$

* Mt는 이동평균, n은 이동평균기간, Pt는 t 시점의 시장가격

2) 가중이동평균(weighted moving average)

구하고자 하는 기간의 최근일의 가격에 더 많은 가중치를 주어 최
근의 시장가격 움직임을 평균에 많이 반영한다.

$$MWn=(W1*P1+W2*P2+\cdots+Wn*Pn) / (W1+W2+W3+\cdots+Wn)$$

3) 지수이동평균(exponential moving average)

가장 최근의 값에 더 많은 가중치를 부여하고 오래된 값에는 적은
가중치를 부여하는데, 오래된 값이라고 할지라도 완전히 무시하지는
않고 적게나마 반영시키는 계산방법이다.

EMA = 전일지수이동평균 + {c×(금일종가지수-전일지수이동평균)}

* 단, 0 < c < 1 (9일의 경우엔 가중치 0.2, 12일의 경우엔 가중치 0.15, 26일의 경우엔

가중치 0.075 사용)

이렇게 다양한 방식으로 이동평균선을 구할 수 있는데, 증권사 HTS에 나오는 5-10-20-60-120일 이동평균선은 단순이동평균 방식으로 계산해서 표시한다.

여기서 다음에 소개하는 그랜빌의 8법칙이 나온다. 주가와 이동평균선의 변화를 갖고 매수신호와 매도신호를 구분해놓는데 그 내용은 다음과 같다.

매수신호부터 살펴보자.

◆ 이동평균선과 주가 _ 매수신호 ◆

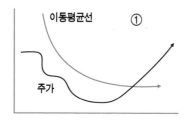
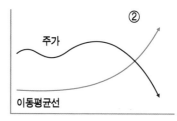
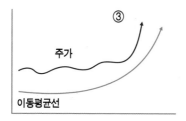
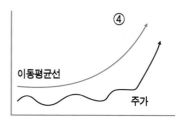

이 그림의 4가지 매수 신호를 정리하면 다음과 같다.

① 이동평균선이 하락세에서 벗어나 횡보하는 상황에서 주가가 이
   동평균선을 상향 돌파할 때
② 주가가 상승세인 이동평균선을 하향 돌파할 때
③ 이동평균선을 향해 하락하던 주가가 하향 돌파하지 않고 다시
   오를 때
④ 이동평균선보다 낮은 주가가 급속히 하락한 후 이동평균선으로
   접근할 때

다음으로, 매도신호는 아래와 같다.

◆ 이동평균선과 주가 _ 매도신호 ◆

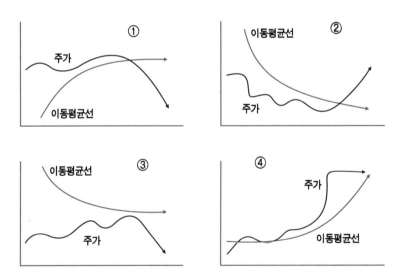

이 그림의 매도 신호를 정리하면 다음과 같다.

① 이동평균선이 상승한 후 상승세에서 벗어나 횡보하거나 상승추세가 완만해지는 상황에서 주가가 위에서 아래로 이동평균선을 하향 돌파할 때
② 하강하는 이동평균선을 주가가 아래에서 위로 상향 돌파해서 상승했을 때
③ 주가가 이동평균선보다 아래쪽에서 이동평균선을 향해 상승했으나, 평균선까지는 미치지 못하고 그 직전에서 다시 하락으로 전환되었을 때
④ 이동평균선이 상승하는 경우라도 주가가 이동평균선으로부터 이격이 클 때

이동평균선을 통한 실전매매 감각

그렇다면 실제로 사용하는 5-10-20-60-120-240일 이동평균선의 기준으로 실전매매 감각을 설명해보고자 한다.

5일 이동평균이란 과거 일정기간 동안의 가격평균을 일자에 따라 구한 것이다. 5일 이동평균은 당일을 포함한 5일간의 가격(4일 전 가격부터 오늘까지의 가격)을 더한 후 5로 나누어서 구한다.

이동평균선은 가격의 작은 요동을 제거해 장기적인 가격 움직임을 보여준다는 점에서 추세 분석의 성격을 지니며, 도해적인 추세 분

석보다는 '저점 매수, 고점매도' 신호가 확실하게 나타나는 장점이 있다.

이동평균을 이용하기 위해서는 이동평균의 기간을 정해야 하는데, 평균의 기간이 길어질수록 하루의 가격이 차지하는 비중이 줄어든다. 따라서 장기 이동평균선일수록 변화가 순탄하고, 단기이동평균선일수록 움직임이 빨라 추세변화 시에 장기이동평균선보다 먼저 움직인다.

단기이동평균선으로 3일선, 5일선을 주로 사용하고, 중기이동평균선으로 20일선, 60일선을 사용하며, 장기이동평균선으로 120일선, 200일선, 240일선을 사용한다.

이동평균선이 단기이동평균선부터 중·장기이동평균선 순으로 차례로 나열된 상태를 정배열이라 하고, 반대로 된 경우를 역배열이라고 한다. 주가는 일반적으로 하나의 추세를 형성하는 것이 보통이어서 이동평균선이 정배열되어 있을 경우엔 상승추세가 강한 상태로 해석하고, 이동평균선이 역배열되어 있을 경우엔 하락추세가 강한 상태로 해석한다.

5일 이동평균선은 거래일수 1주일을 대변해주는 중요한 선이고, 20일 이동평균선은 1개월을, 60일 이동평균선은 한 분기를 대변해주는 이동평균선으로 해당 종목의 투자심리와 투자흐름을 파악하는 데 중요한 근거를 제공한다.

투자대상기업의 분기실적 추이, 반기실적, 1년 실적 추이가 60일-120일-240일 이동평균선에 녹아 있고 그 이동평균선이 상향인지 하향인지에 따라 추세의 흐름을 읽을 수 있다.

◆ 이동평균선 단기-중기-장기 ◆

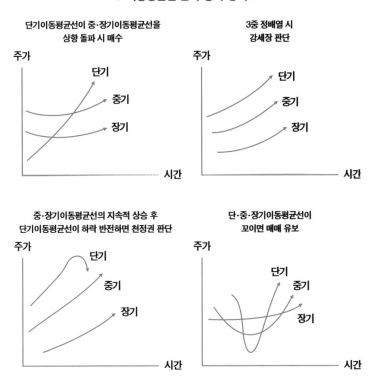

단기이동평균선이 중·장기이동평균선을
상향 돌파 시 매수

3중 정배열 시
강세장 판단

중·장기이동평균선의 지속적 상승 후
단기이동평균선이 하락 반전하면 천정권 판단

단·중·장기이동평균선이
꼬이면 매매 유보

◆ 이동평균선 단기-중기-장기 ◆

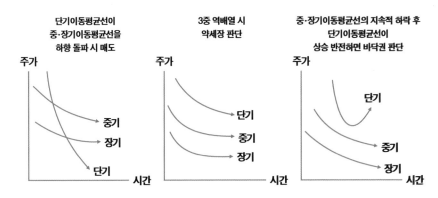

단기이동평균선이
중·장기이동평균선을
하향 돌파 시 매도

3중 역배열 시
약세장 판단

중·장기이동평균선의 지속적 하락 후
단기이동평균선이
상승 반전하면 바닥권 판단

이동평균선의 배열과정에서 이동평균선 간의 괴리 및 이격을 확인하는 것이 중요하다. 이동평균선 간의 멀고 가까움에 따라 진행되는 추세의 변화가 나타날 수 있고, 단기이동평균선과 중·장기이동평균선의 교차과정에서 골든크로스와 데드크로스의 개념이 나온다.

골든크로스는 단기이동평균선이 중·장기이동평균선을 아래에서 위로 뚫고 올라가는 것이다. 골든크로스는 대개 주가상승의 신호로 해석된다.

주로 5일 이동평균선이 20일 이동평균선을 상향 돌파하는 단기 골든크로스, 20일 이동평균선이 60일 이동평균선을 상향 돌파하는 중기 골든크로스, 60일 이동평균선이 120일 이동평균선을 뚫고 올라가는 장기 골든크로스가 일반적으로 이용된다.

골든크로스가 강세장의 신호라고 하지만, 반드시 그렇지만은 않다. 강세장의 신호로 받아들여지는 것은 중기 골든크로스이다. 단기 골든크로스가 발생했을 때는 기간이 짧아서 단기적인 매매시점을 파악하는 데만 이용되고, 장기 골든크로스는 주가가 많이 오른 다음에 나타나서 장기 골든크로스 발생 직후엔 보통 1개월쯤의 주가조정을 거치기 때문이다.

데드크로스는 주식시장에서 주가의 단기이동평균선이 중·장기이동평균선을 아래로 뚫는 현상을 말하며, 골든크로스의 반대개념으로 이해하면 된다.

이동평균선으로 다양한 알고리즘을 만들 수 있는데, 시스템 알고리즘은 대부분 이동평균선을 기준으로 필터링해서 만든다.

관련 보조지표도 이동평균선을 기준으로 만드는데, 그중 하나로 차분형 지표라는 것이 있다. 차분형 지표의 기본개념은 'N=당일가격-이전가격 형태'의 지표이다. 예를 들면 'N=종가-n일 전 종가'로 구한다.

이는 분모에 '1일'이 생략된 분수 형태로도 생각할 수 있다. 그렇게 본다면 지표의 모양은 '가격변화/시간변화', 즉 'ΔP/ΔT' 형태로 미분 형태가 된다.

아래 그림과 같이 곡선(정확히는 2차 곡선)의 미분은 직선형이 되며, 0선을 돌파할 때 곡선에서는 변곡(추세 전환)이 나타난다. 차분형 지표에서 0선의 상향 돌파 시엔 상승 전환(바닥점), 0선의 하향 돌파 시엔 하락 전환(천장)이라고 본다.

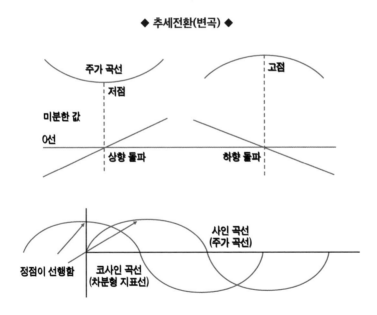

◆ 추세전환(변곡) ◆

'오실레이터'라는 말이 붙은 지표는 차분형 지표라고 하고, 차분형 지표는 주가변동의 원천(힘)이라고도 해 '모멘텀'이라고도 한다.

이동평균선의 멀고 가까움을 기준으로 투자판단 지표를 만들어서 실전에 사용하는데, 이동평균선 간격 확대와 밀집의 원인으로 주가

◆ 차분형(모멘텀) 지표 ◆

NCO (가격변화량)	• 의의: NCO(Net Change Oscilator)는 n일 전 가격에 대한 차분값이다. • 수식: 당일 종가-n일 전 종가(기간은 12일, 10일 등이 주로 쓰인다) • 분석: 양이면 주가는 상승 추세이고, 음이면 하락 추세임. 0선 상향 돌파 시 매수 신호
ROC (가격변화율)	• 의의: ROC(Rate of Change)는 NCO를 다시 가격으로 나누어 비율형으로 구한 것이다. • 수식: (당일 종가-n일 전 종가)/당일 종가(기간은 12일, 25일이 주로 쓰인다) • 분석: 부호의 의미는 NCO와 같다. (양이면 주가는 상승 추세이고, 음이면 하락 추세이다.) 고점-저점값이 일정 범위 내에 있는 경향이 있어 과거와 비교해 천장권, 바닥권의 판단이 가능하다.
MA Oscillator (이동평균선 오실레이터)	• 의의: 단기와 장기 이동평균선에 대한 차분값이다. 골든크로스, 데드크로스의 수치화 지표이며, 모멘텀 지표로도 사용한다. • 수식: 단기이동평균선-장기이동평균선(차분형 지표이다) • 분석: 양이면 주가는 상승 추세이고, 음이면 하락 추세이다. 이동평균선 간의 골든크로스 시 이동평균선 오실레이터는 0선을 상향 돌파한다.
MACD Oscillator (이동평균선 수령확산 오실레이터)	• 의의: 지수가중 방식의 단기와 장기 이동평균선에 대한 분석이다. 이동평균선이 오실레이터같이 크로스 분석이 가능하고, 모멘텀 지표로도 쓰인다. 고점-저점값이 일정 범위 내에 있는 경향을 띠므로 과거값과 비교하는 방법이 가능하다. • 정의: MACD=지수평활된 '단기이동평균선-장기이동평균선' signal(시그널)=MACD의 n일 이동평균선 MACD Oscillator=MACD-시그널(차분이 반복된 것이기에 선행성이 높아진다) • 분석: MACD와 시그널 간 골든크로스 시, MACD Oscillator가 0선 상향 돌파 시 매수신호. MACD Oscillator 자체에 추세 분석을 적용해 디버전스 분석이 가능하다. • divergence: 주가 추세선과 MACD Oscillator 추세선이 반대이면 추세 전환 신호이다.

가 지속적으로 상승하거나 하락하는 경우에는 장·단기이동평균선이 평행하지만 간격이 벌어진다.

반대로 주가가 횡보하거나 작은 등락을 반복하면 장·중·단기이동평균선이 밀집하거나 꼬인다.

주가는 계속 상승(하락)하거나 횡보하지만은 않으므로 추세 지속에 따른 이동평균선 간격 확대와, 횡보에 따른 이동평균선 밀집이 반복적으로 나타난다.

엔빌로프 기법

장·단기이동평균선의 소멸현상은 주가의 관성과 평균회귀 현상 때문에 나타난 것인데, 이를 매매지표로 활용한 것이 채널(간격대)형 이동평균선 지표이다.

주요 이동평균선(대개 20일 이동평균선)에서 일정 간격(대개 주가에 대한 일정비율값)을 떨어뜨려 상위선과 하위선을 만들어보면, 경계선에서 주가 움직임의 패턴이 드러난다. 이런 경계선을 '엔빌로프(envelope)'라고 한다.

이동평균선에서 +d% 상위선을 저항선으로, -d% 하위선을 지지선으로 본다. 상·하위 지지선에 의한 범위를 엔빌로프라고 한다. 상위선 근접 시 매도하고, 하위선 근접 시 매수한다. 가령 20일 이동평균선에 대해 주가의 20%만큼 상하위의 경계선을 만들어보면 대개의 주가 움직임은 그 범위 내에 있기에 경계선에 다다르면 중심선으로의 복귀를 생각할 수 있다.

그런데 엔빌로프 방식은 단점이 있다. 이동평균선이 밀집해 향후 폭발적으로 나타날 수 있는 주가 움직임에 대해서는 잘 예고해주지 못한다는 것이다.

이를 개선하기 위해 경계선의 간격을 단순히 주가의 일정비율 값이 아니라 표준편차를 이용하는 방법이 나왔는데, 이를 '볼린저밴드(Bollinger band)'라고 한다. 볼린저밴드는 이동평균선에 대해 각 일봉의 종가를 갖고서 표준편차를 구하고 이동평균선을 중심으로 표준편차의 일정배수만큼 떨어뜨려 그리는 방식을 쓴다.

볼린저밴드

볼린저밴드의 상위선은 이동평균선에서 표준편차의 n배를 더해 구하고, 하위선은 이동평균선에서 표준편차의 n배만큼 빼서 구한다. 주가가 수평으로 움직이면 밴드 폭은 좁아지는데, 이 좁은 폭이 장시간 지속되면 주가의 급변이 임박했다는 신호이다. 밴드 폭을 돌파하면 그 방향으로 추세의 지속을 의미한다

예를 들어 20일 이동평균선에 대해 구한 표준편차의 2배 수만큼 떨어뜨려 상하위선을 긋는다. 주가가 횡보하는 경우 일봉은 이동평균선 부근에 밀집하게 되고 표준편차는 작아지게 되며, 이런 경우 볼린저밴드가 매우 좁아진다. 이는 향후 주가가 급변동할 가능성이 높아졌음을 보여준다.

'매매하지마 종목'의 기준

이상은 이동평균선과, 그것과 연결된 볼린저밴드에 대한 기본적 지식에 대한 설명이다. 이것을 개인적으로 실전에서 어떻게 사용하는지 사례를 들어 설명하고자 한다. 절대법칙이라는 것은 없다. 각자 개인적 특성과 능력을 가지고 기술적 기법은 내 몸에 맞게 적용시키고 실전에 사용하는 것이 더 중요하다.

제일 먼저 체크할 것이 120일 이동평균선의 멀고 가까움이다. 120일 이동평균선의 각도를 사용해 실전에 응용한다. 여기서 직관적으로 아래 그림을 이용해 전략을 수립한다.

다음의 그림을 보면 120일 이동평균선이 우상향하는 구간과 횡보하는 구간이 나오고, 이어 우하향하는 구간도 나온다. 이를 기준으로

◆ 52주 최고가-최저가, 중심가격, 120일 이동평균선 ◆

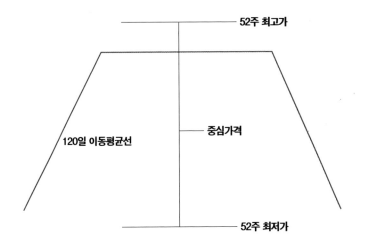

'매매하지마 종목'의 기준을 설정한다.

실전투자에서는 너무 급등한 것이 가장 큰 악재다. 내가 진입하는 위치가 그 종목의 끝물에서 진입하게 되면 물리는 경우 방법이 없다. 따라서 초보투자자일수록 '매매하지마 기준'을 수립하고 실전에 대응하는 것이 중요하다.

매매하지마 기준은 이미 앞에서 설명했기 때문에 여기서는 생략하고 코스피200 종목, 코스닥150 종목 중심으로 그것을 찾아내는 방법에 대해 설명하고자 한다.

매일매일 엑셀파일로 코스피200-코스닥150 종목 중심으로 시가총액 기준으로 데이터를 검색한다. 주식에 처음 진입하는 투자자는 코스피200-코스닥150 종목 중에서 본인이 투자할 대상을 찾는 것부터 시작해보길 권한다.

시장의 위험과 변동성을 알지 못하는 상황에서 전체 종목에서 투자대상을 찾는 것은 그만큼 투자에 실패할 확률이 높고, 그나마 인덱스 펀드에 편입된 대상종목 코스피200-코스닥150 종목 안에서 투자대상을 찾으면 거래정지-상장폐지 위험에서 일단 벗어날 확률이 높기 때문이다.

문제는 코스피200-코스닥150 종목에 편입된 종목에서도 거래정지-상장폐지를 당하는 경우가 있다는 것이다. 그러나 그럴 확률이 낮고 사전에 징후를 포착할 기회를 주기 때문에 그 외의 종목에서 매매대상을 찾는 것보다 실전에서는 생존확률을 높일 수 있다.

다음은 코스피200-코스닥150 종목의 시가총액 순위로 검색한 데이터이다. 기준은 2021년 10월 22일 종가기준이다.

◆ 코스피200 종목의 데이터(2021년 10월 22일) ◆

시총	종목명 2021-10-22	현재가(원)(A)	대비(원)	대비(%)	52주최고대비 등락률(%)	52주 최고가-최저가 4등분(원)					52주최저대비 등락률(%)
						최고가	75%	50%(B)	25%	최저가	
1	삼성전자	70,400	200	0.28	-27.27	96,800	86,600	76,400	66,200	56,000	25.71
2	SK하이닉스	98,500	2,200	2.28	-34.55	150,500	132,675	114,850	97,025	79,200	24.37
3	NAVER	407,500	-3,000	-0.73	-12.37	465,000	417,125	369,250	321,375	273,500	48.99
4	삼성바이오로직스	880,000	12,000	1.38	-15.95	1,047,000	941,250	835,500	729,750	624,000	41.03
5	LG화학	818,000	12,000	1.49	-22.10	1,050,000	934,500	819,000	703,500	588,000	39.12
6	카카오	127,500	-500	-0.39	-26.30	173,000	145,975	118,950	91,925	64,900	96.46
7	삼성SDI	737,000	14,000	1.94	-10.99	828,000	722,625	617,250	511,875	406,500	81.30
8	현대차	207,500	0	0.00	-28.20	289,000	255,875	222,750	189,625	156,500	32.59
9	기아	83,400	-200	-0.24	-18.24	102,000	87,288	72,575	57,863	43,150	93.28
10	셀트리온	219,500	2,000	0.92	-44.60	396,240	350,055	303,870	257,685	211,500	3.78
11	카카오뱅크	60,100	-100	-0.17	-36.33	94,400	83,550	72,700	61,850	51,000	17.84
12	POSCO	303,500	-7,500	-2.41	-26.60	413,500	361,000	308,500	256,000	203,500	49.14
13	현대모비스	264,500	-3,000	-1.12	-34.69	405,000	357,250	309,500	261,750	214,000	23.60
14	KB금융	57,600	200	0.35	-3.68	59,800	54,775	49,750	44,725	39,700	45.09
15	크래프톤	488,000	-5,000	-1.01	-6.15	520,000	490,125	460,250	430,375	400,500	21.85
16	SK이노베이션	256,500	-500	-0.19	-21.68	327,500	275,500	223,500	171,500	119,500	114.64
17	삼성물산	120,500	-1,000	-0.82	-24.69	160,000	145,375	130,750	116,125	101,500	18.72
18	SK텔레콤	312,000	14,000	4.70	-8.10	339,500	307,875	276,250	244,625	213,000	46.48
19	LG생활건강	1,365,000	-22,000	-1.59	-23.49	1,784,000	1,667,000	1,550,000	1,433,000	1,316,000	3.72
20	신한지주	40,050	-300	-0.74	-7.40	43,250	39,450	35,650	31,850	28,050	42.78

◆ 코스닥150 종목의 데이터(2021년 10월 22일) ◆

시총	종목명 2021-10-22	현재가(원)	대비(원)	대비(%)	52주최고대비 등락률(%)	52주 최고가-최저가 4등분(원)					52주최저대비 등락률(%)
						최고가	75%	50%	25%	최저가	
1	셀트리온헬스케어	88,100	800	0.92	-50.25	177,100	152,782	128,464	104,145	79,827	10.36
2	에코프로비엠	413,000	1,700	0.41	-15.28	487,500	393,575	299,650	205,725	111,800	269.41
3	펄어비스	107,000	-500	-0.47	-2.10	109,300	91,730	74,160	56,590	39,020	174.22
4	엘앤에프	194,900	-2,900	-1.47	-16.67	233,900	184,382	134,863	85,345	35,826	444.02
5	카카오게임즈	75,800	3,400	4.70	-28.49	106,000	90,238	74,475	58,713	42,950	76.48
6	에이치엘비	47,150	1,000	-2.08	-31.77	69,100	59,310	49,519	39,729	29,938	57.49
7	위메이드	136,500	-4,900	-3.47	-8.02	148,400	115,607	82,813	50,020	17,226	692.41
8	셀트리온제약	122,200	1,100	0.91	-54.55	268,871	226,290	183,709	141,128	98,547	24.00
9	SK머티리얼즈	391,200	1,100	0.28	-21.70	499,600	427,450	355,300	283,150	211,000	85.40
10	CJ ENM	185,900	4,100	2.26	-2.16	190,000	174,900	159,800	144,700	129,600	43.44
11	알테오젠	73,000	-700	-0.95	-41.79	125,400	110,675	95,950	81,225	66,500	9.77
12	천보	288,000	-400	-0.14	-8.31	314,100	268,150	222,200	176,250	130,300	121.03
13	스튜디오드래곤	95,400	500	0.53	-15.58	113,000	104,225	95,450	86,675	77,900	22.46
14	씨젠	54,800	3,100	6.00	-62.33	145,492	121,169	96,846	72,523	48,200	13.69
15	리노공업	170,600	-1,300	-0.76	-21.27	216,700	190,150	163,600	137,050	110,500	54.39
16	휴젤	182,900	5,100	2.87	-34.56	279,500	248,375	217,250	186,125	155,000	18.00
17	솔브레인	255,000	-2,100	-0.82	-31.56	372,600	332,075	291,550	251,025	210,500	21.14
18	오스템임플란트	136,900	-4,200	-2.98	-17.53	166,000	132,575	101,150	68,725	36,300	277.13
19	원익IPS	38,800	50	0.13	-34.57	59,300	51,800	44,300	36,800	29,300	32.42
20	아프리카TV	163,900	-2,000	-1.21	-7.92	178,000	147,275	116,550	85,825	55,100	197.46

이 데이터로 52주 최고가-최저가 기준으로 4등분하고, 현재 주가 위치가 그 4등분 수준에서 어느 위치에 있는지 체크하는 것이 중요하다.

코스피200 종목 중에서 삼성전자는 52주 최고가 기준으로 마이너스 27% 하락한 70,400원 위치에 있고, 코스닥150 시가총액 상위 셀트리온헬스케어는 52주 최고가 기준으로 마이너스 50% 반토막이 난 위치에 있다. 그리고 그 위치가 52주 최저가에서 삼성전자는 25% 상승한 위치에 있고, 셀트리온헬스케어는 10% 상승한 위치에 있다.

이렇듯이 코스피200-코스닥150 종목을 52주 최고가-최저가 기준으로 얼마나 상승했고 얼마나 하락했는지 위치파악을 한 후에 현재 투자자가 어느 위치에서 진입하는지 판단하는 것이 실전투자에서는 제일 중요하다.

코스닥의 경우 에코프로비엠은 52주 최저가 기준 269% 상승, 엘엔에프 444% 상승, 위메이드는 692% 상승한 위치로, 매매 대상에서 제외시키는 대상이다. '상승한 것이 더 상승한다'는 논리로 접근하는 투자자는 실전에서 비끗하는 순간 천길 낭떠러지로 떨어질 수 있는 위험이 높은 구간이니 반드시 손절단가를 정하고 진입하는 기준이 필요하다는 것이다.

여기서 각자의 투자자금의 성격, 투자호흡에 따라 매매하지 않는 기준을 수립하는 것이 실전투자에서는 제일 중요하다.

실제로 261쪽의 데이터가 2022년 1월 14일 어떻게 변화되었는지 비교해보기 바란다.

◆ 코스피200 종목의 데이터(2022년 1월 14일) ◆

시총	종목명 2022-01-14	현재가(원) (A)	대비(원)	대비(%)	52주최고대비 등락률(%)	52주 최고가-최저가 4등분(원)					52주최저대비 등락률(%)
						최고가	75%	50%(B)	25%	최저가	
1	삼성전자	77,300	-600	-0.77	-15.80	91,800	85,925	80,050	74,175	68,300	13.18
2	SK하이닉스	128,500	-1,000	-0.77	-14.62	150,500	135,500	120,500	105,500	90,500	41.99
3	삼성바이오로직스	850,000	-15,000	-1.73	-18.82	1,047,000	955,000	863,000	771,000	679,000	25.18
4	NAVER	342,000	-6,000	-1.72	-26.45	465,000	423,625	382,250	340,875	299,500	14.19
5	LG화학	716,000	-39,000	-5.17	-31.81	1,050,000	940,250	830,500	720,750	611,000	17.18
6	현대차	209,000	-1,000	-0.48	-24.55	277,000	255,000	233,000	211,000	189,000	10.58
7	삼성SDI	647,000	-19,000	-2.85	-21.86	828,000	771,000	714,000	657,000	600,000	7.83
8	카카오	93,900	-2,800	-2.90	-45.72	173,000	151,076	129,153	107,229	85,305	10.08
9	기아	83,800	-1,100	-1.30	-17.84	102,000	93,550	85,100	76,650	68,200	22.87
10	POSCO	299,000	-7,500	-2.45	-27.69	413,500	370,750	328,000	285,250	242,500	23.30
11	KB금융	62,200	-100	-0.16	-1.27	63,000	57,313	51,625	45,938	40,250	54.53
12	SK이노베이션	263,500	-3,000	-1.13	-19.54	327,500	293,875	260,250	226,625	193,000	36.53
13	현대모비스	255,500	500	0.20	-30.57	368,000	331,000	294,000	257,000	220,000	16.14
14	LG전자	146,000	500	0.34	-24.35	193,000	173,500	154,000	134,500	115,000	26.96
15	셀트리온	171,000	-24,000	-12.31	-55.33	382,778	329,584	276,389	223,195	170,000	0.59
16	카카오뱅크	46,300	-2,550	-5.22	-50.95	94,400	82,338	70,275	58,213	46,150	0.33
17	삼성물산	115,000	-1,500	-1.29	-26.98	157,500	144,125	130,750	117,375	104,000	10.58
18	신한지주	39,300	-150	-0.38	-9.13	43,250	40,050	36,850	33,650	30,450	29.06
19	SK	244,000	-3,000	-1.21	-32.32	360,500	328,000	295,500	263,000	230,500	5.86
20	크래프톤	343,500	-3,000	-0.87	-40.78	580,000	518,375	456,750	395,125	333,500	3.00

◆ 코스닥150 종목의 데이터(2022년 1월 14일) ◆

시총	종목명 2022-01-14	현재가(원)	대비(원)	대비(%)	52주최고대비 등락률(%)	52주 최고가-최저가 4등분(원)					52주최저대비 등락률(%)
						최고가	75%	50%	25%	최저가	
1	셀트리온헬스케어	70,700	-10,000	-12.39	-58.64	170,952	145,564	120,176	94,788	69,400	1.87
2	에코프로비엠	433,000	-10,100	-2.28	-24.71	575,100	467,625	360,150	252,675	145,200	198.21
3	펄어비스	113,800	-100	-0.09	-21.63	145,200	122,015	98,830	75,645	52,460	116.93
4	엘앤에프	193,500	-800	-0.41	-24.12	255,000	206,061	157,123	108,184	59,245	226.61
5	카카오게임즈	70,800	-300	-0.42	-38.97	116,000	98,325	80,650	62,975	45,300	56.29
6	위메이드	137,000	-6,100	-4.26	-44.24	245,700	188,929	132,158	75,386	18,615	635.97
7	HLB	34,650	-950	-2.67	-49.86	69,100	59,310	49,519	39,729	29,938	15.74
8	셀트리온제약	94,600	-12,900	-12.00	-59.39	232,953	198,265	163,577	128,888	94,200	0.42
9	천보	302,700	-4,300	-1.40	-17.54	367,100	312,225	257,350	202,475	147,600	105.08
10	CJ ENM	134,900	-4,000	-2.88	-29.59	191,600	176,075	160,550	145,025	129,500	4.17
11	씨젠	54,600	-3,100	-5.37	-53.09	116,400	99,350	82,300	65,250	48,200	13.28
12	리노공업	186,700	1,900	1.03	-13.84	216,700	197,650	178,600	159,550	140,500	32.88
13	알테오젠	63,800	600	0.95	-40.41	107,067	94,400	81,734	69,067	56,400	13.12
14	스튜디오드래곤	86,800	400	0.46	-23.19	113,000	105,125	97,250	89,375	81,500	6.50
15	에코프로	101,400	-1,600	-1.55	-35.82	157,982	127,621	97,259	66,898	36,536	177.53
16	에스티팜	127,300	-500	-0.39	-15.58	150,800	129,600	108,400	87,200	66,000	92.88
17	LX세미콘	146,200	-1,200	-0.81	-13.39	168,800	141,400	114,000	86,600	59,200	146.96
18	동진쎄미켐	40,650	-500	-1.22	-21.98	52,100	45,325	38,550	31,775	25,000	62.60
19	오스템임플란트	142,700	0	0.00	-14.04	166,000	136,888	107,775	78,663	49,550	187.99
20	솔브레인	253,700	-4,100	-1.59	-31.91	372,600	336,675	300,750	264,825	228,900	10.83

대표되는 종목 몇 개만 비교해보면 삼성전자 70,400원이 77,300원, SK하이닉스가 98,500원에서 128,000원으로 상승한 것을 볼 수 있고, 네이버가 407,000원에서 342,000원 카카오가 127,000원에서 93,900원, 셀트리온이 219,000원에서 146,000원으로 급락한 것을 알 수 있다. 크래프톤은 488,000원에서 343,000원, 엘지생활건강이 1,365,000원에서 974,000원으로 크게 하락했다.

코스닥150 종목을 보면 다른 모습을 체크할 수 있다. 셀트리온헬스케어는 88,100원에서 70,700원까지 크게 하락했고, 카카오게임즈는 75,800원에서 70,800원까지 하락했다. 그러나 이와는 달리 에코프로비엠은 413,000원에서 433,000원으로, 펄어비스 107,000원에서 113,000원으로, 엘엔에프는 194,000원에서 193,000원으로, 위메이드는 136,000원에서 137,000원으로 상승했거나 덜 하락한 것을 알 수 있다.

여기서 비교되는 기준일의 종합지수와 코스닥 지수의 위치를 같이 비교해보기 바란다.

2021년 10월 22일 종합지수는 3006p이고 2022년 1월 14일 종합지수는 2921p로, 인덱스 기준으로 마이너스 2.8% 하락한 상황이다. 코스닥지수는 2021년 10월 22일 995p에서 2022년 1월 14일 971p로 마이너스 2.4% 하락했다.

그 사이 종합지수는 11월 30일 2822p까지 하락했고 12월 13일 3043p까지 되반등도 시도했지만 종합지수는 2822~3043p 박스 안에서 지그재그 파동을 보이면서 불안한 모습을 보이고 있다. 코스닥지수는 10월 6일 922p에서 11월 22일 1045p와 1월 4일 1041p로 쌍

봉패턴을 보인 후 급락패턴을 보이면서 1월 14일 971p까지 하락하는 중이다.

이런 가운데 시가총액 상위 종목군들의 주가 수준이 앞 페이지와 같은 모습을 보이고 있다.

여기서 판단의 기준에 제일 중요한 것이 현재 주가 위치가 52주 최저가-최고가를 4등분한 수준에서 어느 위치에 있는지 체크하는 것이며, 그 대상종목이 52주 최저가-최고가 상승률이 어느 정도 나타난 상황에서 조정중인지 파악하는 것이다.

이런 데이터의 변화에서 미래의 거시적 변화를 읽는 노력을 하는 것이다.

◆ 초기조건의 민감성 ◆

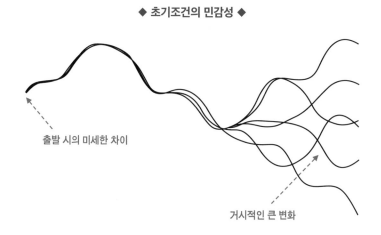

출발 시의 미세한 차이

거시적인 큰 변화

이를 복잡계 사고에서는 '초기조건의 민감성'이라고 말하는데, 실전투자에서 가장 중요한 것이 시장의 미세한 변화가 나타날 때 이것이 왜 이렇게 변화되는가 하는 부분을 인덱스 기준으로 그것을 구성하는 대상종목의 흐름을 추적하고 그것을 상승각도-하락각도로 단순화시키면서 우리가 모르는 정보의 비대칭성이 있는지 파악해내는 것이다.

종합지수-코스닥지수가 변화하는 가운데 10월부터 삼성전자와 SK하이닉스는 인덱스가 하락할 때 왜 상승에너지가 나오는지 추적해가는 것이 중요하다. 그리고 기술주의 대표지수인 나스닥이 11월 22일 고점을 형성하고 하락전환되는 가운데 2020~2021년을 주도한 코스닥 종목 중 이차전지·게임·메타버스·NFT 대상 종목이 변화의 조짐을 보이고 있는 것을 체크할 수 있다.

이것을 각도로 표시하면서 구성종목을 상승률-하락률에 따라 뿌려보고, 현재의 위치가 52주 최고가-최저가를 4등분했을 때 어느 위치에 있고 추세적으로 상승하는지 아니면 하락하는지 판단하는 것이 중요하다.

◆ 8가지 세상 ◆

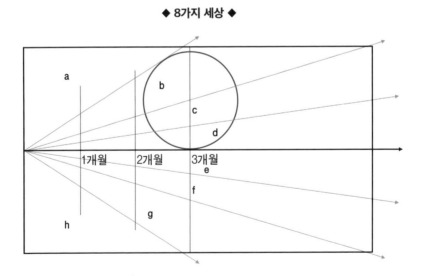

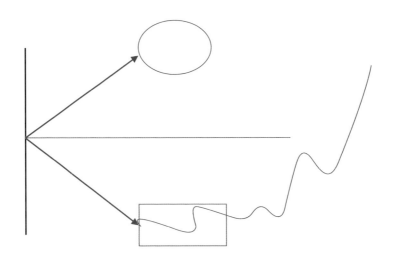

　여기서 급등한 대상 종목에서 하락추세로 전환되는 것은 매도하고 매매하지마 대상에 편입시키면서, 어디까지 하락하는지 하락률과 상승한 기간과 상승률을 기준으로 판단하면서 동태적으로 추적하는 것이 필요하다. 지속적으로 하락하다가 상승추세로 전환되는 종목을 찾아서 매매 대상에 편입시키는 전략을 실행하는 것이다.

　코스닥 성장을 대표했던 성장주 중에 52주 최저가 기준으로 급등한 종목은 매매하지마 대상으로 편입시키고 2021년 10~11월부터 변화가 나타나는 반도체 섹터의 대표주 중심으로 추세매매 전략을 수립하는 전략을 실행하라고 수치가 이야기해준다.

　따라서 매매하지마 기준을 만들고 그것을 동태적으로 추적해가면서 어디까지 하락할 것인지 분기별로 나타나는 실적과 주가의 위치를 비교해가면서 추적하는 것이 필요하다. 또한 새롭게 상승하는 섹터로 시스템반도체와 전장 자동차가 수치상으로 등장하는데, 섹터별 대상 종목을 선정해 분기별 상승에너지를 비교해가면서 실전매매에 응용하는 전략이 필요하다.

매매하지마 기준과 대상 종목을 추적해가는 방법은 다음과 같다. 먼저 대상을 샘플링하는 작업이 필요하다.

개인적으로는 120일 이격률이나 52주 최저점 기준 상승률을 잣대로 삼아 매매하지 않는 가격의 위치를 정해서 실전투자에 응용하고 있다.

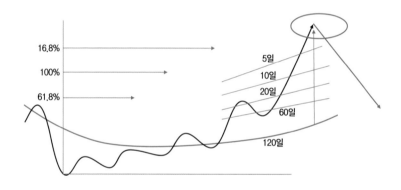

◆ 매매하지 않는 기준을 미리 세우기 ◆

위 그림을 통해 각자의 매매하지 않는 기준을 만들어보자.

개인적으로 120일 이격률이 100% 이상 되고 52주 최저점 기준으로 상승각도가 3번 바뀌면서 주가 상승률이 100% 이상 되는 종목은 20일 이동평균선과 그것을 체크하는 시점에서 형성된 고점 기준으로 4등분해 50~75% 가격을 붕괴하는 순간에 매도하는 실전 투자전략을 사용하고 있다.

◆ 위메이드 일봉 차트(2022년 1월 14일) ◆

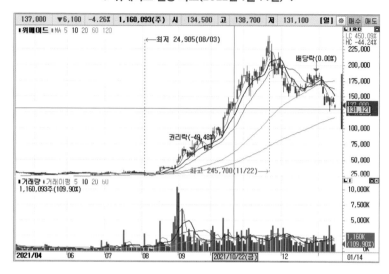

◆ 위메이드 일봉 차트 ◆

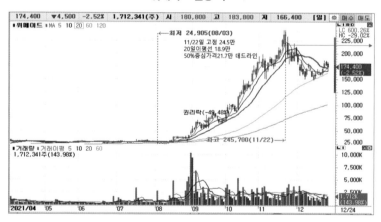

앞 페이지의 2개 차트 중에서 우선 위의 차트를 보면, 위메이드는 2021년 10월과 2022년 1월의 수치가 13만원대로 비슷했다. 그러나 위메이드의 주가를 보면 나스닥 고점이 형성한 11월 22일 245,000원까지 13만원대에서 추가적으로 80%대 급등한 후 현재 하락패턴으로 변화된 것을 볼 수 있다. 이런 일련의 과정을 아래 방식으로 추적해가는 것이다.

앞 페이지 아래의 차트는 2021년 12월 24일까지 전개된 흐름이다. 실전투자에서 위메이드가 11월 22일 245,000원 고점 형성 시 20일 이평선 189,000원을 기준으로 50% 중심 가격 217,000원 붕괴 시 일단 매도하는 전략으로 실전대응하고, 상승각도-상승률 기준으로 매매하지 않는 기준선-데드라인을 설정해서 실제 파동에 적용하는 것이다.

그 시점에 시장에 나오는 다양한 정보는 이미 주가에 반영된 것으로 판단해야 하며, 앞으로 나타날 재료를 추적해야 한다.

호재성 재료가 발표되었는데 실제 주가는 하락하는 상황이 나타나는 경우 주가에 다 반영되었다는 이야기다. 악재성 재료가 발표되었는데 주가가 급락하지 않고 횡보하거나 오히려 상승하는 경우 악재가 주가에 다 반영되었다는 이야기다.

실전투자에서 가장 중요한 것은 주가가 많이 급등한 상황에서 높아진 담보가치를 이용해서 다른 기업을 인수하거나 부동산을 매수하는 경우이다. 아니면 그동안 주가 급등하는 구간에 발행한 이해당사자들 중심으로 형성된 전환사채를 상환해서 차익을 현실화시키는 경우이다.

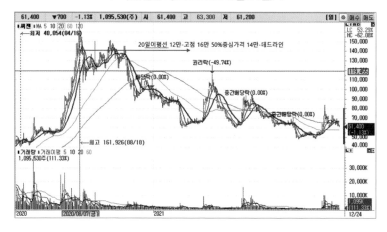

씨젠의 경우도 주가가 급등한 상황에서 부동산 건물에 투자하고 높아진 담보가치로 본연의 업무보다 다른 에너지로 힘을 분산시켰다. 이로 인해 14만원 주가를 지지하지 못하고 붕괴하는 것을 보고 매도전략을 수립한 후 1년 동안 매매하지마 기준을 설정했다. 그 이후 씨젠의 주가 흐름을 보면 위와 같다.

데드라인으로 설정한 14만원 가격이 붕괴된 후 씨젠의 주가 흐름이다. 하락중인 종목이 실제 어디까지 하락할 것인지 예측한다는 것이 얼마나 무모한 행위인지 알 수 있다. 따라서 실전투자에서 가장 큰 악재는 가장 크게 급등한 종목이고, 가장 큰 호재는 가장 크게 급락한 종목이다.

씨젠도 5만~6만원 영역에서는 이제 매매 재개 전략을 가동하고 새로운 변화가 실적 재료변수에서 전개되는지 앞으로 실전투자를 해가면서 시장에 물어보는 것이다.

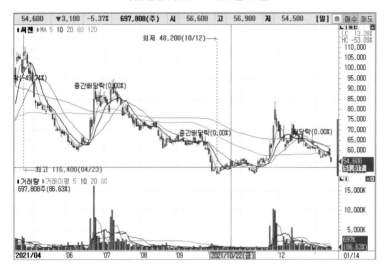

◆ 씨젠 일봉 차트(2022년 1월 14일) ◆

씨젠의 경우 9월 30일 대주주 지분을 일부 상속하는 초기조건의 변화가 생겼다. 그 당시 대주주 입장에서 항상 주가가 바닥권에 있을 때 증여하는 경우가 많아서 필자는 매수전략을 수립했다. 그런데 씨젠의 주가는 10월 12일 48,200원까지 하락한 후 11월 29일 83,900원까지 급등했고, 2022년 1월 14일 54,600원으로 급등락 변동성이 커지고 있다.

주가의 위치가 52주 최고가-최저가 기준에서 어느 수준에 있는가를 파악하는 것이 중요하다. 현재 노출된 정보가 호재성 재료인지 악재성 재료인지 판단해야 하고, 그 재료에 실제 주가는 어떻게 움직이는가를 파악하는 것도 중요하다. 거기서 추가하락할 확률보다 상승할 확률이 높은 위치에 진입했다면 시장은 공포가 지배하더라도 분

◆ 씨젠의 대주주 변동사항 ◆

요약정보			
발행회사명	주식회사 씨젠	발행회사와의 관계	최대주주
보고구분	변동·변경		
보유주식 등의 수 및 보유비율		보유주식 등의 수	보유비율
	직전 보고서	16,453,650	31.50
	이번 보고서	16,176,167	30.97
주요 계약체결 주식 등의 수 및 비율		주식 등의 수	비율
	직전 보고서	2,901,575	5.56
	이번 보고서	2,389,879	4.58
보고사유	장내 매매 및 담보 주식수 변경 등		

할 매수하는 실행전략을 수립하는 것이다.

씨젠의 경우 아주 중요한 초기조건이 된 대주주가 담보로 된 주식을 담보계약을 해지하고 증여한 이벤트가 주가 바닥을 확인하는 데 결정적인 변수로 작동했다. 그 시점에 오미크론 확산 이벤트로 주가가 바닥에서 단기 급등하는 데 영향을 미쳤다.

그러나 셀트리온의 분식회계 문제와 바이오 종목이 금리인상 시기에 불확실성이 증가하면서 씨젠은 다시 하락추세로 전개중이다. 미국의 금리인상 시기가 확정되는 구간 동안 추세 하락이 지속되는지 추적해가야 할 것이다.

이렇게 시장 구성성분의 변화를 시간대별로 추적해서 비교하고, 거기서 전체 시장의 변동에 움직이는 구성종목의 위치에너지 변화를 분석하는 것이 실전매매에서 가장 중요하다고 본다.

시장 매트릭스를 분석하는 방법

이처럼 위치에너지의 변화를 동태적으로 추적하는 것을 '시장매트릭스 분석'이라고 하고, 초보자는 코스피200 종목, 코스닥150 종목 안에서부터 먼저 실전훈련을 하기 바란다.

그러기 위해서는 코스피200 종목 중에서 핵심 시가총액 상위 1~20위 종목의 의미 있는 고점-저점이 형성된 날짜 기준으로 가격의 변화를 추적하고, 그 분석 시점에서 52주 최고가-최저가 기준으로 4등분해서 25-50-75% 중심가격의 위치를 보고 현재 주가가 어느 위치에 있는지 판단하는 것이 필요하다.

또한 현재 주가 위치가 52주 최고가 기준으로 몇 퍼센트 하락한 상황이고 52주 최저가 기준으로 몇 퍼센트 상승했는지도 파악해야 한다. 120일-20일 이평선이 정배열 상황인지 아니면 역배열 상황인지 체크하고, 노출된 투자정보와 노출 가능성이 높은 투자정보를 조사하고 생각하는 노력을 해야 한다. 이런 일련의 과정을 거치면서 그 기업을 분석해야 한다.

그렇다면 먼저 시가총액 상위 1~20위 종목의 시장매트릭스를 분석하는 방법을 공부해보자. 다음에 나오는 과거 2021년 1월 4일 기준의 데이터를 살펴보자.

2021년 10~11월에는 IT 대표주인 삼성전자와 SK하이닉스가 급락하는 상황에서 떨어지는 칼날을 잡으라는 내용의 방송을 했다. 이두 종목의 경우 2021년 1월에는 정반대로 100% 매도하고 매매하지 마라고 강조했던 대상종목이었다.

◆ 코스피200 종목의 데이터(2021년 1월 4일 기준) ◆

시총	종목명 2021-01-04	현재가(원)(A)	대비(원)	대비(%)	52주최고대비 등락률(%)	52주 최고가-최저가 4등분(원)					52주최저대비 등락률(%)
						최고가	75%	50%(B)	25%	최저가	
1	삼성전자	83,000	2,000	2.47	-1.66	84,400	73,875	63,350	52,825	42,300	96.22
2	SK하이닉스	126,000	7,500	6.33	-1.56	128,000	112,450	96,900	81,350	65,800	91.49
3	LG화학	889,000	65,000	7.89	-1.22	900,000	732,500	565,000	397,500	230,000	287%
4	삼성바이오로직스	829,000	3,000	0.36	-5.8	880,000	748,000	616,000	484,000	352,000	135.51
5	NAVER	293,000	500	0.17	-15.56	347,000	294,000	241,000	188,000	135,000	117.04
6	셀트리온	347,500	-11,500	-3.2	-12.3	396,240	331,182	266,124	201,066	136,008	155.5
7	삼성SDI	671,000	43,000	6.85	-1.61	682,000	556,500	431,000	305,500	180,000	272.78
8	현대차	207,500	15,500	8.07	-1.66	211,000	174,500	138,000	101,500	65,000	219.23
9	카카오	396,000	6,500	1.67	-5.83	420,500	347,250	274,000	200,750	127,500	210.59
10	현대모비스	287,000	31,500	12.33	-6.97	308,500	262,875	217,250	171,625	126,000	127.78
11	삼성물산	144,000	6,000	4.35	-0.69	145,000	127,125	109,250	91,375	73,500	95.92
12	기아차	64,000	1,600	2.56	-3.9	66,600	55,325	44,050	32,775	21,500	197.67
13	LG생활건강	1,612,000	-8,000	-0.49	-2.24	1,649,000	1,498,000	1,347,000	1,196,000	1,045,000	54.26
14	POSCO	273,000	1,000	0.37	-4.21	285,000	247,000	209,000	171,000	133,000	105.26
15	LG전자	142,000	7,000	5.19	-1.39	144,000	118,400	92,800	67,200	41,600	241.35
16	엔씨소프트	978,000	47,000	5.05	-1.91	997,000	873,750	750,500	627,250	504,000	94.05
17	SK이노베이션	231,000	41,000	21.58	-2.74	237,500	191,900	146,300	100,700	55,100	319.24
18	SK텔레콤	237,000	-1,000	-0.42	-5.77	251,500	229,625	207,750	185,875	164,000	44.51
19	KB금융	42,450	-950	-2.19	-12.83	48,700	42,988	37,275	31,563	25,850	64.22
20	SK	249,500	9,000	3.74	-24.85	332,000	274,625	217,250	159,875	102,500	143.41

한국경제TV에 출연해 위의 데이터를 보여주면서 삼성전자와 SK 하이닉스를 100% 매도하고 매매하지마 전략을 전했다. 셀트리온은 100% 매도하고 매매하지마 기준에 진입했음을 알렸다. 매매대상으로 카카오와 네이버만 선정해 미래성장성과 인덱스 기준 대비 판단해서 시장판세를 분석해 대상 종목의 흐름의 변화를 통해 감지한 것이다.

2020년 3월 20일 코로나19 사태로 종합지수 1439p에서 1월 4일 2944p까지 종합지수 상승률이 104%까지 상승했다. 인덱스 상승률보다 못한 종목을 인덱스 상승률 1로 놓고 그것보다 몇 배 이상 상승한 종목을 구분하고, 거기서 상승률 기준만 매매판단의 중심으로 삼는 것이 아니라 매매주체별 동향과 미래지도의 주도주 물줄기의 판단 등을 종합적으로 사고하면서 매매하지마 종목과 매매 집중할 종목을 선정해야 한다.

그 결과 삼성전자와 SK하이닉스는 외국인 매도주체의 지속적인 매도에너지가 블랙록 중심으로 20조~30조 매도가 예상되어 매매하지마 기준으로 추천했다. 반면에 셀트리온 등 바이오 관련주는 매도전략으로 집중하면서 2021년 1월 JP모건컨퍼런스 전에 매도하고 나오는 전략을 수립했다.

아래의 표는 2021년 1월 4일 기준 코스닥150 종목의 데이터이다.

이 데이터를 보면 52주 최저가 기준으로 셀트리온헬스케어 212% 상승, 셀트리온제약 652% 상승, 알테오젠 525% 상승, 씨젠 531% 상승한 수치가 보일 것이다.

그래서 이들 종목을 더 상승해도 '남 드세요 마인드'로 접근하고 절대 매매하지마 위치진입종목으로 매도전략을 세웠다. 그리고 카카오게임즈가 52주 저점기준 7%대 위치에 있기에 역발상전략으로 카카오게임즈 매수전략을 수립했다.

여기도 인덱스 상승률을 1로 놓고 이를 기준으로 초과상승한 대상

◆ 코스닥150 종목의 데이터(2021년 1월 4일) ◆

시총	종목명 2021-01-04	현재가(원)	대비(원)	대비(%)	52주최고가대비 등락률(%)	52주 최고가-최저가 4등분(원)					52주최저가대비 등락률(%)
						최고가	75%	50%	25%	최저가	
1	셀트리온헬스케어	151,300	-11,700	-7.18	-13.91	175,738	143,890	112,043	80,195	48,347	212.95
2	셀트리온제약	218,300	-20,300	-8.51	-18.81	268,871	208,909	148,948	88,986	29,024	652.14
3	에이치엘비	93,300	800	0.86	-30.27	133,800	117,657	101,514	85,370	69,227	34.77
4	알테오젠	172,500	-7,200	-4.01	-24.34	228,000	177,890	127,779	77,669	27,558	525.95
5	씨젠	183,800	-9,200	-4.77	-42.95	322,200	248,925	175,650	102,375	29,100	531.62
6	에코프로비엠	187,200	17,100	10.05	-0.79	188,700	154,025	119,350	84,675	50,000	274.4
7	SK머티리얼즈	355,600	-2,200	-0.61	-5.17	375,000	308,275	241,550	174,825	108,100	228.95
8	카카오게임즈	46,000	0	0	-48.37	89,100	77,563	66,025	54,488	42,950	7.1
9	펄어비스	252,000	-8,300	-3.19	-10	280,000	249,000	218,000	187,000	156,000	61.54
10	케이앤더블유	81,800	1,100	1.36	-8.6	89,500	76,713	63,925	51,138	38,350	113.3
11	CJ ENM	141,800	2,300	1.65	-20.25	177,800	153,575	129,350	105,125	80,900	75.28
12	제넥신	123,600	-700	-0.56	-35.05	190,300	152,825	115,350	77,875	40,400	205.94
13	스튜디오드래곤	94,500	1,900	2.05	-1.15	95,600	87,625	79,650	71,675	63,700	48.35
14	휴젤	190,000	2,200	1.17	-17.5	230,300	198,131	165,961	133,792	101,622	86.97
15	메드팩트	114,000	-3,700	-3.14	-15.05	134,200	104,319	74,438	44,556	14,675	676.83
16	솔브레인	291,400	19,100	7.01	-11.16	328,000	296,275	264,550	232,825	201,100	44.9
17	원익IPS	44,300	50	0.11	-3.17	45,750	39,138	32,525	25,913	19,300	129.53
18	엘앤에프	76,500	5,000	6.99	-0.91	77,200	61,190	45,179	29,169	13,158	481.4
19	컴투스	160,700	1,400	0.88	-9.92	178,400	150,875	123,350	95,825	68,300	135.29
20	리노공업	135,300	300	0.22	-19.46	168,000	141,450	114,900	88,350	61,800	118.93

과 인덱스보다 못한 섹터는 무엇이고 그 섹터에서 바닥패턴 종목을 찾는 빅데이터 작업이 중요하다.

또한 인덱스 상승률보다 초과 상승했어도 실적수치가 우상향이 예측되는 종목은 트레이딩 기준을 잡고 매매전략을 수립하지만, 실적수치가 우하향이 예측되는 종목은 매매대상에서 제외시키는 투자원칙을 고수했다.

반대로 52주 최저가 기준으로 종목을 찾는 방법인데, 그 기준은 120일 이동평균선 기준으로 우하향-횡보-우상향의 패턴에서 위치에너지를 체크하는 방법이다.

◆ 52주 최고가-최저가, 중심가격, 120일 이동평균선 ◆

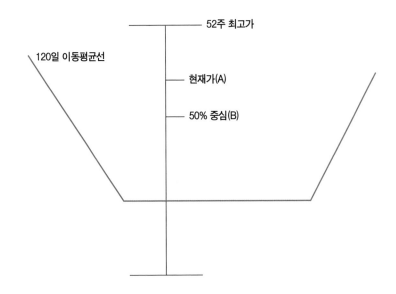

2021년 10월 22일 기준으로 52주 최고가 기준 위치에너지로 다음 2개의 데이터를 체크할 수 있다.

아래 데이터는 매매하지마 기준종목을 찾는 데 사용한다. 효성첨단소재-효성티앤씨-일진머트리얼즈 등 이차전지 소재주가 매매대상 제외종목의 위치에 있다.

52주 최저가 기준에서 100% 이상 상승한 종목 중에서 상승률 기준으로 매매하지마 기준에 편입되어도 수익성 기준으로 수익의 우상향이 지속되는 것은 매매대상에 편입해서 실전투자한다. 그러나 이미 상당한 상승에너지가 나온 대상종목인 경우에는, 어느 단가가 붕괴되면 매도하고 다시 진입할 것인지 매매시스템 기준을 미리 만들어서 대응해야 한다.

◆ 52주 최저가 기준의 상승률 상위종목 ◆

시총	종목명 2021-10-22	현재가(원) (A)	대비(원)	대비(%)	52주최고가대비 등락률(%)	52주 최고가-최저가 4등분(원)					52주최저가대비 등락률(%)
						최고가	75%	50%(B)	25%	최저가	
94	효성첨단소재	721,000	-6,000	-0.83	-17.79	877,000	687,750	498,500	309,250	120,000	500.83
114	효성티앤씨	603,000	-9,000	-1.47	-37.38	963,000	757,250	551,500	345,750	140,000	330.71
32	HMM	28,950	-450	-1.53	-43.35	51,100	40,035	28,970	17,905	6,840	323.25
121	한전기술	65,100	2,400	3.83	-5.92	69,200	55,763	42,325	28,888	15,450	321.36
166	세방전지	83,900	-1,600	-1.87	-42.73	146,500	116,638	86,775	56,913	27,050	210.17
149	동국제강	17,100	-550	-3.12	-38.60	27,850	22,393	16,935	11,478	6,020	184.05
135	대한전선	2,285	-25	-1.08	-55.63	5,150	4,069	2,988	1,907	826	176.63
145	동원시스템즈	58,100	-100	-0.17	-19.19	71,900	59,400	46,900	34,400	21,900	165.30
67	일진머티리얼즈	104,500	-2,500	-2.34	-11.44	118,000	98,588	79,175	59,763	40,350	158.98
124	코오롱인더	90,300	-1,200	-1.31	-21.14	114,500	94,675	74,850	55,025	35,200	156.53
78	한솔케미칼	342,500	0	0.00	-12.63	392,000	327,875	263,750	199,625	135,500	152.77
51	SKC	175,500	6,500	3.85	-12.69	201,000	168,150	135,300	102,450	69,600	152.16
63	삼성엔지니어링	25,600	100	0.39	-10.33	28,550	23,975	19,400	14,825	10,250	149.76
139	후성	20,250	-100	-0.49	-15.09	23,850	19,935	16,020	12,105	8,190	147.25
93	OCI	136,000	-3,000	-2.16	-19.53	169,000	141,075	113,150	85,225	57,300	137.35
102	한화생명	3,540	-60	-1.67	-22.88	4,590	3,820	3,050	2,280	1,510	134.44
117	현대미포조선	64,600	-1,400	-2.12	-33.47	97,100	79,725	62,350	44,975	27,600	134.06
29	하이브	325,000	-5,500	-1.66	-3.85	338,000	288,398	238,795	189,193	139,590	132.82
98	KCC	352,000	-7,000	-1.95	-26.21	477,000	395,875	314,750	233,625	152,500	130.82
112	대우건설	6,570	0	0.00	-31.13	9,540	7,884	6,228	4,571	2,915	125.39
37	포스코케미칼	148,000	-5,000	-3.27	-19.78	184,500	155,059	125,618	96,176	66,735	121.77

시총	종목명 2021-10-22	현재가(원) (A)	대비(원)	대비(%)	52주최고대비 등락률(%)	52주 최고가-최저가 4등분(원)					52주최저대비 등락률(%)
						최고가	75%	50%(B)	25%	최저가	
199	삼양식품	81,400	-400	-0.49	-23.57	106,500	99,800	93,100	86,400	79,700	2.13
141	오뚜기	485,000	-2,500	-0.51	-19.44	602,000	569,750	537,500	505,250	473,000	2.54
196	LX홀딩스	8,880	0	0.00	-37.90	14,300	12,883	11,465	10,048	8,630	2.90
87	GS리테일	32,550	250	0.77	-18.22	39,800	37,750	35,700	33,650	31,600	3.01
188	현대홈쇼핑	72,000	600	0.84	-24.69	95,600	89,100	82,600	76,100	69,600	3.45
19	LG생활건강	1,365,000	-22,000	-1.59	-23.49	1,784,000	1,667,000	1,550,000	1,433,000	1,316,000	3.72
10	셀트리온	219,500	2,000	0.92	-44.60	396,240	350,055	303,870	257,685	211,500	3.78
88	CJ대한통운	149,000	-2,500	-1.65	-23.39	194,500	181,750	169,000	156,250	143,500	3.83
197	롯데하이마트	28,400	150	0.53	-37.24	45,250	40,750	36,250	31,750	27,250	4.22
31	삼성에스디에스	155,500	-1,500	-0.96	-32.24	229,500	209,125	188,750	168,375	148,000	5.07
100	신풍제약	58,600	-600	-1.01	-70.92	201,500	165,050	128,600	92,150	55,700	5.21
190	대상	24,150	50	0.21	-22.72	31,250	29,175	27,100	25,025	22,950	5.23
38	KT&G	82,200	100	0.12	-7.64	89,000	86,250	83,500	80,750	78,000	5.38
127	휠라홀딩스	38,400	-100	-0.26	-35.79	59,800	53,875	47,950	42,025	36,100	6.37
168	지누스	73,400	0	0.00	-34.76	112,500	101,600	90,700	79,800	68,900	6.53
49	SK바이오팜	98,000	500	0.51	-49.09	192,500	167,225	141,950	116,675	91,400	7.22
158	종근당	118,000	0	0.00	-56.90	273,774	232,831	191,887	150,944	110,000	7.27
142	농심	291,500	3,000	1.04	-15.38	344,500	308,000	289,750	271,500	271,500	7.37
95	에스원	84,700	400	0.47	-5.68	89,800	87,050	84,300	81,550	78,800	7.49
60	미래에셋증권	8,840	40	0.45	-20.36	11,100	10,370	9,640	8,910	8,180	8.07
174	한국콜마	46,700	450	0.97	-25.64	62,800	57,850	52,900	47,950	43,000	8.60
122	대우조선해양	23,150	-350	-1.49	-43.19	40,750	35,888	31,025	26,163	21,300	8.69

위 데이터는 52주 최저가 수준에 있는 종목으로, 역발상전략을 통해 매수위치에 진입한 종목군들 명단이다.

삼양식품-오뚜기-GS리테일-농심 등 내수주 및 음식료 종목이 명단에 많이 보인다. 금리인상 악재 및 인플레이션 불확실성 속에 새로운 상승에너지가 나오는지 동태적으로 추적해보는 대상종목으로 선정할 수 있다.

52주 바닥권에 있지만 여기서 동시에 같이 보는 기준으로 52주 최고가 기준으로 40%대 이상 급락한 종목명단으로 셀트리온-신풍제약-SK바이오팜-종근당-대우조선해양이 보인다. 여기서 셀트리온-SK바이오팜-대우조선해양-종근당을 매매대상으로 샘플링시켜보고, 신풍제약은 세력주라 변동성이 크기에 낙폭과다 종목이고 52주 최저가 수준에 있어도 매매대상에서 제외시킨다.

여기서는 주어진 데이터를 갖고 투자전략을 수립하는 개인의 성향과 판단기준에서 편견이 들어갈 수 있지만 매매위치 기준 낙폭과 다종목으로 역발상전략을 수립해 종목 선정방법에서 편하게 데이터를 찾아낼 수 있는 방법이다.

아래 데이터는 52주 최고가 기준 하락률 상위 종목으로, 이 종목 중에서 역발상전략으로 매수진입 대상을 찾는 데 필요하다.

이 종목들 중에서 영진약품-SK바이오팜-셀트리온-대우조선해양을 관찰대상으로 선정하고 매수가능 여부를 실전에서 실행해보는 대상으로 선정한다.

관찰한 대상 종목이 샘플링되면 그 샘플링된 종목이 시간이 지나면서 우상향 각도를 보이는지, 우하향 각도를 보이는지 추적해야 한다. 5일 동안 움직인 고가-저가의 중심, 20일 동안 움직인 고가-저가의 중심, 60-120-200일 고가-저가의 중심이 높아지는지 낮아지는지를 통해 대상 종목의 패턴과 방향을 파악하는 것이다.

위 데이터는 현재 시장을 강하게 주도하는 종목이거나 하방 경직

◆ 코스피200 종목 중 최고가 기준의 하락률 상위종목 ◆

시총	종목명 2021-10-22	현재가(원) (A)	대비(원)	대비(%)	52주최고대비 등락률(%)	52주 최고가-최저가 4등분(원)					52주최저대비 등락률(%)
						최고가	75%	50%(B)	25%	최저가	
100	신풍제약	58,600	-600	-1.01	-70.92	201,500	165,050	128,600	92,150	55,700	5.21
200	일양약품	31,350	300	0.97	-62.81	84,300	70,288	56,275	42,263	28,250	10.97
138	대웅	32,900	-100	-0.30	-62.05	86,700	70,200	53,700	37,200	20,700	58.94
182	부광약품	13,500	200	1.50	-58.73	32,713	27,610	22,507	17,403	12,300	9.76
158	종근당	118,000	0	0.00	-56.90	273,774	232,831	191,887	150,944	110,000	7.27
135	대한전선	2,285	-25	-1.08	-55.63	5,150	4,069	2,988	1,907	826	176.63
169	KG동부제철	11,250	-250	-2.17	-55.27	25,150	20,763	16,375	11,988	7,600	48.03
146	F&F홀딩스	42,950	-450	-1.04	-52.41	90,250	75,463	60,675	45,888	31,100	38.10
195	현대두산인프라코어	9,270	0	0.00	-52.09	19,350	16,552	13,754	10,956	8,158	13.63
148	대웅제약	141,000	0	0.00	-50.79	286,500	236,925	187,350	137,775	88,200	59.86
187	영진약품	4,865	25	0.52	-50.26	9,780	8,448	7,115	5,783	4,450	9.33
159	대한유화	203,000	-1,000	-0.49	-49.94	405,500	348,750	292,000	235,250	178,500	13.73
96	녹십자	270,000	1,500	0.56	-49.81	538,000	456,500	375,000	293,500	212,000	27.36
49	SK바이오팜	98,000	500	0.51	-49.09	192,500	167,225	141,950	116,675	91,400	7.22
171	한올바이오파마	20,750	400	1.97	-48.89	40,600	35,125	29,650	24,175	18,700	10.96
157	녹십자홀딩스	29,750	200	0.68	-47.16	56,300	47,575	38,850	30,125	21,400	39.02
10	셀트리온	219,500	2,000	0.92	-44.60	396,240	350,055	303,870	257,685	211,500	3.78
32	HMM	28,950	-450	-1.53	-43.35	51,100	40,035	28,970	17,905	6,840	323.25
122	대우조선해양	23,150	-350	-1.49	-43.19	40,750	35,888	31,025	26,163	21,300	8.69
166	세방전지	83,900	-1,600	-1.87	-42.73	146,500	116,638	86,775	56,913	27,050	210.17

시총	종목명	현재가(원) 2021-10-22 (A)	대비(원)	대비(%)	52주최고대비 등락률(%)	52주 최고가-최저가 4등분(원)					52주최저대비 등락률(%)
						최고가	75%	50%(B)	25%	최저가	
44	기업은행	11,250	0	0.00	-1.32	11,400	10,508	9,615	8,723	7,830	43.68
118	현대해상	28,650	0	0.00	-1.38	29,050	26,738	24,425	22,113	19,800	44.70
35	삼성화재	245,000	-2,000	-0.81	-1.41	248,500	227,875	207,250	186,625	166,000	47.59
43	우리금융지주	12,750	0	0.00	-1.92	13,000	11,870	10,740	9,610	8,480	50.35
104	BNK금융지주	9,080	-40	-0.44	-1.94	9,260	8,280	7,300	6,320	5,340	70.04
75	삼성카드	35,100	-200	-0.57	-2.36	35,950	34,188	32,425	30,663	28,900	21.45
55	강원랜드	28,700	-250	-0.86	-3.20	29,650	27,500	25,350	23,200	21,050	36.34
68	DB손해보험	66,100	-700	-1.05	-3.50	68,500	60,550	52,600	44,650	36,700	80.11
14	KB금융	57,600	200	0.35	-3.68	59,800	54,775	49,750	44,725	39,700	45.09
29	하이브	325,000	-5,500	-1.66	-3.85	338,000	288,398	238,795	189,193	139,590	132.82
27	하나금융지주	46,150	150	0.33	-3.85	48,000	43,275	38,550	33,825	29,100	58.59
83	NH투자증권	13,100	-150	-1.13	-4.38	13,700	12,560	11,420	10,280	9,140	43.33
72	삼성증권	48,250	-550	-1.13	-5.21	50,900	46,175	41,450	36,725	32,000	50.78
95	에스원	84,700	400	0.47	-5.68	89,800	87,050	84,300	81,550	78,800	7.49
121	한전기술	65,100	2,400	3.83	-5.92	69,200	55,763	42,325	28,888	15,450	321.36
15	크래프톤	488,000	-5,000	-1.01	-6.15	520,000	490,125	460,250	430,375	400,500	21.85
56	코웨이	82,800	-400	-0.48	-7.07	89,100	82,775	76,450	70,125	63,800	29.78
160	엉뎜	713,000	-5,000	-0.70	-7.40	770,000	698,125	626,250	554,375	482,500	47.77
20	신한지주	40,050	-300	-0.74	-7.40	43,250	39,450	35,650	31,850	28,050	42.78
38	KT&G	82,200	100	0.12	-7.64	89,000	86,250	83,500	80,750	78,000	5.38

성을 보이는 종목들이다.

여기서도 52주 최저가 기준 등락률 데이터를 보면서 하이브-한전 기술은 현재 52주 최저가 기준으로 상승에너지가 큰 종목으로 나타나고, 은행주는 52주 최저가 기준 40-50% 상승한 위치로 현재 금리 인상추세 속에 상승이 유지되는 종목군으로 나타나고 있다.

반대로 에스원-KT&G는 52주 최저가 기준 5-7% 정도 위치로 바닥권에서 상승시도중인 것을 체크할 수 있다.

이렇게 52주 최저가 기준에서 상향하지 못한 종목은 샘플링해서 역발상 전략으로 바닥의 수준에서 분할매수한다. 52주 고가-저가를 4등분해서 25% 중심 가격까지 상승하는데 몇 퍼센트가 상승해야 하는지 50% 중심가격까지 상승하는데 몇 퍼센트까지 상승해야 하는지 실제 돈을 투입해서 시장에게 물어보는 것이다.

위 데이터는 52주 최고가 기준으로 하락률 상위종목으로 시장에

◆ 코스닥150 종목 중 52주 최고가 기준의 하락률 상위종목 ◆

시총	종목명 2021-10-22	현재가(원)	대비(원)	대비(%)	52주최고가대비 등락률(%)	52주 최고가-최저가 4등분(원)					52주최저가대비 등락률(%)
						최고가	75%	50%	25%	최저가	
60	박셀바이오	63,900	-1,100	-1.69	-78.68	299,700	227,331	154,963	82,594	10,225	524.94
72	셀리버리	52,400	200	0.38	-74.68	206,921	167,441	127,961	88,480	49,000	6.94
150	케이피엠테크	1,380	10	0.73	-69.67	4,550	3,740	2,930	2,120	1,310	5.34
69	현대바이오	23,900	-50	-0.21	-63.95	66,300	52,225	38,150	24,075	10,000	139.00
14	씨젠	54,800	3,100	6.00	-62.33	145,492	121,169	96,846	72,523	48,200	13.69
119	바이넥스	15,750	-200	-1.25	-59.41	38,800	32,388	25,975	19,563	13,150	19.77
135	알서포트	7,130	110	1.57	-59.14	17,450	14,783	12,115	9,448	6,780	5.16
42	네이처셀	20,200	750	3.85	-58.84	49,200	38,843	28,485	18,128	7,770	160.62
133	유틸렉스	25,400	300	1.20	-58.83	61,700	51,825	41,950	32,075	22,200	14.41
136	지트리비앤티	13,900	-700	-4.79	-58.57	33,550	27,543	21,535	15,528	9,520	46.01
149	레몬	6,340	-60	-0.94	-58.01	15,100	12,838	10,575	8,313	6,050	4.79
27	제넥신	68,300	800	1.19	-57.18	159,500	135,050	110,600	86,150	61,700	10.70
67	오스코텍	31,150	50	0.16	-56.43	71,500	60,525	49,550	38,575	27,600	12.86
99	엔지켐생명과학	71,300	-7,600	-9.63	-55.16	159,000	135,850	112,700	89,550	66,400	7.38
8	셀트리온제약	122,200	1,100	0.91	-54.55	268,871	226,290	183,709	141,128	98,547	24.00
146	텔콘RF제약	3,480	-55	-1.56	-53.29	7,450	6,448	5,445	4,443	3,440	1.16
29	케이엠더블유	40,400	900	2.28	-53.02	86,000	73,638	61,275	48,913	36,550	10.53
45	메드팩토	58,900	400	0.68	-52.73	124,600	106,525	88,450	70,375	52,300	12.62
36	티씨케이	120,800	2,300	1.94	-51.25	247,800	207,350	166,900	126,450	86,000	40.47

서 크게 급락한 종목들이다. 그동안 매매하지마 종목으로 추천한 종목이 대부분이다. 2021년 연초에 박셀바이오, 셀리버리, 씨젠, 제넥신을 매매하지마 종목으로 선정했다. 그 이후 대부분 반토막 이상 급락한 종목으로, 현재 상황에서는 매매가능한지 다시 분석해보는 하락률 기준으로 진입한 데이터이다.

여기서 씨젠-케이엠더블류를 관찰 대상으로 선정해 동태적으로 추적해본다. 씨젠의 경우에는 2021년 10월 21일 54,800원에 진입하고 케이에더블유는 40,400원에 진입했다. 2022년 2월 2일 현재 씨젠의 주가는 54,400원으로 같은 주가수준이지만 매수 후 11월 29일 83,900원까지 매수단가 기준 53% 급등해오다가 수익을 실현하지 못한다면 수익난 것을 다 토해내고 본전 이하로 움직이는 중이다. 케이엠더블유의 경우에는 매수 후 11월 24일 44,500원 10% 정도 상승했으나 2022년 1월 28일 30,400원까지 추가 급락한 상황이다. 씨젠은 급등한 후에 원위치했고, 케이엠더블유는 추가 급락한 상황이다. 이

시총	종목명 2021-10-22	현재가(원)	대비(원)	대비(%)	52주최고대비 등락률(%)	52주 최고가-최저가 4등분(원)					52주최저대비 등락률(%)
						최고가	75%	50%	25%	최저가	
65	다원시스	29,850	2,150	7.76	-1.65	30,350	27,140	23,931	20,721	17,511	70.46
3	펄어비스	107,000	-500	-0.47	-2.10	109,300	91,730	74,160	56,590	39,020	174.22
10	CJ ENM	185,900	4,100	2.26	-2.16	190,000	174,900	159,800	144,700	129,600	43.44
23	JYP Ent.	50,000	500	1.01	-2.72	51,400	46,100	40,800	35,500	30,200	65.56
64	메가스터디교육	79,500	-600	-0.75	-3.75	82,600	70,575	58,550	46,525	34,500	130.43
120	이베스트투자증권	9,010	0	0.00	-4.05	9,390	8,465	7,540	6,615	5,690	58.35
78	피엔티	37,000	-800	-2.12	-4.52	38,750	33,525	28,300	23,075	17,850	107.28
79	코웰패션	9,390	90	0.97	-4.57	9,840	8,735	7,630	6,525	5,420	73.25
46	와이지엔터테인먼트	65,400	-1,800	-2.68	-5.22	69,000	61,288	53,575	45,863	38,150	71.43
122	대아티아이	6,960	360	5.45	-6.95	7,480	6,840	6,200	5,560	4,920	41.46
117	상상인	9,290	-100	-1.06	-7.01	9,990	8,893	7,795	6,698	5,600	65.89
20	아프리카TV	163,900	-2,000	-1.21	-7.92	178,000	147,275	116,550	85,825	55,100	197.46
7	위메이드	136,500	-4,900	-3.47	-8.02	148,440	115,607	82,813	50,020	17,226	692.41
12	천보	288,000	-400	-0.14	-8.31	314,100	268,150	222,200	176,250	130,300	121.03
22	에스엠	75,100	-1,500	-1.96	-9.19	82,700	68,988	55,275	41,563	27,850	169.66
48	아난티	13,450	350	2.67	-9.43	14,850	12,908	10,965	9,023	7,080	89.97
66	솔브레인홀딩스	44,900	-400	-0.88	-10.56	50,200	45,613	41,025	36,438	31,850	40.97
20	파라다이스	17,800	-50	-0.28	-11.44	20,100	18,213	16,325	14,438	12,550	41.83
33	대주전자재료	100,200	-4,300	-4.11	-12.26	114,200	93,888	73,575	53,263	32,950	204.10
128	코엔텍	9,170	20	0.22	-12.67	10,500	9,958	9,415	8,873	8,330	10.08
74	파마리서치	88,100	-800	-0.90	-13.37	101,700	89,650	77,600	65,550	53,500	64.67

처럼 동태적으로 추적한 결과에서 그 종목이 속한 섹터의 흐름을 연결해서 판단해야 한다.

위의 데이터는 52주 최고가 기준으로 하락률 최저종목으로 현재 시장을 주도하고 있는 대상종목이다. 다원시스, 펄어비스-CJ ENM- JYP Ent. 등 메타버스 관련주 및 위드 코로나시대의 주도주 등이 명단 대부분을 차지하고 있다.

여기서 52주 최저가 기준 상승률도 같이 봐야 하는데 위메이드 저점기준 692%, 대주전자재료는 204% 상승한 위치라 매매대상에서 제외시킨다. 즉 시장을 주도한 종목인 위메이드, 펄어비스, 대주전자재료의 2021년 10월 22일 가격 위치가 2022년 2월 2일까지 어떻게 변화되었는지 추적해보는 것이다.

2021년 10~11월 크게 히트를 친 〈오징어게임〉 연결고리의 K-콘텐츠, K-게임주 및 메타버스, NFT 관련주가 시장을 주도하면서 추가적으로 상승할 것으로 시장에서 대세 주도주로 자리매김하며 시세가 분출했지만 이후 어떻게 됐을까? 실제투자는 그 시점에 바닥권에 있는 삼성전자, SK하이닉스, LG이노텍이 그 이후 급등하고 메타버스, NFT 관련주는 급락하는 양상을 보였다. 즉 매매하지마 기준에 들어온 종목은 10% 매도한 것이 정답이었다.

아래 데이터는 52주 최저가 기준으로, 대부분 52주 최저가 근처에 있는 종목이다. 52주 최고가 대비 50% 이상된 종목 중에서 역발상전략으로 매매대상을 찾는 데 참고할 만한 데이터이다.

샘플링 데이터 중에 에스에프에이-NICE평가정보를 관찰대상으로 선정해 앞으로의 추이를 추적해보기 바란다.

즉 코스닥150 종목 중에 52주 최저가 기준으로 상승에너지가 적은 종목을 샘플링해서 역발상 전략으로 매수한 것인데, 2022년 2월 2일 현재 에스에프에이가 10월 22일 35,600원에서 11월 22일 25,250원까지 상승 후 2022년 1월 28일 32,950원까지 새로운 저점을 형성

◆ 코스닥150 종목 중 52주 최저가 기준의 상승률 최저종목 ◆

시총	종목명 2021-10-22	현재가(원)	대비(원)	대비(%)	52주최고가대비 등락률(%)	52주 최고가-최저가 4등분(원)					52주최저가대비 등락률(%)
						최고가	75%	50%	25%	최저가	
146	텔콘RF제약	3,480	-55	-1.56	-53.29	7,450	6,448	5,445	4,443	3,440	1.16
84	젬백스	19,100	100	0.53	-42.99	33,500	29,775	26,050	22,325	18,600	2.69
104	휴온스	50,800	300	0.59	-41.27	86,500	77,230	67,960	58,690	49,420	2.79
41	에스에프에이	35,600	600	1.71	-24.74	47,300	44,100	40,900	37,700	34,500	3.19
49	레고켐바이오	46,400	-150	-0.32	-38.05	74,900	67,363	59,825	52,288	44,750	3.69
147	와이솔	10,450	50	0.48	-40.46	17,550	15,675	13,800	11,925	10,050	3.98
148	슈피겐코리아	47,250	-750	-1.56	-32.50	70,000	63,825	57,650	51,475	45,300	4.30
145	유비쿼스홀딩스	16,800	150	0.90	-48.47	32,600	28,463	24,325	20,188	16,050	4.67
98	코미팜	9,320	40	0.43	-42.65	16,250	14,413	12,575	10,738	8,900	4.72
143	톱텍	8,970	20	0.22	-46.61	16,800	14,740	12,680	10,620	8,560	4.79
149	레몬	6,340	-60	-0.94	-58.01	15,100	12,838	10,575	8,313	6,050	4.79
137	다나와	28,650	200	0.70	-31.05	41,550	37,988	34,425	30,863	27,300	4.95
126	제이앤티씨	8,230	0	0.00	-33.09	12,300	11,185	10,070	8,955	7,840	4.97
108	서울바이오시스	14,300	150	1.06	-41.03	24,250	21,588	18,925	16,263	13,600	5.15
135	알서포트	7,130	110	1.57	-59.14	17,450	14,740	12,115	9,448	6,780	5.16
77	서울반도체	14,800	400	2.78	-34.95	22,750	20,575	18,400	16,225	14,050	5.34
150	케이피엠테크	1,380	10	0.73	-69.67	4,550	3,740	2,930	2,120	1,310	5.34
134	메디포스트	23,500	-150	-0.63	-48.12	45,300	39,650	33,800	28,050	22,300	5.38
93	에이스테크	14,700	-100	-0.68	-50.34	29,600	25,675	21,750	17,825	13,900	5.76
44	NICE평가정보	20,050	100	0.50	-34.05	30,400	27,525	24,650	21,775	18,900	6.08

후 아직도 바닥패턴을 보이는 중이고, 나이스정보통신도 10월 22일 20,050원에서 2022년 2월 2일 현재 18,800원으로 추가 하락한 모습이다. 바닥의 패턴이 지속중인 것을 체크할 수 있다.

아래 데이터는 52주 최저가 대비 급등종목 대상이다. 종목들을 살펴보면 주로 매매대상에서 제외시키는 종목군 중심으로 포함되어 있다. 이 중에서 엔터테인먼트 관련주는 위드코로나 및 메타버스, 블록체인 연결고리 모멘텀으로 게임-엔터테인먼트가 추가적인 상승에너지가 나타난다는 전망이 많다. 이를 시장에 물어보면서 실전매매에 참고해야 하는데, 그 대상으로 우리기술투자-에스엠 종목을 갖고 판단해보기 바란다.

이처럼 시장매트릭스는 매달 기준으로 동태적인 변화를 추적하는 것이 필요하다. 그리고 의미 있는 고점과 저점 기준으로 시장매트릭스의 변화를 분석해 상승에너지와 하락에너지가 어떤 구성종목 중심

◆ 코스닥150 종목 중 52주 최저가 기준의 상승률 최고종목 ◆

시총	종목명 2021-10-22	현재가(원)	대비(원)	대비(%)	52주최고대비 등락률(%)	52주 최고가-최저가 4등분(원)					52주최저대비 등락률(%)
						최고가	75%	50%	25%	최저가	
39	데브시스터즈	118,900	-500	-0.42	-40.40	199,500	151,750	104,000	56,250	8,500	1298.82
7	위메이드	136,500	-4,900	-3.47	-8.02	148,400	115,607	82,813	50,020	17,226	692.41
60	박셀바이오	63,900	-1,100	-1.69	-78.68	299,700	227,331	154,963	82,594	10,225	524.94
4	엘앤에프	194,900	-2,900	-1.47	-16.67	233,900	184,382	134,863	85,345	35,826	444.02
62	우리기술투자	11,350	100	0.89	-16.24	13,550	10,743	7,935	5,128	2,320	389.22
18	오스템임플란트	136,900	-4,200	-2.98	-17.53	166,000	133,575	101,150	68,725	36,300	277.13
21	에코프로	95,900	1,500	1.59	-18.38	117,500	94,504	71,509	48,513	25,517	275.83
2	에코프로비엠	413,000	1,700	0.41	-15.28	487,500	393,575	299,650	205,725	111,800	269.41
55	씨아이에스	17,650	0	0.00	-19.59	21,950	17,913	13,875	9,838	5,800	204.31
33	대주전자재료	100,200	-4,300	-4.11	-12.26	114,200	93,888	73,575	53,263	32,950	204.10
20	아프리카TV	163,900	-2,000	-1.21	-7.92	178,000	147,275	116,550	85,825	55,100	197.46
24	동화기업	87,500	-2,500	-2.78	-15.95	104,100	85,950	67,800	49,650	31,500	177.78
3	펄어비스	107,000	-500	-0.47	-2.10	109,300	91,730	74,160	56,590	39,020	174.22
22	에스엠	75,100	-1,500	-1.96	-9.19	82,700	68,988	55,275	41,563	27,850	169.66
42	네이처셀	20,250	750	3.85	-58.84	49,200	38,843	28,485	18,128	7,770	160.62
25	LX세미콘	106,900	-600	-0.56	-17.58	129,700	108,325	86,950	65,575	44,200	141.86
69	현대바이오	23,900	-50	-0.21	-63.95	66,300	52,225	38,150	24,075	10,000	139.00
32	에이치엘비생명과학	16,750	-500	-2.90	-27.17	23,000	19,063	15,125	11,188	7,250	131.03
64	메가스터디교육	79,500	-600	-0.75	-3.75	82,600	70,575	58,550	46,525	34,500	130.43
73	하나머티리얼즈	45,900	0	0.00	-17.30	55,500	46,638	37,775	28,913	20,050	128.93
51	녹십자랩셀	100,200	3,400	3.51	-33.51	150,700	123,988	97,275	70,563	43,850	128.51
12	천보	288,000	-400	-0.14	-8.31	314,100	268,150	222,200	176,250	130,300	121.03

으로 형성되는지 체크해야 한다.

이런 식으로 52주 최고가-최저가 기준으로 4등분해서 엑셀로 위치파악을 하고, 군집현상에서 어떤 패턴과 특성이 나타나는지 체크해보는 것이 실전매매에서 투자대상을 샘플링하고 찾아내는 데 도움

◆ 코스피200 시가총액 상위 20위 종목(12월 24일) ◆

시총	종목명 2021-12-24	현재가(원) (A)	대비(원)	대비(%)	52주최고대비 등락률(%)	52주 최고가-최저가 4등분(원)					52주최저대비 등락률(%)
						최고가	75%	50%(B)	25%	최저가	
1	삼성전자	80,500	600	0.75	-16.84	96,800	89,675	82,550	75,425	68,300	17.86
2	SK하이닉스	128,000	500	0.39	-14.95	150,500	135,500	120,500	105,500	90,500	41.44
3	NAVER	384,000	6,000	1.59	-17.42	465,000	418,750	372,500	326,250	280,000	37.14
4	삼성바이오로직스	885,000	-11,000	-1.23	-15.47	1,047,000	955,000	863,000	771,000	679,000	30.34
5	카카오	114,500	1,500	1.33	-33.82	173,000	148,166	123,332	98,497	73,663	55.44
6	현대차	215,500	6,500	3.11	-25.43	289,000	262,500	236,000	209,500	183,000	17.76
7	삼성SDI	651,000	8,000	1.24	-21.38	828,000	756,750	685,500	614,250	543,000	19.89
8	LG화학	621,000	-13,000	-2.05	-40.86	1,050,000	942,500	835,000	727,500	620,000	0.16
9	기아	85,100	900	1.07	-16.57	102,000	91,375	80,750	70,125	59,500	43.03
10	카카오뱅크	60,200	-300	-0.50	-36.23	94,400	83,550	72,700	61,850	51,000	18.04
11	셀트리온	201,000	0	0.00	-48.46	390,000	340,875	291,750	242,625	193,500	3.88
12	현대모비스	263,000	6,500	2.53	-35.06	405,000	358,750	312,500	266,250	220,000	19.55
13	POSCO	284,000	500	0.18	-31.32	413,500	370,750	328,000	285,250	242,500	17.11
14	KB금융	57,400	0	0.00	-4.01	59,800	54,913	50,025	45,138	40,250	42.61
15	크래프톤	463,000	-1,000	-0.22	-20.17	580,000	535,125	490,250	445,375	400,500	15.61
16	LG전자	136,500	-500	-0.36	-29.27	193,000	167,525	142,050	116,575	91,100	49.84
17	삼성물산	117,000	500	0.43	-26.88	160,000	146,000	132,000	118,000	104,000	12.50
18	SK이노베이션	223,500	7,000	3.23	-31.76	327,500	289,625	251,750	213,875	176,000	26.99
19	신한지주	37,900	-100	-0.26	-12.37	43,250	40,050	36,850	33,650	30,450	24.47
20	SK바이오사이언스	239,000	-10,500	-4.21	-33.98	362,000	299,375	236,750	174,125	111,500	114.35

◆ 코스닥150 시가총액 상위 20위종목(12월 24일) ◆

시총	종목명 2021-12-24	현재가(원)	대비(원)	대비(%)	52주최고대비 등락률(%)	52주 최고가-최저가 4등분(원)					52주최저대비 등락률(%)
						최고가	75%	50%	25%	최저가	
1	셀트리온헬스케어	81,800	900	1.11	-53.81	177,100	152,425	127,750	103,075	78,400	4.34
2	에코프로비엠	502,000	-6,500	-1.28	-12.71	575,100	467,625	360,150	252,675	145,200	245.73
3	펄어비스	126,500	2,100	1.69	-12.88	145,200	121,160	97,120	73,080	49,040	157.95
4	엘앤에프	210,800	900	0.43	-17.33	255,000	206,061	157,123	108,184	59,245	255.81
5	카카오게임즈	90,700	1,000	1.11	-21.81	116,000	98,150	80,300	62,450	44,600	103.36
6	위메이드	174,400	-4,500	-2.52	-29.02	245,700	188,582	131,463	74,345	17,226	912.42
7	셀트리온제약	128,400	1,300	1.02	-52.24	268,872	229,004	189,136	149,268	109,400	17.37
8	SK머티리얼즈	402,900	0	0.00	-19.36	499,600	449,300	399,000	348,700	298,400	35.02
9	에이치엘비	33,550	-50	-0.15	-51.45	69,100	59,310	49,519	39,729	29,938	12.06
10	천보	332,200	-700	-0.21	-9.51	367,100	312,225	257,350	202,475	147,600	125.07
11	씨젠	61,400	-700	-1.13	-47.25	116,400	99,350	82,300	65,250	48,200	27.39
12	CJ ENM	140,900	500	0.36	-26.46	191,600	176,550	161,500	146,450	131,400	7.23
13	리노공업	198,000	-200	-0.10	-8.63	216,700	193,575	170,450	147,325	124,200	59.42
14	알테오젠	70,000	-1,000	-1.41	-44.18	125,400	110,675	95,950	81,225	66,500	5.26
15	에코프로	115,100	3,100	2.77	-28.55	161,100	128,649	96,197	63,746	31,294	267.80
16	스튜디오드래곤	88,400	500	0.57	-21.77	113,000	105,125	97,250	89,375	81,500	8.47
17	LX세미콘	161,400	-1,100	-0.68	-2.12	164,900	136,650	108,400	80,150	51,900	210.98
18	에스티팜	137,900	-1,300	-0.93	-6.76	147,900	127,425	106,950	86,475	66,000	108.94
19	동진쎄미켐	45,350	2,500	5.83	-2.99	46,750	41,313	35,875	30,438	25,000	81.40
20	아프리카TV	201,400	-2,200	-1.08	-19.15	249,100	201,325	153,550	105,775	58,000	247.24

이 된다.

왼쪽 페이지의 자료는 2021년 12월 24일 기준 코스피200과 코스닥150 시가총액 상위 종목의 데이터이다. 앞에 나온 데이터와 비교해가면서 흐름의 변화를 추적해보자.

앞으로 투자대상 종목을 찾는 데 있어 이와 같은 방식을 통해서 매매할 대상을 먼저 선정하고 그 대상 종목의 특성을 찾아내는 작업을 실전에서 시도해보기 바란다. 이렇듯 4등분매매 기준을 실전매매에 대입해서 종목매매에 참고해보기 바란다. 의외로 효과적인 투자 결과를 보게 될 것이다.

다음 자료는 필자가 동영상 교육용으로 만든 것인데, 이 동영상들을 통해 이번 기회에 매매대상 종목을 실전에 어떻게 적용하는지 습득하기 바란다. 이 2개의 유튜브 동영상은 4등분법칙에 대해 강의한 내용들이다.

1편

1. 4등분법칙을 활용한 투자방법
2. 고점-저점 잡는 방법
3. 매수-매도 타점 잡기
4. 잦은 매매 VS 묻어두기의 수익률 비교
5. 케이스 스터디-카카오게임즈

#카카오게임즈 #투자전략 #사등분법칙

이격을 통한 투자결정

지금까지 52주 최고가-최저가 기준으로 매매대상을 찾는 방법에 대한 공부를 했다면, 실전투자에서 이동평균선의 이격을 가지고 매매에 참고할 수 있는 방법이 있다. 이는 120일-20일 이동평균선의 멀고 가까움을 가지고 투자결정을 하는 것인데, 패턴으로 나누어보면 다음과 같다.

앞에 제공된 동영상을 통해서 실전에서 4등분법칙으로 25%-50%-95% 중심가격이 위치를 파악하고 현재가 위치가 어느 위치에 있는지 파악하는 것이 중요하다. 또한 현재가 위치가 20일-120일 이동평균선 배열과 비교해서 위에 있는지 아니면 아래에 있는지 파악하고

316

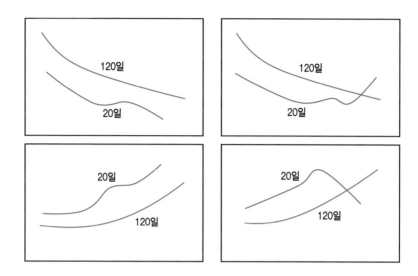

◆ 120일 이동평균선과 20일 이동평균선의 이격 ◆

매수-매도의 기준을 설정하는 것이다.

개인적으로 실전투자에서 제일 중요하게 적용하는 방법이다. 내가 진입하는 종목의 20-120일 이동평균선의 방향성과 위치를 체크한다. 역배열 상태에서 단기 이동평균선 5-10-20일 이동평균선이 수렴하면서 20일 이동평균선이 120일 이동평균선을 우상향으로 돌파할 대상을 찾아 매수한다.

일반적인 기술적 분석에서는 정배열에서 종목선정과 매매를 하라고 한다. 그런데 38년 이상 시장과 싸우면서 알게 된 사실은 정배열이 완성된 대부분의 종목은 시장에서 누구나 다 좋다고 하는 종목으로, 트레이딩 대상이지 시간여행 가치투자 대상은 아니라는 것이다.

가치투자 대상은 주가가 쌀 때 매수하는 것이고, 시장에서 기업의 가치평가를 받지 않고 가격이 가치보다 저평가된 것을 찾는 것이다. 그런데 정배열 종목의 대부분은 가치보다 가격이 더 높은 위치에서 매매하는 경우이기 때문이다. 그래서 모든 이동평균선이 정배열이고 현재 주가위치가 120일 이격률이 100% 이상 높은 종목의 경우 시장 주도주로 각광을 받지만 실전투자에서는 가장 위험한 위치에서 투자자의 구좌를 크게 망가트릴 수 있는 종목이 될 수 있다는 것이다. 따라서 정배열 중에 극단적으로 이격이 크게 형성되면 실전투자에서는 크게 다치는 위치가 되는 경우가 많다.

2021년 1월 셀트리온, 박셀바이오 등등 바이오 종목들이 대부분 이동평균선 이격이 크고 정배열이어서 시장 주도주로 각광을 받았다. 하지만 이 종목들 대부분은 10개월이 지난 2021년 10월 현재 고점에서 1/2 혹은 1/3 토막이 되는 급락파동이 나왔다.

2021년 10~11월 현재는 이차전지 소재주인 천보, 에코프로, 에코프로비엠이 그런 위치에 있어서 더 상승해도 '남 드세요 마인드'로 매매하지마 대상으로 선정해서 투자대상에서 제외시키고 있다.

그리고 그 반대되는 위치에 있는 종목 중에서 고점에서 38.2~50% 급락파동 중에 역배열 패턴을 보이는 종목, 120일 이동평균선이 하락추세에서 횡보나 상승추세로의 전환 가능성이 보이는 종목, 20일 이동평균선이 하락에서 상승전환되어 120일 이동평균선과 이격을 축소하고, 20일이 120일을 우상향하는 정배열 상태가 나오는 대상 종목을 투자유망 종목으로 선정해서 대응한다. 샘플로 3개의 종목을 선정해 실제 앞으로 파동의 흐름을 체크해보길 바란다.

◆ 에코프로 20일-120일 이동평균선 이격(10월 29일) ◆

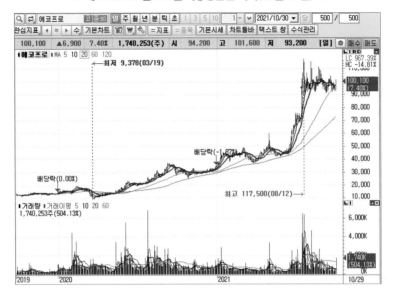

◆ 에코프로 20일-120일 이동평균선 이격(12월 24일) ◆

◆ 현대엘리베이터 20일-120일 이동평균선 이격(10월 29일) ◆

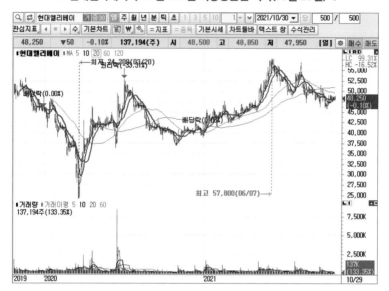

◆ 현대엘리베이터 20일-120일 이동평균선 이격(12월 24일) ◆

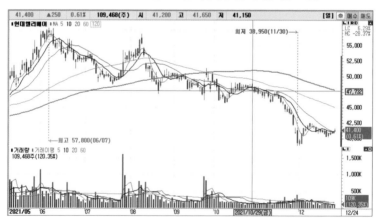

◆ 농심 20일-120일 이동평균선 이격(10월 29일) ◆

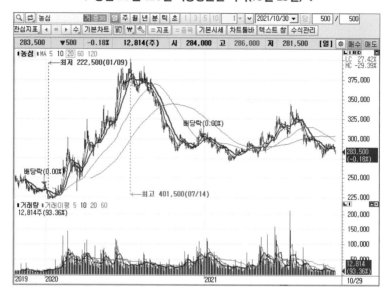

◆ 농심 20일-120일 이동평균선 이격(12월 24일) ◆

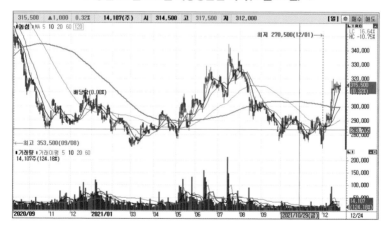

각 종목마다 보는 기준은 120일 이동평균선이 하락인지, 횡보인지, 우상향으로 전환되었는지 큰 흐름을 120일 이동평균선의 방향을 가지고서 판단한다. 52주 최고가와 최저가를 박스로 만든 후 4등분해서 현재 주가 위치가 4등분 위치 중 어느 위치에 있는지 체크해보는 것이다.

또한 20일 이동평균선이 120일 이동평균선 아래에 있는 역배열 상태인지, 아니면 위에 있는 정배열 상황인지 체크해보면서 '겨울-봄-여름-가을'의 형국으로 구분해보는 것이다.

◆ 주식 4계절 _ 하락파동 ◆

1) 봄-여름-가을-겨울

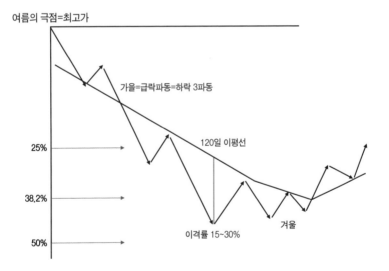

2) 봄-여름-가을-겨울의 순환 패턴

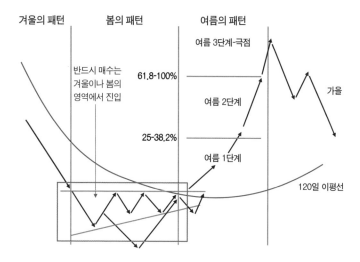

이 사례를 공부한 위 종목 중에서 앞에서 살펴본 에크프로, 농심, 현대엘리베이터를 2022년 1월 4일 위치와 비교해보자.

에코프로는 분기별로 주가위치와 분기실적 중에 매출액과 영업이익의 흐름을 같이 비교해가면서 바닥패턴이 어디서 나오는지 동태적으로 추적해보자.

현대엘리베이터는 120일 이평선 우하향지속 중에 5-10-20일 단기 이동평균선의 수렴과정이 나타나는 중이다.

현대엘리베이터는 대선후보가 금강산관광 정책을 공약으로 발표하고 삼성동 한전부지, 현대차그룹의 GBC타워 건설모멘텀이 나오는지 체크해보자. 아직 겨울의 패턴인데, 봄-여름 1, 2, 3단계가 나오

◆ 에코프로 일봉 차트(2022년 1월 14일) ◆

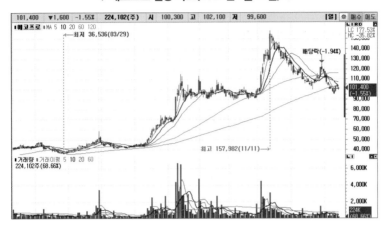

◆ 현대엘리베이터 일봉 차트(2022년 1월 14일) ◆

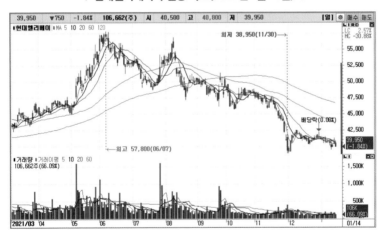

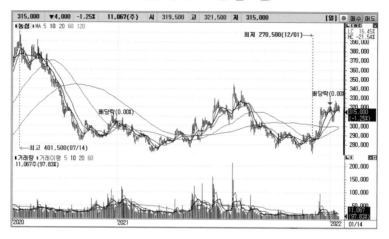

◆ 농심 일봉 차트(2022년 1월 14일) ◆

는 구간까지 매수한 후에 보유전략으로 대응한다.

농심은 바닥패턴이 나온 종목으로, 이제 120일 이평선이 우하향에서 횡보 형태를 보이고 20일 이동평균선이 역배열에서 120일 이동평균선을 돌파하는 정배열 형태를 보이는 중이다.

농심은 여름의 1-2-3단계로 구분되는 상승률 에너지가 앞으로 나오는지 분기별로 매출-영업이익의 변화와 함께 추적해보자.

농심은 40만원을 돌파한 시점부터 시세를 확인하면서 매도할 것인지, 아니면 추가적으로 더 보유할 것인지 투자전략을 설정한 시간여행 종목이다.

이렇게 매매대상 종목의 위치가 어느 구간인지 파악하고 그것이 현재 노출된 정보만 가지고 판단하지 말고 정보의 비대칭성 속에서 드라마 〈오징어게임〉 속 설계자 집단이 매도설계를 하고 있는 위치인지, 아니면 매집설계를 하고 있는 위치인지 생각해보는 훈련을 해보기 바란다.

여기서 매집세력들이 매도하는 패턴과 매수하는 패턴을 그림으로 구조화시켜보았다. 매집세력들이 매도하는 패턴을 정리하면 다음과 같다.

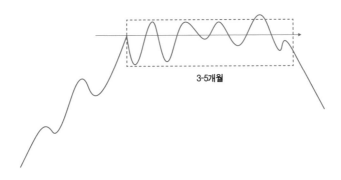

◆ 고점매도 패턴 1 ◆

3-5개월

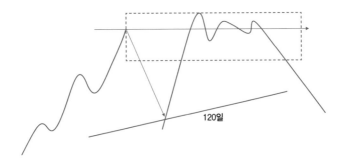

◆ 고점매도 패턴 2 ◆

120일

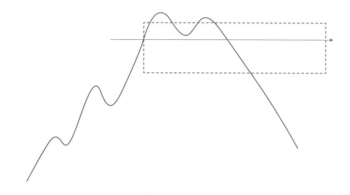

　2020년 연말부터 2021년 시장에 대한 긍정적 예측이 난무했다. 2021년 종합지수 3500~3700p를 목표치로 모든 증권사 리서치센터에서 낙관적으로 예측하던 그 구간에, 시장의 주도주는 반도체 슈퍼랠리 전망을 통한 소재·부품·장비주가 시장을 주도했다. 삼성전자-SK하이닉스의 대세상승 예상과 셀트리온-SK바이오사이언스의 대세상승을 예측하던 구간이었다.

　그런데 필자는 모 방송에서 앞으로 삼성전자는 20~30조 매물이 나올 가능성이 높고 2020년 12월 7일부터 외국인이 삼성전자를 매수에서 매도로 전략을 변경한 데 주목하라고 했다. 또한 1월 JP모건 바이오컨퍼런스 전에 사모펀드 중심으로 바이오 exit전략 가능성을 언급하며 바이오는 매도 후 1년 동안 옆에도 가지마 전략을 수립했다.

　당시 코로나19 진단키트 대장주인 씨젠, 피씨엘, 수젠텍도 100% 매도전략과 임상 2상과 3상의 성공 가능성을 예측하면서 미래의 성장성에 기대를 걸어 바이오 주도주 예측이 많았다. 필자가 당시 박셀바이오, 제넥신 등에 대해 100% 매도전략을 수립한 것도 위 패턴에서 매도패턴의 징후가 보였기 때문이다. 가치보다 가격이 너무 급등한 상황에서 뭔가 에너지가 축소되는 판단이 들어 매도 후 1년 동안 매매하지마 전략을 수립했다. 그 결과는 다음과 같다.

◆ 셀트리온 고점매도 패턴 ◆

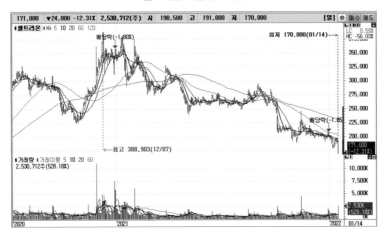

◆ 제넥신 고점매도 패턴 ◆

◆ 수젠텍 고점매도 패턴 ◆

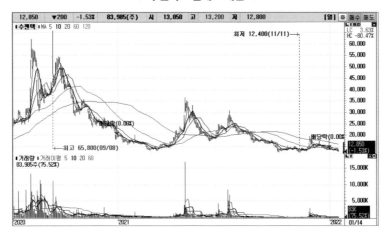

    셀트리온은 35만원 이상부터 매도전략 이후 매매하지마 패턴 위치에 진입했고, 씨젠은 15만원 이상부터 매도전략 이후 매매하지마 패턴 위치에 진입했다. 제넥신은 15만원 이상부터 매매하지마 패턴 위치에 진입했고, 수젠텍은 55,000원부터 매매하지마 패턴 위치에 진입했다.

    급등에 취하지 말고, 주가가 급등하는 이유가 무엇인지 잘 체크해야 한다. 즉 영업이익의 성장률보다 주가의 상승률이 너무 크면 그 시점에 시장의 인기도 및 보이지 않는 세력들의 인위적 주가 상승 시도도 내포되어 있고 주가가 급등 시 이해당사자들의 차익매물도 나올 수 있다. 그러므로 주가가 급등 시 그 급등시키는 긍정적 측면만 고려하지 않고 그 상황이 정반대로 전환되거나 할 경우 나타날 상황도 판단해서 매매하지 않는 기준을 만들어보는 것이다.

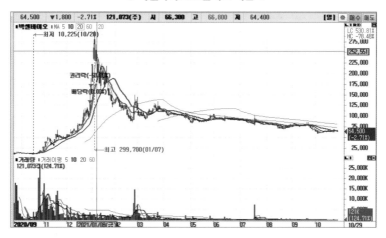

◆ 박셀바이오 고점매도 패턴 ◆

　박셀바이오라는 종목을 보면 더 심각하다. 매출이 아직 하나도 안
나오는 기업이 신규상장 이후 이렇게 급등한 후 현재 주가 위치를
보면 개미무덤을 만들어놓은 상황이다. 이 종목은 25만원부터는 아
무리 미래 성장성이 크다고 해도 매매하지마 위치에 진입했던 것이
다. 실전투자에서 가장 큰 악재는 단기간에 제일 급등한 것이고, 시
장의 가장 큰 호재는 단기간에 제일 급락한 것이다.

　2021년 LG생활건강을 보면 박셀바이오가 고점 만드는 패턴과
180도 반대의 흐름으로 전개되고 있다. 오히려 주가가 단기간에 급
락하는 위치에서 그 급락요인이 시간이 지나면 개선될 수 있는 것이
면 분할 매수로 대응하는 위치와 기준을 설정하고 떨어지는 칼날은
분할 매수로 대응하면서 역발상 전략으로 실전에 임하는 것이 실제
효과적인 투자였다는 것을 LG생활건강의 사례를 통해 알 수 있다.

◆ LG생활건강 고점매도 패턴(10월 29일) ◆

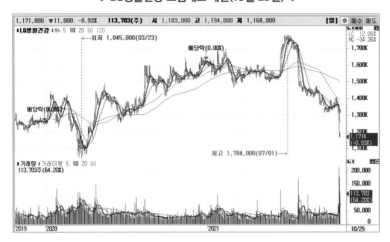

◆ LG생활건강 고점매도 패턴(12월 24일) ◆

◆ LG생활건강 일봉 차트(2022년 1월 14일) ◆

이렇듯이 실전투자에서는 악재가 난무하는 중에 주가가 급락하는데, 그 기업이 시간이 지나면 정상화가 가능하고 지속 가능성이 있다면 떨어지는 칼날은 분할로 나누어서 매수하는 전략이 가장 효과적이다.

이를테면 와이지엔터테인먼트의 경우에는 2021년 10월 시장이 메타버스로 각광을 받고 있던 때 6만~7만원대에 매수하는 것이 아니라, 와이지엔터테인먼트가 마약-버닝썬 사건으로 25,000~30,000원 영역까지 급락하는 구간에 분할매수 전략을 실행했어야 한다는 것이다.

즉 가장 쌀 때는 공포가 극에 이르면서 수직에 가까운 각도로 급락되는 투매파동이 전개될 때인 것이다. 그 떨어지는 칼날을 분할매수 전략으로 3~4번에 나누어서 매수하면 된다. "떨어지는 칼날은 잡

◆ 와이지엔터테인먼트 저점매수 패턴(10월 29일) ◆

◆ 와이지엔터테인먼트 일봉 차트(12월 24일) ◆

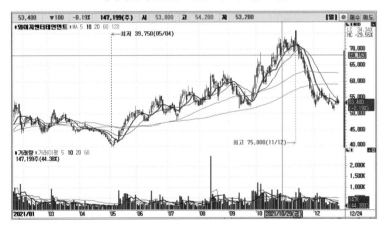

◆ 와이지엔터테인먼트 일봉 차트(2022년 1월 14일) ◆

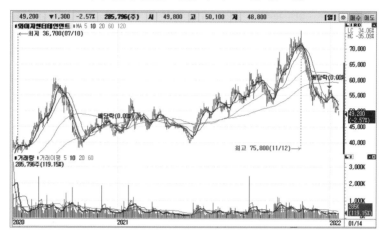

지 마라"는 주식격언이 있긴 하지만, 그 대상이 지속가능성 기업이고 투매가 전개되는 재료가 시간이 지나면 해결 가능성이 높은 악재이면 떨어지는 칼날을 분할매수하는 전략을 권한다.

그런 감각으로 현재 위치에서 LG생활건강이 급락 시 분할매수 전략을 수립하고 1년 정도 수면제 모드로 묻어두는 매매전략을 수립하는 것과, 현재 메타버스 관련해서 25,000~30,000원 영역에서 크게 급등한 와이지엔터테인먼트를 7만원대에 추격매수하는 전략을 비교해보자. 1년 후 수익율 게임을 보면 누가 큰지 실험해보겠다.

당연히 와이지엔터테인먼트에는 7만원 데드라인 전략을 수립하고 붕괴 시 매도전략을 추천했는데, 12월 24일의 주가수준을 보면 53,400원으로 이미 급락한 상황이다.

이런 시각으로 위 그림에서 에코프로-와이지엔터테인먼트는 매매

대상에서 제외하는 위치에 진입했고, 더 상승해도 '남 드세요 마인드'로 대응하기를 추천했다. 여기서 50~100% 추가 상승랠리가 나와도 트레이딩 전략으로 손절단가를 정하고, 투입금액도 한정해서 대응하는 호흡으로 실행해야 한다.

농심-현대엘리베이터의 매매 진입위치가 더 편한 상황인 것으로 판단했다. 그리고 그 대상종목에 어떠한 끌개가 있는지 추적해야 한다.

에코프로는 이차전지 소재에 대한 투자성장성과 미래수익이 현재 주가위치보다 더 강하게 나타낼 수 있는지 추적해야 한다. 실전에서 트레이딩 전략으로 어느 선을 붕괴하면 일단 매도하고 다시 보는 기준을 설정하는 것이 필요하다.

에코프로는 20일 이동평균선과의 이격수준에서 고점과 20일 이평선 수준을 4등분해서 50% 중심가격 지지 실패 시 매도하거나 고점에서 손절라인 5~7%를 자주 사용하는데, 개인적으로 현재 수준에서는 데드라인 설정 95,000원을 정하고 붕괴 시 매도하는 실전 전략으로 대응한다.

역발상전략으로 52주 최저가 수준에 있는 농심을 보면, 분할매수 전략으로 대응하면서 손절단가를 정하지 않고 하락 시마다 추가매수하는 기준수립을 권한다. 농심의 본질가치보다 가격이 크게 하락한 수준까지 급락한 것으로 판단되며, 시가총액별 하락기준 설정 시 농심 같은 수준의 종목은 고점에서 25~38.2% 하락수준을 미리 그려놓고 바닥패턴을 찾아보는 것이다.

◆ 농심 저점매수 기준 ◆

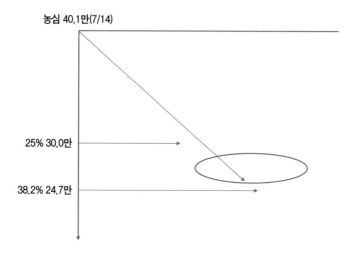

농심 40.1만(7/14)

25% 30.0만

38.2% 24.7만

◆ 46-45도 하락각도 _ 바닥패턴 ◆

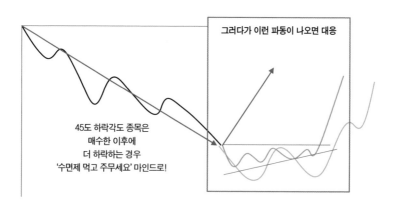

그러다가 이런 파동이 나오면 대응

45도 하락각도 종목은
매수한 이후에
더 하락하는 경우
'수면제 먹고 주무세요' 마인드로!

어느 정도 급락한 수준에서 분할매수로 진입하는데, 바닥패턴을 왼쪽 페이지의 그림과 같이 미리 그려놓고 각 종목마다 다 다르게 작동할 것이므로 바닥패턴을 찾는 과정을 체크하는 것이다.

그 과정에서 5-10-20일 이동평균선이 수렴하고 악재가 나와도 더 이상 하락하지 않고 단기 이동평균선부터 정배열 상황으로 전환되고, 가장 중요한 기준으로 20일 이동평균선이 120일 이동평균선 밑에서 역배열 상황에 있을 때 매수 위치가 좋은 것으로 판단한다.

그리고 역배열이 정배열 상황으로 전환되면서 모든 이동평균선이 정배열 상황인 5-10-20-60-120일이 되면 매매하지마 위치 기준을 시가총액 사이즈 별로 선정해야 한다.

그리고 아래 모양이 매매하지마 패턴으로, '정배열에 다친다'는 패턴이다. 발을 잘못 딛는 순간에 20~30% 급락변동성은 쉽게 나오는 위치이고, 추세상승이 마무리되는 국면이면 고점에서 바닥확인되는 데 얼마의 시간이 걸리는지는 적어도 1년 정도 지나봐야 알 수 있다.

◆ 120일 이격 기준으로 '매매하지마 기준' 설정 ◆

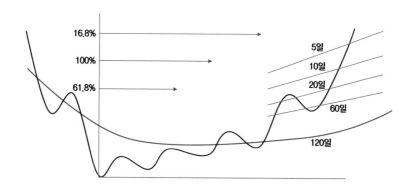

그렇다면 하락파동이 진행되는 과정에서 어느 시점부터 재매수전략을 수립하는 것이 좋을까? 여기에는 일반적인 절대기준은 없지만 개인적으로 아래 그림과 같이 시가총액 상위 1~50위 종목은 고점에서 21~38.2% 하락위치에서부터 분할매수 전략을 가동해보고, 시가총액 상위 51~500위 종목은 고점에서 38.2~61.8% 하락한 위치에서 분할매수 전략을 가동한다. 그리고 그 외의 종목은 50~75% 수준의 하락파동이 나오면 관찰대상에 편입시키는데, 그 대상이 어떤 섹터, 어떤 변동성을 갖고 있는지는 적어도 10년 정도 데이터를 바탕으로 추적해가면서 매매타이밍을 선정한다.

그런데 앞서 사모펀드 매도패턴을 공부했는데, 정반대로 매수패턴

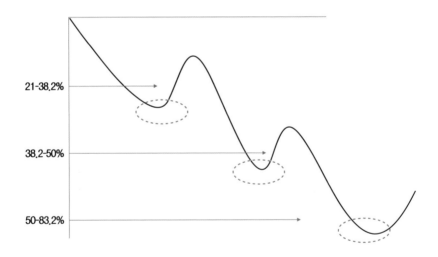

◆ 시가총액 기준별 저점매수 잣대 ◆

21-38.2%

38.2-50%

50-83.2%

은 역발상전략의 저가매수 전략으로 다음과 같은 패턴을 보이는 종목을 매수대상으로 선정한다.

2021년 10월 현재 위 패턴을 보이는 종목을 나열하면 다음과 같다.

◆ 저점매수 패턴 1 ◆

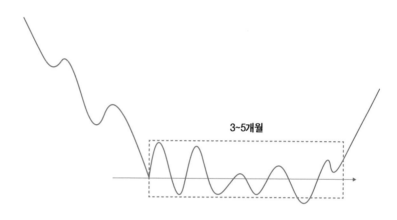

◆ 저점매수 패턴 2 ◆

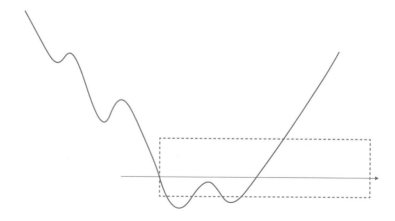

◆ 저점매수 패턴 3 ◆

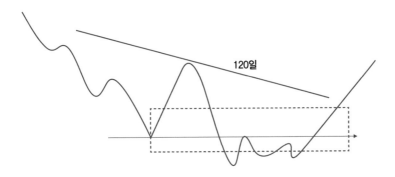

120일

◆ 농심 저점매수 패턴(10월 29일) ◆

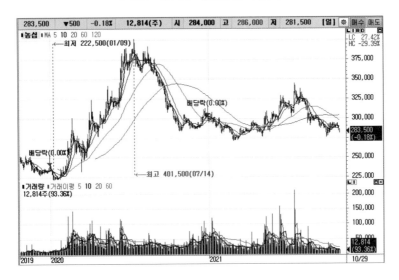

◆ 농심 일봉 차트(12월 24일) ◆

◆ 농심 일봉 차트(2022년 1월 14일) ◆

◆ 오리온 저점매수 패턴(10월 29일) ◆

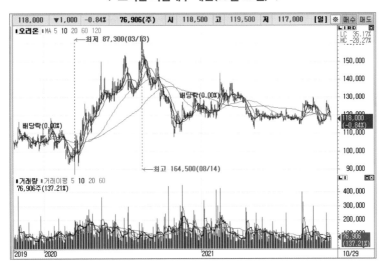

◆ 오리온 일봉 차트(12월 24일) ◆

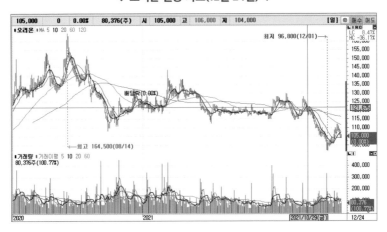

◆ 오리온 일봉 차트(2022년 1월 14일) ◆

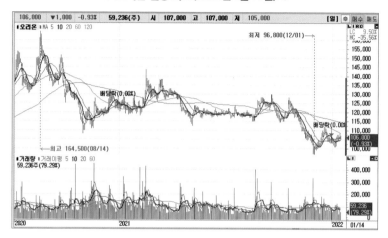

◆ 아모레G 저점매수 패턴(10월 29일) ◆

◆ 아모레G 일봉 차트(12월 24일) ◆

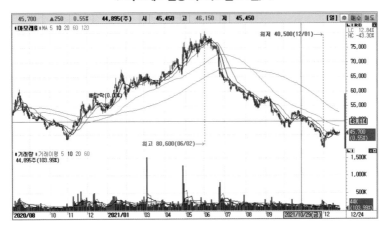

◆ 아모레G 일봉 차트(2022년 1월 14일) ◆

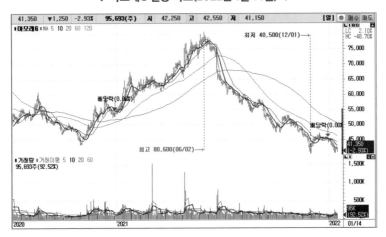

◆ 일양약품 저점매수 패턴(10월 29일) ◆

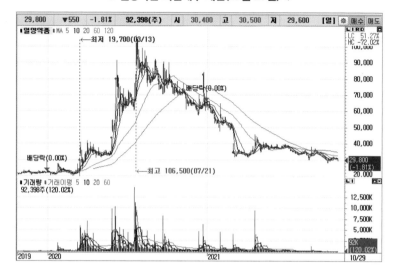

◆ 일양약품 일봉 차트(12월 24일) ◆

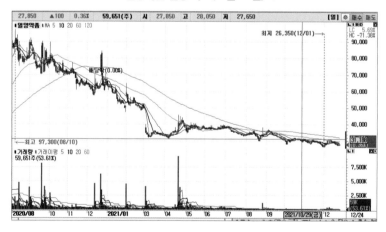

◆ SK바이오팜 저점매수 패턴(10월 29일) ◆

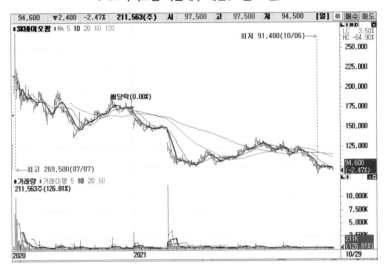

◆ SK바이오팜 일봉 차트(12월 24일) ◆

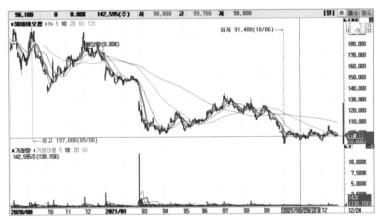

◆ SK바이오팜 일봉 차트(2022년 1월 14일) ◆

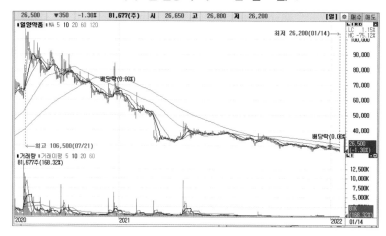

◆ 케이엠더블유 저점매수 패턴(10월 29일) ◆

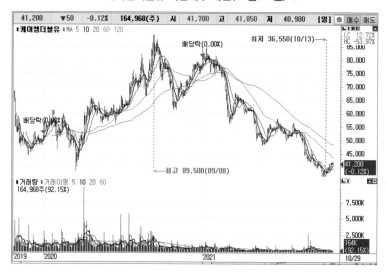

◆ 케이엠더블유 일봉 차트(12월 24일) ◆

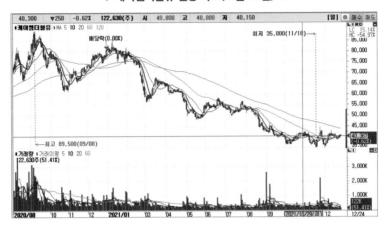

◆ 케이엠더블유 일봉 차트(2022년 1월 14일) ◆

이상의 종목이 매수위치 진입 종목이다. 즉 역발상전략과 기준으로 매수진입 위치라는 것이다. 이 종목에 대해서는 3개월 단위로 한 번씩 주가위치가 어떻게 변화되고 있는지 추적해보기 바란다.

지금까지 시장판세 분석을 어떻게 하는지 공부했다. 이것은 파생매매나 시장의 방향성을 판단하는 데 기초적 빅데이터를 어떤 방식으로 사용하고 실전에 응용하는지 분석한 것이다. 앞으로도 분기별로 고점-저점의 변화와 매출-영업이익의 변화를 비교해가면서 변동성 에너지와 방향성 에너지를 반드시 측정해보기 바란다.

◆ ◆ ◆

개인적으로 파생시장을 알아야 외국인 매매의 그림자 매매를 알 수 있다고 생각한다. 현금과 파생상품 중에 어떤 것으로 합성시키는지 추적하고 거기서 방향성과 변동성의 흐름을 파악하는 것이다. 또한 매주 목요일 만기가 되는 위클리 옵션, 한 달마다 만기가 되는 코스피200옵션, 3개월마다 만기가 되는 선물의 흐름에 따라 시장의 흐름이 결정되므로 관심을 갖자.

파생시장을 읽어야
주식시장이
보인다

6장
◆ ◆ ◆
저자직강 동영상 강의로 이해 쑥쑥!
6장의 핵심 내용을 이해하기 쉽게 풀어낸
저자의 동영상 강의입니다

◆ ◆ ◆

이 장에서 시장의 전체 기상도를 읽는 데 필요한 파생의 수학적 구조를 공부해보자. 여기서는 무엇을 공부해야 하는지 기본적으로 공부해야 할 것에 대해 설명해보겠다.

파생시장은 선형과 비선형이 만드는 세상이고, '선물과 옵션'이라는 상품이 있다. 선물의 상품구조와 옵션의 상품구조는 다음과 같이 구조화시킬 수 있다.

◆ 선형과 비선형의 수익구조 ◆

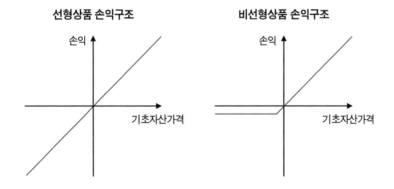

기초자산이 선형적 수익구조를 갖는다는 의미는, 시장이 상승하면 수익도 상승하고 시장이 하락하면 수익도 하락하는 1대1 대칭구조를 갖고 있는 것을 말한다.

기초자산과 파생상품 손익간의 기울기가 전 구간에서 항상 1이기 때문에 제도권에서는 이러한 상품을 '델타 원(delta one) 상품'이라고 한다.

델타 원의 사전적 의미는 다음과 같다. 연결해서 생각할 수 있는 개념으로 델타중립-델타헷지라는 개념도 사용된다. 다양한 증권상품 거래를 통해 미리 정해 놓은 기초자산(주가지수, 금 등)과 똑같은 수익률을 달성하도록 고안한 파생상품 거래기법을 말한다. 고객과 약속한 수익률 이상을 거두면 그 차익은 수수료 형식으로 금융회사가 가져갈 수 있다. 델타 원은 일반인들에게는 생소하지만 투자은행에서는 일반화된 거래기법으로, 투자자의 주문에 따라 거래를 하면서 하는 헤지(투자거래의 손실을 회피하기 위한 반대 투자)의 일종이다.

우리가 일반적으로 알고 있는 롱-숏전략의 시스템구조가 델타원 구조를 갖고 있다 그런데 운용자의 능력과 자금배분 간의 오차와 실제 변동성의 오차가 발생하면서 수많은 트레킹에러가 발생하고 그런 가운데 정확한 수익과 손실의 오차가 발생하게 되는 것이다. 여기서 어떤 것을 롱포지션에 두고 어떤 것을 숏포지션에 두는지에 따라 결과가 달라지는 것이다.

예컨대 은을 기초자산으로 한 투자상품을 판매하면서 운용자금의 일부를 다른 상품에 투자해 위험을 분산하는 식이다. 주로 주가연계증권(ETF)이나 선물환 등에 투자하며 헤지를 한 상품에서 기초자산인 은의 투자수익률 이상이 나면 은행은 판매수수료 이상의 돈을 챙길 수 있다.

즉 고객의 돈으로 투자를 하지만 추가 수익은 은행 몫이 되는, 일종의 자기매매 성격을 갖고 있는 셈이다. 이 때문에 금융업계에서는 '고객의 계좌에서 금융기관의 자기매매 계정으로 자금이 흘러간다'는 의미에서 '플로(flow) 프랍(prop trading, 자기매매)'이라 부른다. 이런 프랍트레이딩매매에서 펀드매니져의 자율권-임의매매가 이뤄지는데, 여기서 직권남용이나 사기적 수법을 통해서 큰 문제가 발생하는 경우도 종종 있어서 파생상품매매에서는 항상 감독기능이 수반되어야 한다.

예를 들어 스위스 대형 금융그룹인 UBS가 직원의 임의매매(rogue trade)로 20억달러(약 2조 2,000억원)가량의 손실을 봤다고 2011년 9월 15일 발표했다. 이는 역대 금융사고 가운데 세 손가락 안에 꼽히는 대규모 사고로, 234년 역사의 베어링은행을 파산으로 이끈 임의거래 손실액보다도 더 액수가 크다.

이 사고는 UBS 런던 지점의 델타원 트레이더로 근무한 크웨쿠 아도볼리에 의해 벌어진 것으로, 아도볼리는 UBS 경영진의 승인 없이 멋대로 거래를 하다 20억달러(약 2조 2,000억원)를 날린 사실이 드러나 9월 15일 직권남용과 부정회계에 의한 사기 혐의로 런던 경찰에 체포됐다.

따라서 델타 원 이름이 들어간 상품이나 매매에서는 항상 파생상품이 만드는 리스크를 항상 체크하고 조사해야 한다.

선형적 파생상품은 기본적으로 계약 시 거래 쌍방이 의무를 지는 상품이며 계약시점에서 거래상대방과 내가 이익 혹은 손실을 볼 확률이 동일하므로, 보통 거래시점에는 가격이 0이고 매수자와 매도자 모두 돈을 지불할 필요가 업다.

그런데 비선형파생상품구조는 상방과 하방이 비대칭적(asymmetry)이다. 이 말의 의미는 시장이 상승할 때에는 나도 수익을 보지만 시장이 하락할 때에는 나에게 전혀 피해가 없는 경우를 말한다. 즉 나에게 수익을 누릴 수 있는 권리는 있으나 포지션을 구축함으로써 손실을 봐야 할 의무는 존재하지 않는다. 이렇듯 권리는 있고 의무는 없기 때문에 매수자가 유리한 상황이므로 계약 초기 시 매도자에게 일부 프리미엄을 지불하고 상품을 구매한다.

그런데 실전에서는 지불하는 프리미엄의 변동성에 크게 이익을 보기도 하고, 크게 손실도 보게 된다. 따라서 이론적으로 '손실이 제한되어 있으니' 하는 부분도 그 제한된 공간에서 각자 운용하는 레버리지 규모에 의해서 엄청난 수익과 손실이 전개되는 세상이 실전에서는 비일비재하다는 것이다.

선형적 세상과 비선형적 세상에서 만들어지는 시스템구조를 이해하는 것이 선행되어야 하지만, 이것을 이해한다고 해서 바로 실전의 세상으로 진입하면 그 실전의 세상이 만드는 변동성, 그것을 사용하는 개인의 개인차가 카오스 세상을 만들기 때문에 실전의 세상은 체득의 과정이 필요하다.

그렇다면 우선 이론적으로 선형적 구조와 비선형적 구조를 이해하는 것이 중요한데, 여기서 수학적 사고가 필요한 것이다.

선형적-비선형적 파생상품구조의 이해

먼저 선형적 파생상품구조에서는 '보유비용'과 '편익'이라는 개념이 수반되어 있다. 보유비용을 cost of carry라고 하는데, 예를 들어 주가지수선물 거래에서 현금보유에 따른 이자수입과 주식소유 시 발생되는 배당의 차를 말한다. 만약 보유비용이 (+)라면, 즉 선물보유 기간 동안 현물보유에 따른 수입이 현금조달에 따른 차입비용보다 크다면 상대적으로 선물을 보유하는 것보다 현물을 보유하는 것이 유리하고, 반대로 보유비용이 (-)라면 선물을 보유하는 것이 유리하다.

즉 보유비용/편익이라는 것은 선형파생상품을 보유하는 기간 동안 벌어들일 수 있는 이자, 기초자산을 소유하지 않음으로써 놓치게 되는 배당, 해외통화를 소유하지 않음으로써 놓치는 해외 금리, 기타 상품의 보관 비용 등이 있다.

여기서 그 유명한 공식이 나온다.

> 선물가격 = 미래의 현물가격 기대치
> = 현물가격+순보유비용(cost of carry) (보관비용 등…)
> = 현물가격+현물가격 X (이자율-배당률) × t/365

미래의 선물가격을 F라고 하면 현물가격 S와 기간 t, 이자율 r, 배당률 d의 영향변수가 나오고 현물가격 S, 이자율 r, 기간 t에 비례하고 배당률 d에는 반비례하는 것을 알 수 있다.

앞으로 각 변수가 만드는 세상에 대해서 공부해보겠고, 여기서 파생되는 베이시스라는 개념에 대해서도 공부하겠다.

베이시스란 이론적으로 주가지수선물가격에서 현물주가지수를 차감한 값으로, 선물을 뜻하는 F에서 현물 S를 차감한 값이라는 것인데 이를 공식으로 표현하면 아래와 같다.

$$B(Basis) = F - S$$
$$= S^*(r-d)^*(t/365)$$

Cost of carry와 베이시스의 공식이 같다는 것을 체크했을 것이다.

다음은 비선형파생상품의 구조를 이해해야 하는데, 먼저 아래 그림을 숙지하기 바란다.

◆ 델타원 세계와 그릭스 세계, 그리고 매개체들 ◆

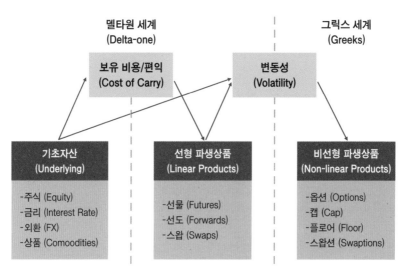

델타원 세계
(Delta-one)

그릭스 세계
(Greeks)

보유 비용/편익
(Cost of Carry)

변동성
(Volatility)

기초자산
(Underlying)

-주식 (Equity)
-금리 (Interest Rate)
-외환 (FX)
-상품 (Comoodities)

선형 파생상품
(Linear Products)

-선물 (Futures)
-선도 (Forwards)
-스왑 (Swaps)

비선형 파생상품
(Non-linear Products)

-옵션 (Options)
-캡 (Cap)
-플로어 (Floor)
-스왑션 (Swaptions)

비선형세상에서는 기초자산의 확률적 변동성이 만드는 세상을 알아야 한다. 특히 옵션시장에서는 델타(기초자산 변동에 따른 옵션 가격 변화), 감마(델타의 가속도), 세타(시간가치), 베가(변동성), 로우(이자율)의 개념을 숙지해야 한다.

비선형적세상의 어려움은 매 순간 선택을 해야 하는 갈림길에 놓이고 어떤 결정을 하는가에 따라 미래의 지도가 달라지는 경험을 하게 된다는 것이다.

아래의 그림은 개인적으로 가장 좋아하는 그림인데, 내가 선택하는 결정에 어떤 결과물이 나오는지 동태적으로 추적해가면서 선형과 비선형이 주는 투자의 세상에서 무엇인가 긍정적 결과물을 내려고 노력한다.

◆ 경로의존성 ◆

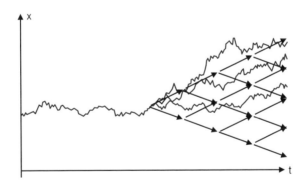

위 내용을 읽어보면 "이것이 무슨 소리야" 하는 분도 있을 것이다.

단순하게 코스200 종목으로 구성된 종목을 위 그림으로 상승-하락으로 구분해보고 그 대상종목을 바스켓에 넣어 매수는 롱바스켓,

매도는 숏바스켓이라고 이야기하자.

이것을 200개 종목으로 나열해보면 다음과 같다.

◆ 8가지 대상 ◆

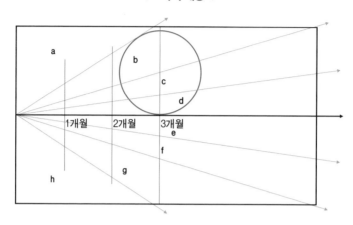

◆ 종합지수 일봉 차트 ◆

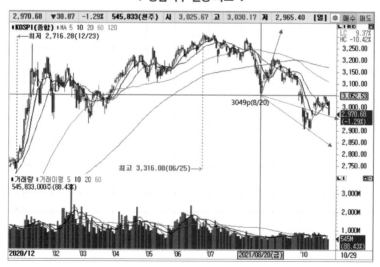

어느 분석날을 기준으로 상승종목, 하락종목을 나열해보는 것이다. 그 기준에는 종합지수의 고점-저점을 기준으로 데이터를 조사한다.

이 종합지수 그래프를 보면 8월 20일 기준 3049p에서 코스피200 종목 중심으로 상승한 종목과 하락한 종목을 구분하는 것이다.

◆ 코스피200 종목 중 상승률 상위(2021년 8월 20일~10월 29일) ◆

전체	KOSPI	KOSDAQ	✓KOSPI200	기간	2021/08/20	~	2021/10/29		◉상승률 순	○하락률
업종	101 ▾ Q	KOSPI 200		가격	0 ⬍	~	0 ⬍		거래량	0 ⬍

종목	2021/08/20 종가	2021/10/29 현재가	기간내 대비	기간내 등락	현재가	대비	등락률	거래량
한전기술	44,450	70,900 ▲	26,450	59.51	70,900 ▲	500	0.71	706,173
후성	13,800	19,950 ▲	6,150	44.57	19,950 ▲	550	2.84	3,343,087
효성첨단소재	519,000	709,000 ▲	190,000	36.61	709,000 ▼	1,000	-0.14	38,386
일진머티리얼즈	74,600	100,500 ▲	25,900	34.72	100,500 ▼	2,500	-2.43	689,404
한국가스공사	33,150	44,300 ▲	11,150	33.63	44,300 ▼	900	-1.99	417,423
롯데정밀화학	64,100	85,100 ▲	21,000	32.76	85,100 ▲	1,200	1.43	443,181
아시아나항공	17,600	22,550 ▲	4,950	28.12	22,550 ▼	800	-3.43	1,322,578
OCI	101,500	129,500 ▲	28,000	27.59	129,500 ▼	1,000	-0.77	313,523
우리금융지주	10,550	13,250 ▲	2,700	25.59	13,250 ▲	50	0.38	2,392,909
두산중공업	19,500	24,400 ▲	4,900	25.13	24,400 ▲	200	0.83	9,490,424
코오롱인더	71,400	89,200 ▲	17,800	24.93	89,200 ▲	100	0.11	197,725
하이브	274,000	335,000 ▲	61,000	22.26	335,000 ▲	1,500	0.45	248,223
삼성중공업	5,227	6,380 ▲	1,153	22.06	6,380	0	0.00	14,131,153
CJ CGV	26,350	31,950 ▲	5,600	21.25	31,950 ▼	250	-0.78	433,309
동서	28,550	34,600 ▲	6,050	21.19	34,600 ▼	600	-1.70	237,731

◆ 코스피200 종목 중 하락률 상위(2021년 8월 20일~10월 29일) ◆

전체	KOSPI	KOSDAQ	✓KOSPI200	기간	2021/08/20	~	2021/10/29		○상승률 순	◉하락률
업종	101 ▾ Q	KOSPI 200		가격	0 ⬍	~	0 ⬍		거래량	0 ⬍

종목	2021/08/20 종가	2021/10/29 현재가	기간내 대비	기간내 등락	현재가	대비	등락률	거래량
부광약품	19,300	13,050 ▼	6,250	-32.38	13,050 ▼	300	-2.25	642,751
카카오뱅크	91,000	63,100 ▼	27,900	-30.66	63,100 ▼	1,500	-2.32	1,503,557
SK바이오사이언	330,500	230,000 ▼	100,500	-30.41	230,000 ▼	15,500	-6.31	729,144
HMM	38,200	26,650 ▼	11,550	-30.24	26,650	0	0.00	3,682,478
현대두산인프라	14,619	10,500 ▼	4,119	-28.18	10,500 ▲	150	1.45	2,797,915
셀트리온	266,000	200,500 ▼	65,500	-24.62	200,500 ▼	15,000	-6.96	1,500,726
엔씨소프트	826,000	627,000 ▼	199,000	-24.09	627,000 ▲	6,000	0.97	135,990
F&F홀딩스	51,300	39,000 ▼	12,300	-23.98	39,000 ▼	350	-0.89	126,103
신풍제약	66,500	51,800 ▼	14,700	-22.11	51,800 ▼	5,200	-9.12	1,626,664
팬오션	7,630	6,020 ▼	1,610	-21.10	6,020 ▼	50	-0.82	4,835,986
KG동부제철	14,250	11,300 ▼	2,950	-20.70	11,300 ▼	150	-1.31	265,249
한미사이언스	70,600	57,000 ▼	13,600	-19.26	57,000 ▼	1,500	-2.56	87,946
SK아이이테크놀	205,000	166,500 ▼	38,500	-18.78	166,500 ▼	9,500	-5.40	433,924
효성티앤씨	731,000	597,000 ▼	134,000	-18.33	597,000 ▼	9,000	-1.49	32,272
LG전자	146,500	120,500 ▼	26,000	-17.75	120,500 ▼	1,500	-1.23	2,301,006

코스피200 종목 중 8월 20일 기준으로 상승하는 종목의 특징을 보면 원전관련주, 이차전지 소재, 천연가스 및 위드코로나 관련주로 특징지을 수 있다. 코스피200 종목 중 8월 20일 기준으로 하락한 종목을 보면 부광약품, SK바이오사이언스, 셀트리온, 신풍제약, 한미사이언스 등 바이오연결고리종목 및 신규상장종목주에 카카오뱅크가 포함되어 있고, 물류관련주로 HMM, 팬오션으로 구성되어 있다.

같은 구간에 종합지수는 8월 20일 3049p에서 9월 1일 3215p까지 상승한 이후에 10월 12일 2901p까지 인덱스기준으로 마이너스 9.7% 하락하는 공포국면을 만들었고, 그 이후 10월 26일 3051p까지 되반등했으나 8월 20일 형성된 수준을 돌파하지 못하고 10월 29일 2970p까지 다시 하락한 상황이다.

그 상황에서 상승한 코스피200 종목-롱바스켓종목과 하락한 코스피200 종목-숏바스켓 종목의 상승률-하락률과 종목의 특성 중에 공통분모가 있는지 추적해가는 것이다.

이렇게 8월 20일 기준으로 시간이 지나면서 상승종목-하락종목의 변화를 동태적으로 추적해서 변화되는 종목의 양상을 판단하는 것이다.

그리고 매일 매일 종합지수의 상승-하락에너지에서 그것에 기여한 상승-하락 종목의 데이터를 사진 찍어서 보관하고 그 변화를 추적해가는 것이 필요하다.

그런데 전체 상장종목을 다 분석하기에는 아무래도 한계가 있다. 그러므로 시가총액 상위 20개 종목을 압축해서 매일 변화를 체크하고, 그 중에서도 코스피200 종목 중 가장 영향력이 큰 삼성전자, SK

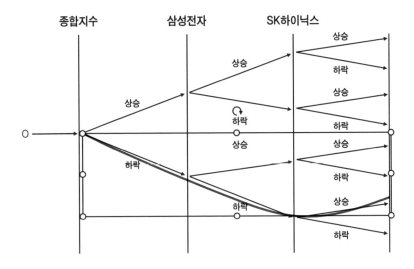

◆ 종합지수 - 삼성전자 - SK하이닉스의 상승 - 하락에너지 ◆

하이닉스를 갖고 분석해보는 것이 시장의 상승-하락에너지를 파악
하는 데 큰 도움이 된다.

마치 기상학자가 다양한 데이터를 입력시켜서 기후를 예측하듯이,
개인적으로는 삼성전자-SK하이닉스라는 2개 종목의 상승-하락의
에너지를 가지고 8개 세상을 구분해서 보는 것이다.

여기서 다음과 같은 도구를 사용하는 것이다. 시가총액 상위 20개
중 삼성전자-SK하이닉스의 변화를 수치화해 매일 변화를 체크하고
그 변동성에 코스피200과 최근월 선물의 흐름을 비교하는 것이다.

중요한 저점-고점에서 최근월 물의 변동성을 추적해가는데, 우리
가 앞에서 배운 4등분법칙과 피보나치비율도 적용해보고 하면서 시
장의 변화 흐름을 추적해보는 것이다.

무엇을 매일 체크하고 비교해야 할까?

무엇을 매일 체크하고 비교해보라는 것인지 이해가 안 되는 분은 다음과 같은 과정을 거친다고 보면 된다.

일단, 2021년 11월 5일 금요일의 시장데이터를 사진 찍어놓듯이 캡처해놓고 보관해놓아야 한다.

먼저 시가총액 상위 20개 종목의 데이터다.

코스피 상장기업 전체의 시가총액에서 삼성전자의 비중은 19.2%, SK하이닉스의 비중은 3.57%로 2개 합쳐서 22.7%인데, 코스피200 종목 전체에서는 삼성전자의 비중은 22.6, SK하이닉스의 비중은 4.21%로 2개 합해서 26.8%로 코스피200 전체 종목 중 2개 종목이 차

◆ 코스피 시가총액 상위 20종목(2021년 11월 5일) ◆

시장	KOSPI		자료일자			(상위300개) ※실시간 無 (단위: 백만원,%)			
순		종목명	현재가	전일대비	등락률(	거래량	주식수(천주	시가총액	비중
1	신	삼성전자	70,200 ▼	400	0.57%	12,667,743	5,969,783	419,078,735	19.2
2	신	SK하이닉스	107,000 ▲	1,000	0.94%	2,523,345	728,002	77,896,253	3.57
3	신	NAVER	410,500 ▼	1,000	0.24%	309,468	164,263	67,430,124	3.09
4	신	카카오	128,500 ▼	1,500	1.15%	2,810,726	445,361	57,228,930	2.62
5	신	삼성바이오로	864,000 ▼	1,000	0.12%	48,988	66,165	57,166,560	2.62
6	신	LG화학	786,000 ▼	4,000	0.51%	173,098	70,592	55,485,582	2.54
7	신	삼성전자우	66,300 ▼	300	0.45%	1,345,568	822,887	54,557,388	2.50
8	신	삼성SDI	755,000 ▲	4,000	0.53%	190,977	68,765	51,917,220	2.38
9	신	현대차	215,000 ▲	1,000	0.47%	686,779	213,668	45,938,660	2.10
10	신	기아	88,000 ▲	1,000	1.15%	2,934,816	405,363	35,671,975	1.63
11	신	셀트리온	209,000 ▲	500	0.24%	488,779	137,935	28,828,356	1.32
12	신	카카오뱅크	57,200 ▼	2,800	4.67%	2,124,636	475,100	27,175,734	1.25
13	신	POSCO	285,000 ▼	12,500	4.20%	755,034	87,187	24,848,248	1.14
14	신	현대모비스	252,500 ▲	500	0.20%	199,092	94,793	23,935,256	1.10
15	신	KB금융	55,100 ▼	900	1.61%	1,337,402	415,808	22,911,016	1.05
16	/ 정	SK텔레콤	309,500		0.00%	0	72,060	22,302,614	1.02
17	증	카카오페이	170,000 ▲	1,000	0.59%	1,597,937	130,367	22,162,411	1.02
18	신	크래프톤	451,000 ▼	17,000	3.63%	246,727	48,957	22,079,402	1.01
19	신	삼성물산	116,000 ▼	500	0.43%	235,548	186,887	21,678,901	0.99
20	신	SK이노베이션	233,500 ▼	6,000	2.51%	490,713	92,466	21,590,709	0.99

순		종목명	현재가	전일대비		등락률(	거래량	주식수(천주	시가총액	비중
		시장 KOSPI200 ▼ 자료일자				(상위300개) ※실시간 無 (단위 : 백만원,%)				
1	신	삼성전자	70,200	▼	400	0.57%	12,667,743	5,969,783	419,078,735	22.6
2	신	SK하이닉스	107,000	▲	1,000	0.94%	2,523,345	728,002	77,896,253	4.21
3	신	NAVER	410,500	▼	1,000	0.24%	309,468	164,263	67,430,124	3.64
4	신	카카오	128,500	▼	1,500	1.15%	2,810,726	445,361	57,228,930	3.09
5	신	삼성바이오로	864,000	▼	1,000	0.12%	48,988	66,165	57,166,560	3.09
6	신	LG화학	786,000	▼	4,000	0.51%	173,098	70,592	55,485,582	3.00
7	신	삼성SDI	755,000	▲	4,000	0.53%	190,977	68,765	51,917,220	2.81
8	신	현대차	215,000	▲	1,000	0.47%	686,779	213,668	45,938,660	2.48
9	신	기아	88,000	▲	1,000	1.15%	2,934,816	405,363	35,671,975	1.93
10	신	셀트리온	209,000	▲	500	0.24%	488,779	137,935	28,828,356	1.56
11	신	카카오뱅크	57,200	▲	2,800	4.67%	2,124,636	475,100	27,175,734	1.47
12	신	POSCO	285,000	▼	12,500	4.20%	755,034	87,187	24,848,248	1.34
13	신	현대모비스	252,500	▲	500	0.20%	199,092	94,793	23,935,256	1.29
14	신	KB금융	55,100	▼	900	1.61%	1,337,402	415,808	22,911,016	1.24
15	/ 정	SK텔레콤	309,500			0.00%	0	72,060	22,302,614	1.21
16	신	크래프톤	451,000	▼	17,000	3.63%	246,727	48,957	22,079,402	1.19
17	신	삼성물산	116,000	▼	500	0.43%	235,548	186,887	21,678,901	1.17
18	신	SK이노베이션	233,500	▼	6,000	2.51%	490,713	92,466	21,590,709	1.17
19	신	LG전자	123,000	▲	500	0.41%	470,484	163,648	20,128,681	1.09
20	신	SK바이오사이	257,000	▼	1,500	0.58%	1,212,593	76,500	19,660,500	1.06

지하는 비중을 숙지해놓는 것이다.

2개를 합한 비중을 그 외 종목이 균형을 맞추려면 네이버, 카카오, 삼성바이오로직스, LG화학, 삼성SDI, 현대차, 기아, 셀트리온, 카카오뱅크, KB금융, SK텔레콤까지 총 13개 종목을 합해야 26.9%를 차지한다.

과거에는 8~9개 정도였는데 이제는 13개 정도를 합해야 '삼성전자+SK하이닉스'의 비중과 비슷해진다. 그만큼 '삼성전자+SK하이닉스'의 에너지가 상대적으로 더 커졌다는 것이다.

그다음으로, 여기서 상승종목과 하락종목을 구분해서 보는 것이다.

◆ 코스피200 종목 중 상승종목 ◆

번호	종목	현재가	대비	등락률(%)	거래량	거래금(백만)	매도호가	매수호가	시총(억)
1	F&F홀딩스	40,050 ▲ 3,100		8.39	330,869	13,094	40,050	40,000	15,665
2	하이브	383,500 ▲ 27,000		7.57	809,898	303,980	383,500	383,000	149,759
3	두산	133,500 ▲ 8,000		6.37	183,544	23,701	134,000	133,500	22,059
4	지누스	85,200 ▲ 4,600		5.71	262,013	22,010	85,400	85,200	13,461
5	엔씨소프트	624,000 ▲ 29,000		4.87	713,135	438,065	624,000	623,000	136,993
6	한미약품	281,500 ▲ 8,500		3.11	102,119	28,674	281,500	280,500	34,000
7	대우조선해양	24,650 ▲ 650		2.71	415,821	10,034	24,700	24,650	26,447
8	한전기술	89,900 ▲ 2,300		2.63	2,322,681	204,488	89,900	89,800	34,359
9	삼성전기	164,000 ▲ 4,000		2.50	590,822	96,355	164,000	163,500	122,497
10	포스코케미칼	149,500 ▲ 3,500		2.40	459,001	68,217	149,500	149,000	115,807
11	한솔케미칼	338,500 ▲ 6,500		1.96	89,080	30,332	339,000	338,500	38,369
12	한세실업	23,900 ▲ 450		1.92	249,145	5,929	23,900	23,850	9,560
13	금호석유	171,000 ▲ 3,000		1.79	297,098	50,608	171,500	171,000	52,099
14	쿠쿠홀딩스	20,400 ▲ 350		1.75	173,164	3,517	20,400	20,350	7,254
15	S-0il	100,500 ▲ 1,200		1.21	266,911	26,685	101,000	100,500	113,145
16	한미사이언스	58,900 ▲ 700		1.20	201,362	12,049	58,900	58,800	39,642
17	한국금융지주	86,800 ▲ 1,000		1.17	181,932	15,609	86,800	86,700	48,370
18	기아	88,000 ▲ 1,000		1.15	2,934,816	259,648	88,100	88,000	356,719
19	대웅제약	144,000 ▲ 1,500		1.05	24,966	3,587	144,000	143,500	16,684
20	영진약품	4,895 ▲ 50		1.03	467,016	2,279	4,895	4,890	8,952

◆ 코스피200 종목 중 하락종목 ◆

번호	종목	현재가	대비	등락률(%)	거래량	거래금(백만)	매도호가	매수호가	시총(억)
1	효성티앤씨	566,000 ▼ 39,000		-6.45	60,624	34,793	567,000	566,000	24,494
2	롯데정밀화학	81,300 ▼ 5,400		-6.23	758,951	62,917	81,400	81,300	20,975
3	동국제강	16,000 ▼ 850		-5.04	1,324,377	21,303	16,050	16,000	15,269
4	KG동부제철	10,750 ▼ 550		-4.87	512,701	5,577	10,800	10,750	10,750
5	효성첨단소재	650,000 ▼ 32,000		-4.69	125,596	82,098	650,000	649,000	29,119
6	카카오뱅크	57,200 ▼ 2,800		-4.67	2,124,636	122,603	57,300	57,200	271,757
7	SK아이이테크놀	145,500 ▼ 6,500		-4.28	521,374	76,876	146,000	145,500	103,738
8	휴켐스	26,050 ▼ 1,150		-4.23	1,137,325	30,290	26,100	26,050	10,648
9	POSCO	285,000 ▼ 12,500		-4.20	755,034	216,413	285,500	285,000	248,482
10	롯데케미칼	219,500 ▼ 9,000		-3.94	206,116	45,414	220,000	219,500	75,234
11	휠라홀딩스	37,000 ▼ 1,400		-3.65	665,890	24,692	37,050	37,000	22,478
12	크래프톤	451,000 ▼ 17,000		-3.63	246,727	112,525	451,500	451,000	220,794
13	한전KPS	43,200 ▼ 1,550		-3.46	751,702	32,815	43,250	43,200	19,440
14	동원시스템즈	50,000 ▼ 1,700		-3.29	55,189	2,786	50,100	50,000	14,594
15	현대해상	25,250 ▼ 850		-3.26	836,404	21,149	25,300	25,250	22,573
16	한샘	89,600 ▼ 3,000		-3.24	249,578	22,451	89,700	89,600	21,086
17	현대제철	42,000 ▼ 1,400		-3.23	996,351	41,855	42,050	41,950	56,047
18	롯데관광개발	18,550 ▼ 600		-3.13	882,332	16,281	18,550	18,500	12,850
19	후성	19,650 ▼ 600		-2.96	2,093,287	41,481	19,700	19,650	18,197
20	HDC현대산업개발	24,750 ▼ 750		-2.94	562,433	13,880	24,750	24,700	16,312

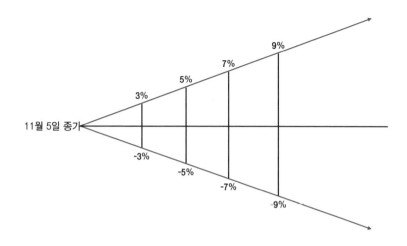

여기서 위의 이미지로 대상종목을 배열한다.

여기서 상승지속형 종목이 있고, 상승에서 하락전환종목이 있고, 반대로 하락에서 상승전환종목을 체크하면서 여기서 오목-볼록의 에너지를 측정한다. 만약 시가총액 상위 종목이 상승종목에 많이 구성되면 전체 시장은 우상향 에너지가 전개되는 것이고, 반대로 시가총액 상위 종목이 하락종목에 많이 구성되면 전체 시장은 우하향 에너지가 전개된다.

기초자산의 변화를 체크하는 개념

여기서 코스피200 종목을 기초자산 S로 정하고 기초자산의 변화를 체크하는 개념을 숙지하기 바란다.

그렇다면 기초자산 S가 만드는 GREEK의 세상을 간단하게 체크해보면 다음과 같다. 보다 세부적인 것은 각론에서 실전매매사례를 들어 설명하겠지만 우선 간단한 기초개념부터 숙지해보기 바란다.

1. 델타(Delta, Δ) ; 방향성에 대한 지표

$$\Delta = \frac{\partial V}{\partial S}$$

위 식에서 기초자산 S는 투자의 세상에 존재하는 주식, 채권, 외환, 원유, 금, 각종 원자재 등 어떤 금융자산의 가격이고 V는 현재 투자자의 포트폴리오 혹은 포지션이라고 하면, 델타는 기초자산의 가격이 변할 때 나의 포지션이 어느 정도 변화되는가를 가늠하는 지표다. 즉 나의 포트폴리오의 가격에 대한 민감도를 말하는 것이다.

채권에서는 델타를 듀레이션이라고 부르기도 하고, 경제학에서의 탄력성이라는 개념과 비슷하다. 델타는 선형-비선형 세상에서 공통적으로 사용되며, 내가 보유한 자산에 대해서 헷지전략을 수립할 때 반드시 알아야 하는 개념이다.

2. 감마(Gamma, Γ) ; 볼록성 혹은 실현 변동성에 대한 지표

$$\Gamma = \frac{\partial^2 V}{\partial S^2}$$

델타가 일차미분방정식이라면, 감마는 이차미분방정식이다. 이차미분에서 개념을 유추할 수 있듯이 감마는 나의 자산이 가격이 변화될 때 얼마의 속도로 변화되는가를 나타내는 지표로, 물리학에서의 가속도 개념과 일맥상통한다.

채권에서는 감마를 볼록성(convexity)이라고도 표현하는데, 볼록성이 가지고 있는 특성 때문에 실현변동성(Realized Volatility)의 지표이기도 하다. 실현변동성이란 시간이 지남에 따라 자산의 가격이 실제로 움직이면서 형성하는 변동성의 정도를 말하는 것이다.

옵션트레이더들이 종종 "롱감마포지션을 구축했다" "숏감마포지션을 구축했다" 등의 이야기를 하는데, 롱감마포지션이란 주식시장에서 실질적인 변동성이 커짐에 따라 수익을 보는 포지션을 말하고, 숏감마포지션은 변농성이 작아짐에 따라 수익을 보는 포지션을 이야기한다.

하나의 예로, 달러-엔에 대해서 숏감마포지션을 구축했다고 하면 변동성이 축소될 것을 예측하고 옵션매도를 실행했다는 이야기다. 달러-엔 통화옵션을 이용해 달러-엔 현물환율의 상승 또는 하락을 헤지할 때 델타만을 이용해선 완벽하게 헤지할 수 없다. 즉 델타 중립적인 포지션을 설정할 수 없다.

감마가 큰 옵션은 기초자산 가격의 변동시 옵션가치가 델타보다 크게 변하므로 추가적인 델타거래를 많이 해야 한다. 반대로, 감마가 작은 옵션은 기초자산 가격의 변동 시 옵션가치가 델타보다 적게 변하므로 이를 조정해야 한다.

옵션 매수자는 기본적으로 감마 롱포지션을 취한다. 기초자산 가격의 변동 시 옵션가격의 변동분이 델타 이상으로 오를수록 이익을 얻기 때문이다. 반면에 옵션 매도자는 감마 숏포지션을 취한다. 기초자산 가격의 변동 시 옵션가격의 변동이 델타 이하로 오르면 유리하기 때문이다.

옵션 매도자의 가장 큰 리스크는 감마 리스크이다. 감마가 크면 기초자산 가격의 변동 시 옵션가치의 변동분이 크기 때문에 손해를 크게 볼 수 있기 때문이다. 따라서 기초자산에 해당하는 달러-엔 현물환율의 변동성이 크지 않을 때 감마 숏포지션을 취하면 옵션가격의 변동폭이 크지 않아 이익을 낼 수 있다.

3. 세타(Theta, Θ) ; 시간 가치에 대한 지표

$$\Theta = \frac{\partial V}{\partial t}$$

투자의 세상에서 가장 무섭고 단순한 개념이 시간이라는 세타의 개념이다. 개인적으로 주식에서는 시간여행전략을 강조하는데, 롱세타전략을 수립해서 기본적으로 3년을 한 호흡으로 해서 3번 정도 하면 10년의 시간여행을 하는 것이 된다.

2016~2017년 현대로템, 현대엘리베이터, 현대건설, 호텔신라 등이 그런 시간여행 대상이었다. 그런데 북방정책의 변화로 단기간에 너무 급등해서 수익을 실현하고, 2020년부터는 다른 종목들을 시간여행 대상으로 선정해서 시간여행 전략을 수립하고 있다.

현재는 KT, 한국가스공사, 한국전력 등 공기업과 농심, 오리온, 롯데그룹, 현대차, 현대모비스, 현대로템의 재진입전략을 가동 중이고, 수소+SOC정책과 연관된 종목군으로 시간여행전략을 수립하고 있다.

그런데 주식시장에서 개별종목의 시간의 개념과 파생시장의 시간의 개념은 영원과 시한부라는 기준 속에 실전에서는 전혀 다른 세상을 만들어낸다. 주식에서는 10년을 기준으로 3년을 세분화해서 동태적으로 추적해가는 전략을 수립하지만, 파생에서는 3분을 한 호흡으로 위클리옵션과 기본옵션을 체크해가면서 시가총액 상위종목의 변동성이 만드는 위-아래 에너지를 측정해가면서 행사가격의 실현가능성을 추적해가면서 프리미엄의 변화를 예측하고 그 변동성에 베팅해서 수익과 손실을 실현해나가는 것이다.

여기에서 만기일까지 남아 있는 시간을 한정해서 현재 시점에서 얼마나 시간이 남아 있고 그 남아 있는 정해진 시간 동안에 어느 행사가격-환산지수로 어느 수준까지 상승-하락할 가능성에 베팅하는 것이다.

기본적으로 만기가 있고 롤오버해서 조절할 수 있다고 하지만, 파생시장에서 가장 무서운 것이 '시간가치 소멸'이기 때문에 마치 시한부 인생을 사는 상품을 매매하는 것 같아서 만기일 잔존일수를 체크해가면서 매매대상 상품의 시간가치 변화를 체크하는 것을 중요하게 생각한다.

일반적으로 롱세타포지션은 시간이 지남에 따라 투자자가 이익을 보는 상황을 말하고, 숏세타포지션은 시간이 지남에 따라 투자자가 손실을 보는 상황을 말한다.

종종 FICC데스크에서 "캐리를 갖고 간다" "역캐리 상태다"라고 은어같이 이야기하는데, 캐리를 갖고 가는 것은 롱세타포지션상태를 말하고, 역캐리상태는 숏세타포지션상태를 이야기하는 것이다.

선형적 사고가 지배하지 않는 투자 세상

옵션매매를 실전에서 직접 해보면 현재는 실현 불가능한 외가격 영역에서 거래가 형성되는 행사가격이 실현 가능한 상황으로 전환되면 프리미엄이 지수함수적 감각으로 급등하는 것을 비로소 경험하게 된다.

어떤 머니게임의 페이오프가 볼록성(convexity)을 지닌다면, 결정론적(deterministic)인 것보다는 확률적(stochastic)인 선택에 베팅을 하는 것이 더 높은 기대값(expectation)을 준다.

이게 무슨 개풀 뜯어먹는 소리인가? 볼록성-확률적-기대값 등 이런 단어가 너무나 생소하게 들리는 분도 계실 것이다.

우리는 예측이라는 세상에서 선형적 사고로 '이렇게 될 것이다'라는 결정론적 목표와 가격에 근거를 두고 전략을 수립해서 실행하는데, 투자의 세상은 이런 선형적 사고가 지배하는 세상이 아닌 실현 가능할 수도 있고 실현 불가능할 수도 있는 세상에서 의사결정을 해야 하고, 실제는 지나봐야 확인되는 것이고 그 과정에서 지속적으로 확률적 선택을 강요받을 것이고, 누구나가 다 아는 구간에서 베팅한 기대값보다는 불확실성이 지배하고 실현 불가능할 것 같은 확률이 높은 구간에서 베팅한 의사결정이 실제로 그것이 실현 가능한 세상으로 진입 시 달성하는 기대값이 커지는 것이다.

금융공학적 사고로 결과가 확실하고 변동성이 생기지 않는 상황을 결정론적(deterministic)이라고 하고, 결과가 확실하지 않으며 결과값에 변동성이 존재하는 상황을 확률적(stochastic)이라 한다. 마치 양자역학적 세상으로 현재는 이렇게 될 수도 있고 저렇게 될 수 있는 상황에서 어느 시점에 확인되는 순간에 결과물이 확인되는 세상에서 그것이 확인되기 전까지 수많은 변수와 변동성에 투자결과가 플러스가 되었다가 마이너스가 되었다가 하면서 의사결정을 종결하기 전에 그 결과물을 확인할 수 없는 세상이 바로 비선형적 투자세상인 것이다.

고등학교 수학 수준에서는 볼록성과 오목성의 개념에 대해 다음과 같은 정도만 공부할 것이다.

곡선의 오목과 볼록

1 곡선의 오목과 볼록

어떤 구간에서 곡선 $y=f(x)$ 위의 임의의 두 점 P, Q에 대하여

① 두 점 P, Q 사이에 있는 곡선 부분이 선분 PQ보다 항상 아래쪽에 있으면 곡선 $y=f(x)$는 이 구간에서 아래로 볼록(또는 위로 오목)하다고 한다.

② 두 점 P, Q 사이에 있는 곡선 부분이 선분 PQ보다 항상 위쪽에 있으면 곡선 $y=f(x)$는 이 구간에서 위로 볼록(또는 아래로 오목) 하다고 한다.

2 곡선의 오목과 볼록의 판정

함수 $f(x)$가 어떤 구간에서

① $f''(x)>0$이면 곡선 $y=f(x)$는 이 구간에서 아래로 볼록하다.

② $f''(x)<0$이면 곡선 $y=f(x)$는 이 구간에서 위로 볼록하다.

이것을 파생시장으로 끌고 들어오면 볼록성은 변동성이 커지는 정도로 불확실성을 확률적으로 어떻게 접근하면서 의사결정을 내릴 것인가 하는 세상으로 진입하게 된다.

옵션에서 볼록성의 직관이 중요한데, 우리가 그릭스를 공부하면서

감마지표를 공부했는데 그것이 바로 변동성지표인 것이다. 옵션가격은 주가가 변동할 때 델타값에 비례해 그대로 움직이지 않는데 이 오차 측정지표가 감마이며, 이는 채권의 볼록성(듀레이션)과도 유사하다. 즉 주가가 상승할 때의 이익발생속도가 주가가 하락할 때의 손실 발생 속도보다 크다는 것이다. 즉 옵션매입자에게 유리하다. 감마효과는 주가변동폭이 커질수록, 만기가 다가올수록 증가한다. 즉 만기 직전에 잘못 사면 쪽박을 찰 수도 있다는 이야기다.

그러나 개인적으로 옵션게임은 만기 d-7일에서 10일 전에 집중하면서 만기가 다가올수록 변동성이 커질 가능성에 베팅해서 양매수 전략으로 대응하고 생각과 반대로 가는 포지션만 손절하는 기준을 철저히 지키면서 변동성 게임에 집중하곤 한다.

또한 볼록성이 채권에서 여러분들 머리를 쥐가 나게 하는 듀레이션개념이라고 설명해드렸는데, 증권관련 무수히 많은 자격증 시험에서 단골로 나오는 듀레이션개념도 결국은 수학적 사고가 밑바닥이 되어야 이해가 되고 그것을 기하학적으로 개념을 잡아야 이해가 되는 것이다.

다음 내용은 증권사에 취직하려면 공부하는 ○○○자격증 책에 나오는 볼록성에 대해서 정리한 내용이다. 앞에서 이야기한 수학적 사고와 다음 내용을 다시 보면서 당장은 이해가 안 되어도 나중에 "유레카" 하고 소리치는 상황이 꼭 오길 바란다.

* 듀레이션 : 수익률 변동에 대한 채권가격의 변동을 추정할 수 있는 유용한 개념
- 듀레이션을 이용해 추정된 채권가격의 변동폭
- 수익률 변동폭이 작은 경우 : 실제 가격변동과 큰 차이가 없음
- 수익률 변동폭이 큰 경우 : 실제 가격 변동치와의 오차가 증가하게 됨
* 듀레이션이란 실제 채권가격의 움직임에 접선의 기울기를 내린 것과 같음

◆ 듀레이션의 기하학적 의미 ◆

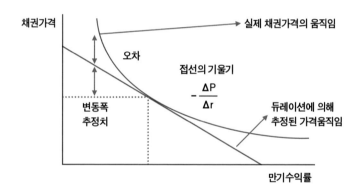

* 채권가격의 실제 변동치와 듀레이션에 의해 추정된 변동치 사이에 수익률의 변동이 커질수록 오차도 커지게 됨
- 채권가격과 만기수익률의 관계를 듀레이션에 의해 파악하면 기울기가 음(-)의 직선으로 나타남
- 실제 채권가격과 만기 수익률의 관계는 원점에 대해 볼록한 모

양을 갖기 때문임

* 듀레이션을 이용해 추정된 채권가격 변동폭

- 만기수익률이 하락하는 경우 : 실제 채권가격 상승폭보다 과소
  평가됨

- 만기수익률이 상승하는 경우 : 실제 채권가격 하락폭보다 과대
  평가되는데, 이런 현상은 수익률 변동이 클수록 확대됨

* 듀레이션의 사용으로부터 나타나는 추정오차를 감소시키기 위
  해 볼록성(Convexity)의 개념을 도입해야 함

- 채권가격의 볼록성 : 실제 채권가격과 만기수익률이 원점에 대
  해 볼록한 비선형관계로부터 나타남

◆ 경로의존성 ◆

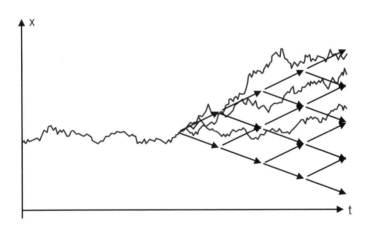

◆ 행사가격과 코스피200 선물 ◆

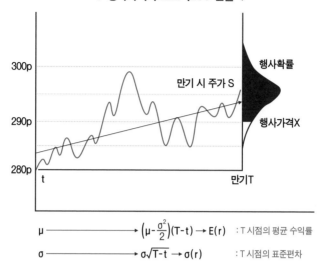

$$\mu \longrightarrow \left(\mu - \frac{\sigma^2}{2}\right)(T-t) \rightarrow E(r) \quad : T \text{ 시점의 평균 수익률}$$

$$\sigma \longrightarrow \sigma\sqrt{T-t} \rightarrow \sigma(r) \quad : T \text{ 시점의 표준편차}$$

◆ 파생상품 변동성 _ 기초자산인 코스피200p 중심에서 벗어나지 말기 ◆

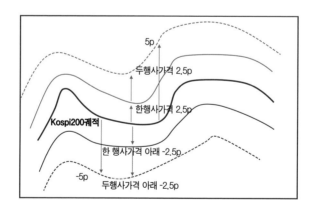

금융의 세상에 수학적 사고를 연결시킨 선구자들

파생시장의 연결고리를 파악하는 데 필요한 직관이 수학적 사고에서 나오는 이유는 금융의 세상에 이런 수학적 사고를 연결시킨 선구자들이 있었기 때문이다. 우리는 그들의 발자취를 추적해가면서 현재까지 발전되어온 생각의 연결고리를 파악하고, 그것이 만들어내는 불확실성과 변동성의 카오스세상을 이해하고, 실제 그 속에서 생존해가면서 자신의 자산을 키우는 데 집중해야 한다.

지금은 누구나 쉽게 블랙숄즈 모형에 대해서 공부하지만 그것이 나타나기까지 수많은 생각의 연결고리가 작동했고 그 흐름을 이해하고 같이 선구자들의 발자취를 같이 걸어간다고 생각하면서 그들이 고민했던 생각을 체크해보는 과정이 파생상품의 실전게임에 들어가기 전에 반드시 거쳐야 할 과정이다.

그 선구자들을 모두 체크할 수 없지만 중요한 생각의 고리를 만든 이들을 중심으로 체크해보면 다음과 같다.

우리가 자주 꽃가루의 움직임과 주식시장의 움직임에 대해서 비교하는데, 그 기본적 사고를 만든 분은 1827년 스코틀랜드 식물학자인 로보트 브라운(Robert Brown)이다.

브라운운동에 대해서 검색하면 다음과 같은 내용이 나온다.

1827년 영국의 식물학자 로버트 브라운이 물에 떠 있는 꽃가루를 현미경으로 관찰하고 있을 때, 꽃가루에서 나온 작은 입자가 수면 위를 끊임없이 돌아다니는 것을 발견한 것이 시초이다. 브라운을 비롯한 당시 많은 학자들은 이 운동의 원인을 화분의 특별한 생명력에 의한 것으로 생각했으나, 1872년 프랑스의 P.J.뗄소 등은 당시의 시론적 단계에 있던 분자운동론을 이 현상에 적용, 열운동 때문에 움직이고 있는 액체 분자가 미소입자의 표면과 충돌하여 일으키는 현상이라는 학설을 제창했다.

액체 속에 있는 물체의 표면에는 끊임없이 액체 분자가 충돌한다. 이런 액체 분자의 충돌은 불규칙하고 불균등하지만 물체의 표면이 넓은 경우 통계적으로 균등화된다.

따라서 크기가 큰 물체가 액체 속에서 역학적 평형상태에 이르면 더이상 움직이지 않는다. 하지만 마이크로미터(㎛) 단위 정도의 미소입자의 경우에는 표면이 작아서 충격의 불균형이 커지고, 그 영향으로 물체가 불규칙적인 운동을 하게 된다.

◆ 콜로이드 입자의 브라운운동 경로 ◆

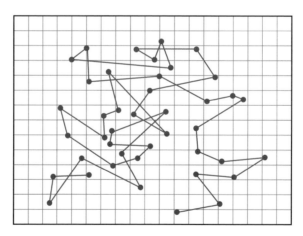

●점은 30초마다의 움직임

이 설은 1905년 알베르트 아인슈타인에 의해 더욱 이론화되어 분자운동론으로 브라운 운동을 기술할 수 있게 된다. 이에 따르면 미소입자의 움직임, 즉 변위(變位)의 RMS(root mean square, 제곱평균제곱근)값은 $\sigma = \sqrt{\dfrac{6k_BTt}{m\beta}}$ 로 주어진다.

여기서 k_B는 볼츠만상수, T는 액체의 절대온도, m은 미소입자의 질량, β는 액체 안에서의 입자가 받는 저항계수, t는 운동시간이다.

이 식에 따른 평균 변위 및 입자의 속력은 현미경으로 실제 관찰한 결과와 상당히 정확하게 일치한다. 브라운 운동은 물질의 분자적 구조와 열운동에 의해 어쩔 수 없이 발생하므로 측정기기의 정밀도의 한계에 영향을 미친다.

한편 비슷한 시기에 프랑스의 물리학자 장 바티스트 페렝은 아인슈타인의 분석을 실험적으로 증명했다. 그는 이 공로로 1926년에 노벨 물리학상을 수상했다. 브라운 운동에 대한 이론적 완성은 원자와 분자가 실제 물리적으로 존재하는지에 대한 의구심을 종결시켰다. 브라운 운동은 확산현상 외에도 콜로이드의 침강현상, 쌍극자로 이루어지는 계의 유전적 성질에도 연관이 있다. 그리고 고분자용액의 점탄성·화학반응 등, 일반적으로 비가역현상 이론의 기초로서 중요하다.

이런 내용을 읽다 보면 인문학적 지식만 있고 수학-물리학적 지식이 없는 분들은 이것이 무슨 소리인가 할 것이고, 또한 이것이 경제학 주식시장과 무슨 상관이 있는가 할 것이다. 개인적으로 아직 시장과 싸워온 경험이 길지는 않지만 38년 동안 주식시장과 싸워오면서 느낀 직관이 주식시장의 종목의 변동성과 방향성이 마치 브라운운동 같다는 생각이 들어서 제일 먼저 설명하게 된 것이다.

이와 같은 브라운운동과 같이 생각해야 하는 개념이 '아보가드로의 수'라는 개념인데 아보가드로의 수의 사전적 의미는 다음과 같다. 아보가드로의 수를 간단하게 요약하면 분자를 세는 방법을 말한다.

1965년에 노벨 물리학상을 받은 리처드 파인만(Richard Feynman, 1918~1988) 교수는 "모든 인간의 지식에서 가장 중요한 생각은 만물이 원자로 이루어져 있다는 것"이라고 말했다. 하지만 많은 화학자들은 화학 물질이 대부분 분자로 구성되어 있기 때문에 '원자' 대신 '원자와 분자'로 바꾸어야 한다고 생각한다.

아보가드로의 가설로 원자와 분자를 구별하고, 아보가드로의 수로 주어진 양의 물질에 들어 있는 원자와 분자의 수와 이들 개개의 무게를 구할 수 있게 되었으니, 화학적 관점에서는 이들이야말로 과학 역사상 가장 중요한 생각과 발견이라 볼 수 있다.

돌턴은 원자론을 통해 질량보존의 법칙과 일정성분비의 법칙을

맨체스터 시청에 있는
돌턴의 동상

설명했다. 돌턴은 원자설을 부활시킨 공이 크다.

인류는 선사시대부터 새로운 물질을 얻기 위해 화학 반응을 이용해왔으나, 화학 반응에 관한 기본 원리를 이해하기 시작한 것은 18세기 후반부터이다.

1774년 라부아지에(Antoine L. Lavoisier, 1743~1794)는 화학 반응에서는 반응 전후에 전체 질량의 변화가 없다는 '질량보존의 법칙'을 발견했다. 이로써 화학 반응의 양적 관계 탐구의 길이 열렸다.

뒤이어 1779년에 프루스트(Joseph L. Proust, 1754~1826)는 주어진 화합물에서 이를 구성하는 각 성분 원소의 질량비는 항상 일정하다는 '일정성분비의 법칙'을 발견했다.

돌턴(John Dalton, 1766~1844)은 이들 2가지 법칙을 설명하기 위해, 고대 그리스 학자에 의해 제기되었으나 2300년 동안 잊혀졌던 원자론을 부활시켰다.

1803년에 처음 발표된 돌턴의 원자론은 다음과 같이 요약된다.

1. 모든 물질은 더 이상 나눌 수 없고, 파괴될 수도 없는 원자로 되어 있다.
2. 한 원소의 원자는 크기나 성질이 같다.
3. 화합물은 2가지 이상의 원자들의 결합으로 만들어진다.
4. 화학 반응은 원자들의 재배열이다.

그 후 과학이 발전함에 따라 원자가 양성자, 중성자, 전자 등 보다 간단한 기본 입자로 쪼개질 수 있다는 것이 밝혀졌으며, 하나의 원소에 서로 다른 원자, 즉 동위원소가 존재한다는 사실이 밝혀져서 돌턴의 원자론은 일부 수정되었다.

돌턴은 수소 원자의 질량을 1로 하여 여러 가지 원자들의 상대적 질량, 즉 원자량을 나타내고자 했다. 그의 방법 자체는 오늘날에도 타당하나, 중요한 실수를 범했다. 그는 물(H_2O)의 화학식을 HO로, 그리고 암모니아(NH_3)의 화학식을 NH로 가정하고 산소와 질소의 원자량을 각각 8과 5로 구했다. 화학식의 가정이 틀린 관계로, 산소의 원자량은 실제 값 16의 1/2로, 그리고 질소의 원자량은 실제 값의 1/3로 구해졌다. 이렇게 잘못 구해진 원자량을 바탕으로, 이들 원소와 반응하는 다른 원소들의 원자량을 구한 값들도 실제 값과 크게 차이가 날 수밖에 없었다.

1808년에 게이-뤼삭(Joseph L. Gay-Lussac, 1778~1850)은 같은 온도와 압력에 있는 기체들이 반응할 때, 기체 부피들 사이에는 항상 간단한 정수비가 성립된다는 '기체 반응의 법칙'을 발견했다. 한 예로, 항상 2부피의 수소 기체와 1부피의 산소 기체가 반응해 2부피의 수증기를 생성하며, 1부피의 질소 기체와 1부피의 산소 기체가 반응해 2부피의 일산화질소 기체를 만든다.

아보가드로(Amedeo Avogadro, 1776~1856)는 1811년에 (1) '같은 온도, 압력에서 같은 부피 속에 존재하는 기체 입자(분자)의 수는 기체의 종류에 상관없이 같다'라는 것과 (2) '기체 분자는 2개 또는 그 이상의 기본 입자(원자)로 구성되어 있다'라는 과감한 가정(아보가드로의 가설)을 했다. 그는 첫 번째 가설에 근거해 기체의 밀도를 비교함으로써 분자의 상대적 무게를 구했는데, 산소와 질소의 원자량을 각

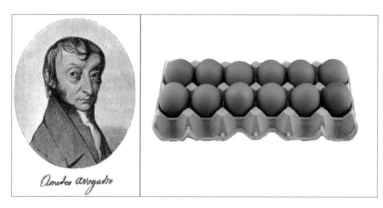

아보가드로는 '분자'라는 개념을 통해 원자량에 대한 실수를 바로잡았다. 달걀 12개를 1다스(dozen)라고 표현하듯, 입자가 아보가드로 수만큼 모여있는 것을 1몰이라고 부른다.

각 15(실제는 16)와 13(실제는 14)이라고 제안했다.

아보가드로는 또한 게이-뤼삭의 실험 결과로부터 물 분자는 HO가 아니라 H2O이며, 수소, 산소, 질소 기체는 이원자 분자, 즉 H2, O2, N2 형태로 존재한다고 주장했다.

이에 따라 앞서 예를 든 기체반응의 반응식은 아래와 같이 된다. 그는 또한 암모니아 기체의 밀도로부터 암모니아의 화학식은 NH가 아니고 NH3라고 바르게 제안했다.

$$2H_2 + O_2 \rightarrow 2H_2O$$
$$N_2 + O_2 \rightarrow 2NO$$

지금은 아보가드로의 가설이 옳다는 것이 증명되어 아보가드로의 법칙으로 불리기도 하지만, 당시의 화학자들은 이 가설을 쉽게 받아들이지 않았다. 그 당시 화학자들은 화학적 방법에 의해 더 단순한 물질로 분해될 수 없는 물질을 일컫는 원소에 대한 정확한 개념이 없었고, 원소를 구성하는 최소 단위 입자인 원자와 2개 이상의 원자가 강한 힘으로 서로 결합해 하나의 독립된 입자로 행동하는 원자 집단인 분자에 대한 명확한 구분이 없었다.

돌턴의 실수에 의해 여러 원소의 원자량이 실제와 다르고 제각각이었기 때문에 화합물의 화학식도 제각각이었고, 이는 화학의 혼돈으로 이어졌다. 1861년에 발간된 한 교과서에는 아세트산(CH_3COOH)에 대해 무려 16가지의 화학식을 적기도 했다.

아보가드로의 가설은 후에 칸니자로(Stanislao Cannizzaro, 1826-1910)의 노력으로 1800년대 후반부터 받아들여지기 시작했으며, 이로 인해 화학 혼돈이 정리될 길이 열렸다. 멘델레예프(Dmitri I. Mendeleev, 1834~1907)는 아보가드로의 가설을 바탕으로 보고된 원소들의 원자량을 다시 수정해 1869년에 원소의 주기율표를 발표할 수 있게 되었다.

이런 과정을 거치면서 정리된 것이 아보가드로이 수개념이다. 아보가드로의 수는 물질 1몰에 들어 있는 입자의 개수다.

19세기 후반 화학자들은 물질의 양을 그램(gram)-분자 또는 그램-원자라는 용어로 나타냈는데, 1그램-원자 또는 1그램-분자는 원자량 또는 분자량에 해당하는 질량(그램)을 나타내는 것이다. 예를 들어, 산소는 분자량이 32이므로 1그램 분자는 32g이다.

아보가드로 수는 처음에는 1그램 분자에 들어 있는 분자의 개수를 말했다. 오늘날에는 아보가드로의 수만큼의 입자 묶음을 일컫는 말로 몰(mole)이라는 용어를 사용한다. 즉 우리가 12개를 1다스, 100개를 한 접이라 하듯이, 아보가드로의 수만큼 입자(예로, 원자·분자·전자)의 묶음을 1 몰이라 한다. 분자의 경우 1그램 분자는 1몰이 된다.

아보가드로의 수는 어떻게 구했을까? 아보가드로의 수(NA)는 6.02214179x1023/mol이라는 어마어마하게 큰 숫자이다. 이 수는 1909년에 페랭(Jean B. Perrin: 1870-1942)이 브라운 운동의 실험적 관찰로부터 처음 구했는데, 아보가드로를 기리기 위해 그의 이름을 붙인 것이다.

브라운 운동은 액체나 기체에 분산된 입자가 지그재그로 무작위 운동을 하는 것을 말하는 것으로, 식물학자 브라운(Brown)이 1827년에 물에 분산된 꽃가루를 현미경으로 관찰해서 처음 발견한 것이다.

1800년대 후반에는 기체의 몰 수(n), 압력(P), 부피(V), 절대 온도(T) 사이에는 'PV=nRT(여기서 R은 기체상수)'의 관계식이 성립된다는

◆ 브라운운동 ◆

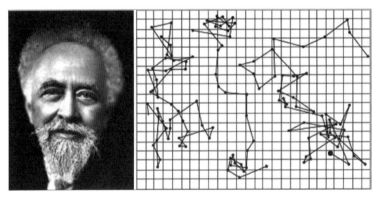

작은 입자의 브라운운동을 통해 아보가드로 수를 결정한 페렝. 그리고 페렝이 관찰한 작은 입자의 운동을 그린 그림.

것이 알려졌었다. 한편 볼츠만(Boltzmann)은 기체 운동에 대한 이론을 전개해 'PV=NkBT(여기서 N은 기체 분자의 개수이고, kB는 볼츠만 상수)'라는 식을 얻었다. 'N=n×NA'이므로, 'kB=R/NA'가 된다. 당시 R값은 알려졌으므로, kB값을 구하면 아보가드로의 수인 NA값을 구할 수 있게 된다.

아인슈타인은 1905년에 입자의 브라운 운동이 용매 분자와의 충돌에 의한 것으로 보고, 기체 운동 이론을 적용해 브라운 운동에 관한 이론식을 유도했다. 이 식에 따르면 반경을 아는 입자가점성도를 아는 매체에서 보이는 브라운 운동을 관찰해 kB값을 구할 수 있다.

페랭은 자황나무진(gamboge) 가루에서 천신만고 끝에 같은 크기의 입자를 분리하고, 이 입자의 브라운 운동을 현미경으로 관찰했다. 그 결과를 아인슈타인이 유도한 이론식에 넣어 kB를 구하고, R 값을 이 값으로 나누어 아보가드로 수를 계산했다. 그 값은 '7.05×1023/mol'로, 오늘날의 정확한 값과 약간의 차이가 있다.

페랭은 아보가드로의 수를 구한 공로를 인정받아 1926년에 노벨 물리학상을 받았다. 페랭의 실험으로 100년 가까이 지속한 원자나 분자에 관련된 혼란이 드디어 끝나고, 분자가 실제로 존재한다는 것이 증명되었다.

애초에 페랭은 아보가드로 수를 산소 1-그램 분자(1몰)에 들어 있는 산소 분자의 개수로 했으나, 지금은 정확히 12g의 순수한 탄소 동위원소 C-12 중에 들어 있는 탄소 원자의 수와 같은 수로 정의한다. 원자나 분자 1개의 무게는 1그램 원자량 또는 1그램 분자량(단위 g/mol)을 아보가드로 수로 나누면 얻어진다.

브라운운동의 연결고리에서 얻는 투자 아이디어

　여기서 주식투자자인 우리가 물리학자-수학자-화학자 같은 수준이 되자는 것이 결코 아니다. 사고의 연결고리에서 투자의 직관을 얻자는 것이다. 즉 생각-에너지도 원자로 생각하고 이것이 만드는 브라운운동이 확산 밀집-변동-소멸의 상황을 만들 수 있고 이런 사고를 갖고 주식시장에서 그 대상을 매수하려는 에너지와 매도하려는 에너지가 충돌되면서 어떤 움직임을 보이는지 그것을 추적하는 데 수학-물리학-화학적 개념과 아이디어를 통해서 직관을 얻자는 것이다.

　개인적으로 이런 브라운운동의 연결고리를 통해서 다음과 같은 패턴과 흐름을 체크하고 실전투자에 접목하는 아이디어를 얻었다. 입자들을 종목이라고 생각하고 이것이 어떻게 움직이는지 패턴화시킨 것인데, 나중에 실전매매에서 참고하길 바란다.

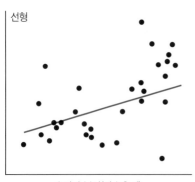

수렴과 분산(상승추세)

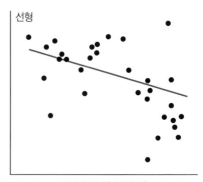

수렴과 분산(하락추세)

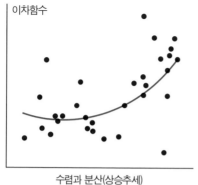

이차함수

수렴과 분산(상승추세)

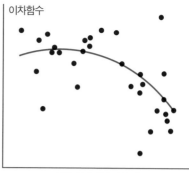

이차함수

수렴과 분산(하락추세)

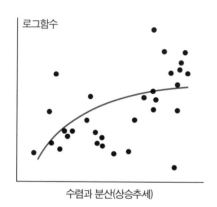

로그함수

수렴과 분산(상승추세)

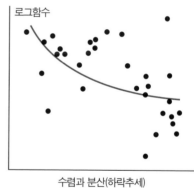

로그함수

수렴과 분산(하락추세)

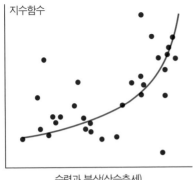

지수함수

수렴과 분산(상승추세)

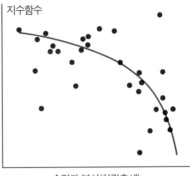

지수함수

수렴과 분산(하락추세)

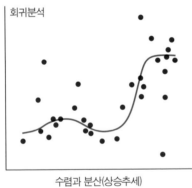

회귀분석

수렴과 분산(상승추세)

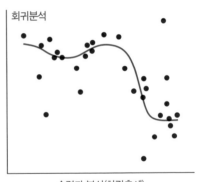

회귀분석

수렴과 분산(하락추세)

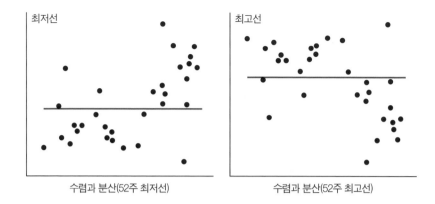

최저선

수렴과 분산(52주 최저선)

최고선

수렴과 분산(52주 최고선)

　　같은 것이 아니라 점의 위치가 위가 많은지, 아래가 많은지 체크해
보자. 점의 위치가 위가 많으면 결국은 직선이지만 상승에너지로 착
각하게 되고, 아래가 많으면 하락에너지로 착각하게 된다.

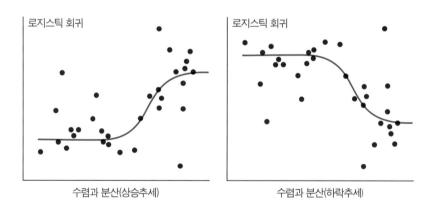

로지스틱 회귀

수렴과 분산(상승추세)

로지스틱 회귀

수렴과 분산(하락추세)

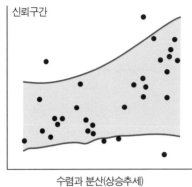

신뢰구간

수렴과 분산(상승추세)

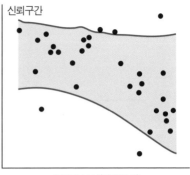

신뢰구간

수렴과 분산(하락추세)

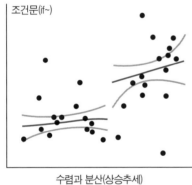

조건문(if~)

수렴과 분산(상승추세)

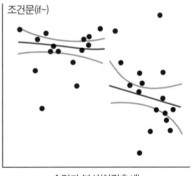

조건문(if~)

수렴과 분산(하락추세)

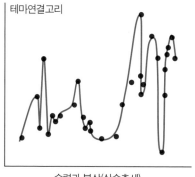

테마연결고리

수렴과 분산(상승추세)

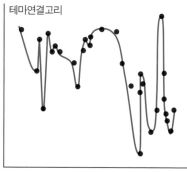

테마연결고리

수렴과 분산(하락추세)

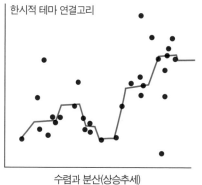

한시적 테마 연결고리

수렴과 분산(상승추세)

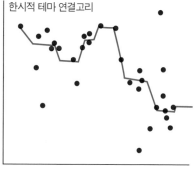

한시적 테마 연결고리

수렴과 분산(하락추세)

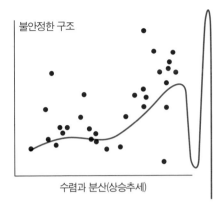

불안정한 구조

수렴과 분산(상승추세)

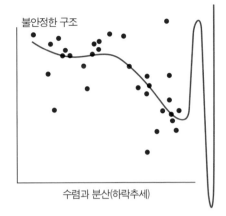

불안정한 구조

수렴과 분산(하락추세)

　이렇게 브라운운동을 시스템구조로 만들어서 실제 시장에 접목해서 투자에 응용하는 것이 바로 복잡계 투자방식이다.

　종목별 패턴을 위 패턴에 접목해서 비슷하게 움직이는 군집패턴을 찾아내는 것도 하나의 방법이고, 시스템로직을 만들어서 대응하는 훈련을 데이터 중심으로 해보기 바란다.

　파생의 변동성을 이용한 변동성 게임이 기초자산 코스피200 종목의 롱-숏에너지에서 작동하는데, 그 기준도 설정해서 그것을 이용하는 위클리옵션-코스피200옵션-선물이라는 파생상품을 통해서 변동성을 내 것으로 만드는 훈련도 해보기 바란다. 다만 내용이 방대해지니 여기서는 이 부분에 대해서는 생략한다. 파생시스템 매매전략은 저자의 다른 저서 『시장근본주의자는 주식시장을 이렇게 읽는다』를 참고하시길 권해드린다.

■ 독자 여러분의 소중한 원고를 기다립니다 ─────────────────

메이트북스는 독자 여러분의 소중한 원고를 기다리고 있습니다. 집필을 끝냈거나 집필중인 원고가 있으신 분은 khg0109@hanmail.net으로 원고의 간단한 기획의도와 개요, 연락처 등과 함께 보내주시면 최대한 빨리 검토한 후에 연락드리겠습니다. 머뭇거리지 마시고 언제라도 메이트북스의 문을 두드리시면 반갑게 맞이하겠습니다.

■ 메이트북스 SNS는 보물창고입니다 ─────────────────

메이트북스 홈페이지 matebooks.co.kr

홈페이지에 회원가입을 하시면 신속한 도서정보 및 출간도서에는 없는 미공개 원고를 보실 수 있습니다.

메이트북스 유튜브 bit.ly/2qXrcUb

활발하게 업로드되는 저자의 인터뷰, 책 소개 동영상을 통해 책에서는 접할 수 없었던 입체적인 정보들을 경험하실 수 있습니다.

메이트북스 블로그 blog.naver.com/1n1media

1분 전문가 칼럼, 화제의 책, 화제의 동영상 등 독자 여러분을 위해 다양한 콘텐츠를 매일 올리고 있습니다.

메이트북스 네이버 포스트 post.naver.com/1n1media

도서 내용을 재구성해 만든 블로그형, 카드뉴스형 포스트를 통해 유익하고 통찰력 있는 정보들을 경험하실 수 있습니다.

STEP 1. 네이버 검색창 옆의 카메라 모양 아이콘을 누르세요.   STEP 2. 스마트렌즈를 통해 각 QR코드를 스캔하시면 됩니다.
STEP 3. 팝업창을 누르시면 메이트북스의 SNS가 나옵니다.